Es ist nicht möglich, Leben und Werk Erich Mühsams zu trennen. Er war Bohemien, Dichter, Anarchist, Humorist, politischer Publizist, Dramatiker, bisexueller Erotomane, Revolutionär, selbst in größter Not unbeirrbarer Menschenfreund und schließlich eines der ersten prominenten Opfer der Nazis.

Dieses Lesebuch erzählt Mühsams lebenslangen Kampf »für Gerechtigkeit und Kultur« mit Texten aus seinem reichhaltigen Werk nach, die bis heute nichts an ihrer politischen Aktualität verloren haben. Neben einigen Mühsam-Klassikern enthält diese Sammlung auch bislang unveröffentlichte Gedichte, Auszüge aus längeren Werken, ausgewählte Briefe und die Beschreibung seiner letzten Tage aus der Feder seiner Frau Zenzl.

Erich Mühsam, 1878 in Berlin geboren, war Dichter und politischer Publizist. Er war maßgeblich an der Ausrufung der Münchner Räterepublik beteiligt, wofür er zu 15 Jahren Festungshaft verurteilt wurde. 1933 wurde er erneut verhaftet und am 10. Juli 1934 im KZ Oranienburg ermordet.

Markus Liske und *Manja Präkels* leben als freischaffende Autoren in Berlin. Mit ihrer Band Der singende Tresen veröffentlichen sie parallel zum Buch die CD »Mühsamblues« mit neuen Vertonungen von Mühsam-Gedichten. Bereits 2001 riefen sie das Berliner Erich-Mühsam-Fest ins Leben und gründeten 2009 die Gedankenmanufaktur Wort & Ton.

Erich Mühsam

Das seid ihr Hunde wert!

Ein Lesebuch

Herausgegeben von
Markus Liske und Manja Präkels

VERBRECHER VERLAG

Der Verlag und die Herausgeber danken der Emanzipatorischen Linken, die dieses Buch mit Mitteln der Partei DIE LINKE gefördert hat.

Darüber hinaus danken die Herausgeber Chris Hirte und Conrad Piens für ihre großartige Unterstützung.

Dritte Auflage
Verbrecher Verlag Berlin 2018
www.verbrecherei.de

© Verbrecher Verlag 2014
Lektorat: Kristina Wengorz
Satz: Christian Walter
ISBN 978-3-943167-84-9

Printed in Germany

Der Verlag dankt Stefanie Gimmerthal und Philipp Zöhrer.

Vorwort — 9

I. FREIHEIT ALS PRINZIP (1901–1911)

Nolo — 15
Redet mir nicht von Kunst, ihr Stümper! — 17
Was den Künstler ausmacht — 18
Sie stehen hoch oben auf dem Gerüst — 20
Das neue Jahrhundert — 22
Töff töff – Hurra! — 26
Armer Teufel — 27
Das Trinklied — 29
Die Boheme — 30
Der Revoluzzer — 35
»Möblierter Herr« — 37
Siegeslied — 39
Terror — 41
Freiheit — 45
Das Cabaret — 47
Geschütteltes 1 — 50
Brief an Julius Bab — 51
Der tote Kater — 56
Monte Verità — 57
Der Gesang der Vegetarier — 60
Deutsche im Ausland — 62
Reichstagsfrühling — 67
Zur Naturgeschichte des Wählers — 69
Die Demokraten — 72
Der Künstler im »Zukunftsstaat« — 74
Das Verhör — 80
Wiener Gastspiel — 81
Geschütteltes 2 — 84
Café des Westens — 85
Gebt mir Schnaps — 87
Schwabing — 88
Spiel nur, lustiger Musikante — 91
Die Gruppe Tat — 92

Lumpenlied — *95*
Protest — *97*
Dies ist der Erde Nacht — *100*
Tagebuch - Herbst 1910 — *101*

II. FÜR GERECHTIGKEIT UND KULTUR! (1911–1918)

An die Leser! — *105*
Appell an den Geist — *106*
Übergangskunst — *110*
Der Mahner — *111*
Menschlichkeit — *112*
An allen Früchten unbedenklich lecken — *115*
Tagebuch - Frühling 1911 — *116*
Das Problem der Erotik — *121*
Wider die Zensur! — *123*
Hoch die Moral! — *125*
Anarchie — *127*
Sei's in Jahren, sei's schon morgen — *129*
Betrachtungen über den Staat — *130*
Kain-Kalender 1913 — *132*
Verbrecher und Gesellschaft — *135*
Politisches Varieté — *139*
Lieb Vaterland — *142*
Das Abendmahl — *144*
Idealistisches Manifest — *145*
Hoffnung — *151*
Fasching — *152*
Geschütteltes 3 — *155*
Ritualmord — *156*
Entlarvung — *158*
Das große Morden — *159*
Tagebuch - August 1914 — *164*
Kriegslied — *165*
Brevier für Menschen — *167*
An dem kleinen Himmel meiner Liebe — *172*
Tagebuch - Frühling 1915 — *173*

Gefährtin — *178*
Abrechnung — *179*
Barbaren — *183*
Frank Wedekinds Tod — *184*

III. DAS WORT GEBIERT DIE TAT (1918–1924)

Kain-Flugblatt — *189*
Zenzl Mühsam: Brief an Martin Andersen Nexö — *191*
Studenten 1918 — *195*
März — *197*
Trutzlied — *202*
Bayerns zweite Revolution — *204*
Baiern ist Räterepublik — *206*
Sechs Tage im April — *208*
Tagebuch – Mai 1919 — *215*
Der Gefangene — *216*
Das Standgericht — *218*
Silvester 1919 — *224*
Tagebuch – März 1920 — *226*
Rechtfertigung — *227*
Tagebuch – August 1921 — *228*
Zur Judenfrage — *229*
Das schwarze Schmachlied — *234*
Tagebuch – Oktober 1922 — *235*
In der Zelle — *236*
Tagebuch – August 1923 — *237*
Das Volk der Denker — *238*
Tagebuch – Juli 1924 — *240*
Herbstmorgen im Kerker — *241*
Tagebuch – Dezember 1924 — *243*

IV. MEINE PFLICHT HEISST: GEGENWART (1925–1932)

Verlauf des 21. Dezember 1924 — *247*
Die Pflicht — *249*
»Auf zwei Gäulen« — *250*
Die Wacht im Bürgerbräu — *253*

Brief an Carl-Georg v. Maaßen — *255*
Kein Hüsung — *259*
Mitteilung — *261*
Staatsverneinung — *263*
Die Träger der Zukunft — *269*
Amnestie: auch in Russland — *271*
Absage an die Rote Hilfe — *274*
Barden-Schwur — *277*
Bismarxismus — *279*
Widmungsgedicht — *286*
Die Freiheit als gesellschaftliches Prinzip — *287*
Der Einfall — *296*
Fahrt in den Nebel — *298*
Das Werk des Lebenden — *300*
Leitsatz — *302*

V. DOCH OB SIE MICH ERSCHLÜGEN … (1933–1934)

Fasching 1933 — *305*
Mühsams letzte Rede — *307*
Zenzl Mühsam: Erich Mühsams Leidensweg (1) — *308*
Für meine liebe Zenzl — *312*
Verse aus Plötzensee — *313*
Zenzl Mühsam: Erich Mühsams Leidensweg (2) — *314*
Zenzl Mühsam: Brief an Milly Witkop und Rudolf Rocker — *319*
Zenzl Mühsam: Brief an Charlotte Landau-Mühsam — *322*
Der Tote — *323*

NACHTRÄGE

Wo ist Nolo? — *327*
Mit allen guten Geistern — *331*

Editorische Notizen — *335*

Vorwort

Es ist nicht möglich, Leben und Werk Erich Mühsams getrennt voneinander zu betrachten, und es gibt wohl kaum einen Schriftsteller, bei dem ein solcher Versuch sinnloser wäre. Der schüttelreimende Kabarettist lässt sich ebenso wenig vom staatsfeindlichen Freigeist trennen, wie der melancholische Poet vom politischen Häftling, der anarchistische Agitator nicht vom lebenslustigen Erotomanen und der Dramatiker nicht vom handelnden Revolutionär. Selbst Mühsams langsames und qualvolles Sterben als eines der ersten Opfer der nationalsozialistischen Vernichtungsmaschinerie war kein bitterer Zufall. Denn er wurde nicht vorrangig seiner jüdischen Herkunft wegen ermordet, wie so viele nach ihm, sondern als Anarchist und Autor jenes umfangreichen Werkes, das er uns hinterlassen hat, ein Werk, das weder im unverwechselbaren Sound und Witz seiner Sprache noch in seinen emanzipatorischen Inhalten an Aktualität verloren hat. Mühsams Kernthemen waren unbeschränkte Freiheit im Leben und Denken sowie der Kampf »für Gerechtigkeit und Kultur«. Zwar entwickelte sich seine politische Weltsicht mit den gesellschaftlichen Brüchen, die er erlebte, aber zum revolutionären Anarchisten wurde er nicht erst mit den Jahren, er war es von Anfang an. Und dafür gab es gute Gründe.

Als Mühsam am 6. April 1878 als Sohn eines jüdischen Apothekers in Berlin geboren wurde, war das deutsche Kaiserreich erst sieben Jahre alt, der entscheidende Grundstein für zwei Weltkriege und das Grauen der Naziherrschaft somit gerade erst gelegt. In der Gründung dieses Reiches hatten sich die Träume des deutschen Bürgertums erfüllt, dessen Mehrheitshaltung sich nach der gescheiterten Revolution von 1848/49 zunehmend konservativ-nationalistisch und antisemitisch ausprägte. Noch in Mühsams Geburtsjahr wurde Bismarcks »Sozialistengesetz«

verabschiedet, das zur Aufspaltung der Sozialdemokratie in die spätere SPD einerseits, und die sogenannten Linkssozialisten bzw. Anarchisten andererseits führte. Vorrangiges Ziel der Ersteren wurde es, um nahezu jeden ideologischen Preis als Partei in den Reichstag zurückzukehren und dort staatstreu wirken zu dürfen. Letztere blieben von der Notwendigkeit einer radikalen gesellschaftlichen Neugestaltung überzeugt, die über die Teilnahme am Parlamentarismus nicht zu erreichen sei. Das war auch Mühsams Haltung und scheint sie bereits in jungen Jahren gewesen zu sein. Zumindest wurde der angehende Schriftsteller schon als Siebzehnjähriger wegen »sozialistischer Umtriebe« vom angesehenen Lübecker Gymnasium Katharineum verwiesen.

In vielen literaturwissenschaftlichen Abhandlungen oder Vor- bzw. Nachworten zu postumen Publikationen seiner Werke wird Mühsams leidenschaftlicher Anarchismus aus der Rebellion gegen den äußerst autoritären Vater heraus erklärt, und damit aus der politischen in die psychologische Sphäre verlagert. Derlei Versuchen, den Revolutionär Mühsam und seine politischen Überzeugungen herunterzuspielen, um so den Dichter Mühsam für ein sozialdemokratisches Bürgertum zu »retten«, das er verachtete, möchten wir mit diesem Buch deutlich entgegentreten. Zu stringent ist die Entwicklung seiner politischen Ideen, und zu aufopferungsvoll bemühte er sich stets darum, sie gegen alle Widerstände tatsächlich zu leben, bis hin zur Bereitschaft, für sie zu sterben, als dass man seine Überzeugungen primär auf pubertäre Auflehnung zurückführen könnte. Auch mit dem Beruf des Schriftstellers verband er nie die Vorstellung eines weltabgewandt-schöngeistigen Künstlertums, sondern den Wunsch, politisch zu wirken und die Welt zu verändern. Seine Motivation, ja, sein ganzes Programm, dem er lebenslang treu bleiben sollte, verkündete er 1902 in der anarchistischen Zeitschrift Der arme Teufel. »Nolo« (»Ich will nicht«) lautet der Titel dieses literarischen Befreiungsschlages, mit dem Mühsam gleichzeitig die politische und die literarische Bühne betritt, weshalb wir diesen Text auch an den Anfang des Buches gestellt haben.

Zu Mühsams weiterem Werdegang sei an dieser Stelle nichts gesagt. Das wollten wir ihm selbst überlassen und haben daher die lyrischen und essayistischen Texte so mit autobiografischem Material kombiniert, dass Mühsams Leben in seinen eigenen Worten mit erzählt wird. Die Auswahl der Texte erfolgte dabei nicht nach dem Best of-Prinzip, sondern stellt unseren – sehr persönlichen – Versuch dar, möglichst viele Facetten seines Lebens und Wirkens zu beleuchten. Daher enthält das Buch auch Passagen aus längeren Prosaschriften sowie Texte, die er seinerzeit unter Pseudonym publizierte, und die in anderen Sammlungen in der Regel nicht auftauchen. Auf manche seiner politischen Irrtümer, wie etwa die kurzzeitige ideologische Verwirrung zu Beginn des Ersten Weltkrieges (für die er sich noch lange schämen sollte), haben wir aus reinen Platzgründen verzichtet, nicht etwa, um sie zu unterschlagen. Gerne hätten wir dagegen den Artikeln aus seiner zweiten selbstherausgegebenen Zeitschrift Fanal mehr Platz eingeräumt. Diese sind jedoch meist so stark dem tagespolitischen Geschehen in der Weimarer Republik verhaftet, dass eine Fülle von Erläuterungen nötig geworden wäre, was dem Charakter eines Lesebuches widersprochen hätte. Die wenigen Anmerkungen, die wir dennoch für angebracht hielten, haben wir in den editorischen Notizen am Ende des Bandes untergebracht.

Was Mühsams letzte grauenvolle anderthalb Jahre in den Gefängnissen und KZs Nazideutschlands betrifft, so gibt es hierzu naturgemäß nur wenige eigene Aufzeichnungen. An dieser Stelle lassen wir seine Frau Kreszentia (Zenzl) Mühsam zu Wort kommen. Zum einen, weil wir der Ansicht sind, dass die Beschreibung seines Martyriums in dieses Buch gehört, zum anderen, weil dasselbe auf die Person Zenzl zutrifft. Von 1915 an lässt sich Erich Mühsams Leben und Wirken ohne ihre Mitwirkung und Unterstützung nicht mehr denken. Gemeinsam standen sie während der Revolution 1918/19 auf den Barrikaden, gemeinsam durchlitten sie die Jahre seiner Festungshaft und die Zeit seiner Folterung. Mit Erich Mühsams Tod begann für Zenzl dann ein lebenslanger Kampf um Nachlass und Andenken ihres Mannes. Im Zuge dessen musste sie – als Stellvertreterin seiner »gefährlichen« Ideen – in die Sowjetunion flüchten, wo sie wenig später denunziert wurde und Lubjanka, Arbeitslager und Verbannung zu überstehen hatte, bevor sie, 19 Jahre später, in die DDR ausreisen durfte. Dort ertrug sie es stoisch, dass man sie als »unsichere Kantonistin« unter Aufsicht stellte, hielt sich sogar an die unmenschliche »Empfehlung«, dem Grab ihres Mannes in West-

Berlin fernzubleiben und schrieb betont herzliche Briefe an eben jenen Wilhelm Pieck, der sie seinerzeit in Moskau als »Trotzkistin« ans Messer geliefert hatte – alles nur, damit Mühsams Werke wieder gedruckt werden konnten. Erst 1962, auf dem Totenbett, gab die achtundsiebzigjährige Zenzl Mühsam widerstrebend die Urheberrechte aus der Hand.

Auch ihrem Andenken ist dieses Buch gewidmet.

Markus Liske und Manja Präkels
Ventspils, Dezember 2013

I.
FREIHEIT ALS PRINZIP

(1901–1911)

Nolo

»Nolo« will ich mich nennen – nolo: Ich will nicht! Nein, ich will in der Tat nicht! Nein, ich will nicht mehr all die unnötigen Leiden sehn, deren die Welt so übervoll ist; mich all den Torheiten fügen, die uns die Freude rauben; das Glück in all den Ketten hängen, die unsere Füße hindern auszuschreiten und unsere Hände zuzugreifen. Ich will nicht mehr mit ansehen, wie ungerecht und chaotisch des Lebens höchste Güter – Kunst und Wissen, Arbeit und Genuss, Liebe und Erkenntnis – verstreut liegen. Ich will nicht mehr – nolo!

Lindern will ich die Leiden und sprengen die Fesseln, soweit meiner Sprache Kraft reicht. Doch nicht zu euch rede ich, die ihr euch sonnt im Glanze derer, welche den andern das Licht abfangen; – nicht zu euch, die ihr die Füße küsst, die euch treten; sondern zu euch, die ihr Abscheu und Ekel davor empfindet, die ihr gleich mir ausruft: Nolo – ich will das alles nicht mehr sehn, nicht mehr dulden.

Euch rufe ich, die ihr meinen Schwur versteht: Nolo! – die ihr euren König in euch wisst und euren Gott, deren Thron euer Herz ist, und die ihr Treue haltet den Gesetzen der Wahrheit und der Menschlichkeit; euch rufe ich herbei und will mit euch aufräumen mit aller Schmach und aller Unterdrückung. Unsere Waffen sind Freude und Begeisterung. Unsere Losung schallt, wo wir auf Herrschsucht und Bosheit stoßen: Nolo! – Ich will nicht.

Und sind einmal meine Worte sarkastisch und voll lauten Lachens – schaut unter die Maske, und ihr werdet den grimmen Ernst erkennen, der die Feder führt. Ob Anklage oder Glossen, ob Peitschenhiebe oder Nadelstiche – jeder Satz soll ein Ringen sein nach Befreiung, ein Weckruf und ein Gelübde, dass ich's nicht mehr schleppen will: Nolo!

Ein neues Wissen, eine neue Kunst ringt hervor. Neue Wahrheiten erzwingen sich ihren Weg. Helfen wir ihnen zum Licht und zum Leben! Die alten Dogmen müssen dem Neuen weichen, das gewaltig hereintritt.

Es gibt keinen Kompromiss zwischen Altem und Neuem. Und wir wollen keine Brücken. Die ewig alten und immer neuen Werte Friede, Freiheit, Freude vertragen keine Einschränkung.

Von hoher Warte aus wollen wir Menschenrechte und Menschenwürde bewachen und ins Horn stoßen, wenn ihnen Gefahr droht, allen Mannen zur Mahnung, auf der Hut zu sein.

Aus jedem Satz, aus jedem Wort soll der Name klingen, den ich von nun an führen will, der mir Kampfgeschrei und Siegfanfare sei: Ich will nicht! Nolo – Nolo – Nolo!

Redet mir nicht von Kunst, ihr Stümper!

Redet mir nicht von Kunst, ihr Stümper!
Redet mir nicht von Leben, Krüppel!
Missgunst blinzelt euch unter der Wimper,
Hundeangst vor dem Knotenknüppel!
Was schert euch mein Tun! – Lasst mich zufrieden! –
Was wisst ihr, ob meine Fiebern sieden!
Lasst mich allein meine Weltluft schnappen –
Und kühlt euch selber mit feuchten Lappen!
Doch ich verdiene, dass ihr mich betupft
Und an mir riecht und an mir zupft! –
Was greine ich um euch! – Was spei' ich euch nicht
In das eitle grinsende Angesicht! –
Geht mir vom Leibe! – Lasst mich allein! –
Ich höre nach mir einen Menschen schrei'n.

Was den Künstler ausmacht

[...] Was den Künstler ausmacht, ist, neben der angeborenen Veranlagung, Gesehenes, Erdachtes und Erlebtes zu formen: Gesinnung, Fleiß und das Streben nach einem Weltbild. Wirklich tragische und unüberwindbare Künstlerkonflikte, die grundverschieden sind von privaten Differenzen mit der Umwelt, ergeben sich fast nur aus dem Fehlen einer dieser Eigenschaften. Selbstverständlich ist besonders der Mangel an Fleiß in zahllosen Fällen begründet im Mangel an materiellen Mitteln, und ich kenne keine widerwärtigere Weisheit als die, dass Not und Entbehrung geniebefördernde Antriebsmotoren sein sollen. Übrigens habe ich, sooft er mir auch begegnet ist, den Trostspruch niemals von anderen Leuten gehört als von kunstfremden Banausen oder gehemmten Mäzenaten, deren eigener Leib zeitlebens von Not und Entbehrung verschont geblieben ist. Dagegen bedingt das Vorhandensein aller Voraussetzungen echter Künstlerschaft durchaus nicht immer die Klarheit des begnadeten Individuums über das Gebiet seines Könnens und seiner Berufung. Goethe ist mit seinem Jugendwahn, sein Genie habe ihn zum Maler bestimmt, keine Ausnahmeerscheinung. Künstler, die sich verschiedenen Musen ergeben haben, beweisen nichts für die onkelhafte Lehre, wer in mehreren Künsten brillieren wolle, könne in keiner etwas leisten; sie beweisen nur, dass Künstlerschaft im Drange zu metaphorischem Ausdruck in Erscheinung tritt, nicht in der Zufälligkeit einer formalen Begabung. [...]

Was meine eigene künstlerische Laufbahn betrifft, so habe ich allerdings Zweifel darüber, wohin ich durch Neigung und Fähigkeit gehöre, niemals kennengelernt. Ich glaube, ich habe Verse gemacht, ehe ich schreiben und lesen konnte. Als Elfjähriger dichtete ich Tierfabeln, verdiente mit knapp sechzehn Jahren in der Woche drei Mark, indem ich – in ängstlicher Heimlichkeit vor Eltern und Geschwistern – für den Komiker eines Lübecker Zirkus-Varietés regelmäßig die letzten lokalen und politischen Aktualitäten in seine Couplets hineinwob, und verfasste als Sekundaner das übliche Gymnasiasten-Drama in fünf aus je mindestens drei Vorhangszenen bestehenden Akten in fünffüßigen Jamben mit gereimten Kraftstellen und Aktschlüssen; es hieß »Jugurtha«, hielt sich in seinem Verlauf eng an Sallusts Beschreibung und ließ zuletzt den trotzigen König von Numidien auf offener Szene im Kerker verhungern. Mit siebzehn Jahren flog ich aus dem Lübecker Katharineum heraus, weil ich den Direktor und einige Lehrer in anonymen Berichten an die sozialdemokratische Zeitung bloßgestellt hatte, was die feierliche Bezeichnung »sozialistische Umtriebe« erhielt, und entfaltete, nach einjährigem Besuch des Gymnasiums in Parchim in Mecklenburg in die Vaterstadt zurückgekehrt, als Lehrling der Adler-Apotheke in Gemeinschaft mit meinem Freund, dem damaligen Unterprimaner Curt Siegfried, eine lebhafte Tätigkeit als ungenannter Artikelschreiber für sämtliche Lübecker Tageszeitungen. […]

Sie stehen hoch oben auf dem Gerüst

Sie stehen hoch oben auf dem Gerüst. –
Es ist zwölf Uhr und Mittagsruh. –
Sie fluchen und schreien. – Der eine schmeißt
Dem andern lachend die Flasche zu,
Die heizend von Mund zu Munde reist, –
Und keiner weiß es, wie arm er ist. –
Ich komme des Weges. Und einer erblickt
Den lässigen Gang, die groteske Gestalt:
»Hallo! ein Kerl, dem es oben tickt!« –
Und wildes Gelächter ans Ohr mir schallt.
Ich sehe nicht auf. – Die wissen ja nicht,
Dass dem, um den ihre Rohheit lacht,
Ihr Schicksal klagend zum Herzen spricht, –
Sie fragen auch nicht, ob er Verse macht.

Und ich geh' weiter. Da kommen mir zwei
Verlebte Dirnen kreischend vorbei.
Aus ihren Augen starrt freudlose Gier,
Am Munde frisst wüster Nächte Lust, –
Nur Leiber, nur seelenloses Geschlecht, –
Die armen Wesen, die nie gewusst,
Dass sie arm und verlassen sind, – und nicht schlecht. –
Da stößt eine die andere an: »Du, hier!
Der dürfte mir nicht für ein Goldstück ins Bett!«
Und sie kichern frech. – Sie können nicht wissen,
Dass ich mein Herzblut gegeben hätt',
Wüsst' ich sie in treuer sorgender Hut –
Wüsst' ich ihrem Frieden ein weiches Kissen, –
Auch nicht, wie weh ihr Lachen tut.

Und ich geh' meines Wegs. Aus der Schule kommen
Erblühende Mädchen, halbwüchsige Knaben,
Die eben vom schrulligen Lehrer die frommen
Gelehrsamkeiten empfangen haben,
Mit denen die Menschen die knospenden Seelen
Verkümmern, unmerklich zu Tode quälen.
Doch mit der Jugend schnellem Erspähn
Hat mich ein Dutzend Augen gesehn.
Da machen sie höhnisch die Zungen breit
Und richten spottend auf mich die Finger. –
Ahnen sie denn, dass ein Mensch in der Näh',
Der sinnt, wie man aus dem Geisteszwinger
Die werdenden jungen Geschlechter befreit? –
Fragen sie: Tut unser Spott nicht weh? – –
Und endlich bin ich, wohin ich gewollt:
Am Kinderspielplatz – bei den Kleinen.
Hei, wie es mir da entgegentollt!
Es hängt mir am Hals, an den Armen, den Beinen.
Ach – hier sind doch Menschen, die menschlich fühlen,
Die kleinen Kinder, die sorglos spielen,
Die wissen, wer ihnen Freund, wer Feind,
Wer mit ihnen lacht und mit ihnen weint.
Hier bin ich glücklich – hier, wo ich fand
Die ich suchte, die Heimat: mein Kinderland!

Das neue Jahrhundert

[…] Das letzte Quartal meiner pharmazeutischen Laufbahn war ich in Berlin engagiert, in einer Apotheke am Weddingplatz. Die Absicht, zum 1. Januar 1901 den Beruf aufzugeben, stand schon fest, als ich die Berliner Stelle antrat. Wie das eigentlich sein würde, wenn ich nun mein Brot als freier Schriftsteller suchen sollte, davon hatte ich nur sehr dunkle Vorstellungen. Die wenigen Menschen, denen ich mich anvertraute, rieten mir dringend ab, auch Siegfried, dessen materialistische Besorgnisse mich ärgerten und meinen Trotz versteiften. Hans Land, dem ich mit einem Novellenmanuskript einen Brief mit meinen Nöten und Konflikten schickte, ermahnte mich in der Antwort ausführlich, ich solle das Heer des geistigen Proletariats nicht vermehren helfen. Dass er dazu aber fand, dass meine eingesandte Geschichte »irrelevant« und als Beitrag seiner Wochenschrift abzulehnen sei, das kränkte mich so, dass ich von dem Entschluss, ihn persönlich aufzusuchen, abstand. Ich habe Hans Land erst Jahre später persönlich gesprochen. Er wird wohl erst jetzt erfahren, wie viel Verstimmung er vor siebenundzwanzig Jahren in einer vertrauensvollen und ringenden Seele aufgerührt hat.

Aber gerade in Hans Lands »Das neue Jahrhundert« hatte ich den enthusiastischen Hinweis auf eine Schrift und eine Vereinigung gefunden, die dann für meine Entwicklung und sogar für die Gestaltung meines Lebens größte Bedeutung bekam. Es war die erste Schrift einer beabsichtigten Serie von »Flugschriften zur Begründung einer neuen Weltanschauung«, die unter dem Namen »Das Reich der Erfüllung« von Heinrich Hart und Julius Hart bei Eugen Diederichs herausgegeben war. Ob ich bei der Lektüre der violett kartonierten Schrift den philosophischen Kern der zum Begreifen der All-Einheit aufrufenden Essays »Vom höchsten Wissen« und »Vom Leben im Licht« gut gekaut und solide verdaut habe, bezweifle ich. Aber das weiß ich, dass mich die mystisch-trunkene, gonghaft schallende Prosa benebelte: »Vom Wahnsinn wollen wir euch befreien. Apokalyptische Reiter brausen in der Luft.

Von den Bergen steigt der Paraklet herab, der Tag des Wieder-Christus bricht an.« Und im Schlussappell »Unsere Gemeinschaft« wurde aufgefordert, die Erkenntnis der Identität von Welt und Ich umzusetzen in Leben und Tat. »Über all die Trennungen hinaus, welche die heutige Menschheit zerklüften, will unsere Gemeinschaft diejenigen zusammenführen, in denen sich klares Schauen, reife Einsicht mit dem festen Willen verbindet, die neue Weltanschauung zu leben und das höchste Kulturideal zu verwirklichen.« Wer nähere Mitteilungen haben wollte, sollte sich bei einem der Brüder Hart melden. Da der feste Wille, das höchste Kulturideal zu verwirklichen, bei mir vorhanden war, ich auch in mein klares Schauen und meine reife Einsicht keine Zweifel setzte, so schrieb ich an Heinrich Hart und war so glücklich, postwendend von ihm eine sehr freundlich gehaltene Antwort zu erhalten, in der er mich aufforderte, ihn zu besuchen. Der nächste freie Nachmittag sah mich zum ersten Male in der drei Stock hoch gelegenen Mietwohnung eines berühmten Mannes, in der Rönnestraße 11. Das wird im Dezember 1900 gewesen sein.

Heinrich Hart schien meine Befangenheit gar nicht zu bemerken. Er behandelte mich wie einen Gleichaltrigen und Gleichklugen und berichtete von den Veranstaltungen, die die Neue Gemeinschaft schon geleistet hatte, von denen, die demnächst folgen sollten, von der Wohnung in der Uhlandstraße, wo bald im eigenen Heim Vorträge und gesellige Zusammenkünfte neue Menschen zu neuem Leben vereinigen würden, bis ein großes Landgut erworben werden könne, und da sollten wir dann als Vorläufer einer in sozialer Verbundenheit wirkenden großen Kommune der Menschheit eine Gemeinschaft des Glücks, der Schönheit, der Kunst und der von neuer Religiosität erfüllten Weihe »vorleben«. Ich war aufs Höchste begeistert von all den herrlichen Aussichten und auch von dem Mann, der so gläubig und von seiner Mission erfüllt, und dabei doch so klar und stellenweise sogar humorvoll in seiner harten westfälischen Aussprache mir jungem Menschen seine Ideen und Pläne darlegte. Dann fragte er mich nach meinen eigenen Angelegenheiten, und als ich ihm nun erzählte, dass mir die Apothekerei bis zum Halse stehe, dass ich die Berufung zum Dichter in mir fühle, dass ich deshalb meine Existenz als freier Schriftsteller führen wolle, dass mir aber von allen Seiten abgeraten und die schrecklichste Enttäuschung prophezeit würde, da rief er fröhlich: »Unsinn! Wenn Sie keine Angst haben vor ein bisschen Hunger und ein paar Fehlschlägen, dann tun Sie getrost, was Sie ja doch tun müssen. Wie kann man denn einem Menschen von dem abraten, wozu es ihn drängt!« Er stellte mir seinen Rat zur Verfügung, ermunterte mich, ihm meine Gedichte zu bringen, und lud mich ein, zur Eröffnung des Gemeinschaftsheims und zu dem Vortrag zu kommen, den Gustav Landauer an dem und dem Tage im Architektenhause über Tolstoi halten werde. Beim Abschied schenkte er mir die zweite Flugschrift vom »Reich der Erfüllung«. Die Neue Gemeinschaft, ein Orden vom wahren Leben. Vorträge und Ansprachen, gehalten bei den Weihefesten, den Versammlungen und Liebesmahlen der Neuen Gemeinschaft mit Beiträgen von Heinrich Hart, Julius Hart, Gustav Landauer und Felix Hollaender.

Beglückt zurückgekehrt an meine Arbeitsstätte am Wedding, stürzte ich mich auf das Buch. Darin aber fand ich einen Aufsatz, den ich fünf-, sechsmal hintereinander las, der mich erschütterte, aufwühlte, überwältigte und mit einer Klarheit erfüllte, die mir zugleich zeigte, wie wenig Klarheit ich aus den Hymnen und Lyrismen des ersten Bändchens gewonnen hatte. Den Namen des Verfassers dieses Aufsatzes kannte ich bis dahin noch nicht, diese Berühmtheit war meinem und offenbar auch Curt Siegfrieds literarischem Spürgeist entgangen, und ich ahnte auch jetzt noch nicht, wie schlechthin entscheidend für mich der geistige Einfluss und die bis zu seinem gewaltsamen Tode anhaltende Freundschaft mit der Persönlichkeit werden sollte, die hier als Autor der Arbeit »Durch Absonderung zur Gemeinschaft« zum ersten Male in meine werdende Welt trat. Es war Gustav Landauer. Die von Heinrich und Julius Hart in den violetten Heften zuerst publizierte Arbeit aber hat Landauer später in sein Werk »Skepsis und Mystik« übernommen, ein Buch, dessen wesentlicher Inhalt bezeichnenderweise gerade eine scharfe Polemik gegen Julius Harts verschwommene Philosophie vom Neuen Gott und von der neuen Weltanschauung ausmacht. Der Eindruck, den ich von Landauers revolutionär-philosophischem Aufsatz erhielt, vertiefte sich noch, als ich seine Vorträge über Tolstoi und Nietzsche hörte. Welche Wege mich dieser große Denker und Mensch geführt hat, als in kurzer Zeit die persönliche, bald sehr nahe menschliche Beziehung sich auswirkte, wieviel Grund ich habe, dem Freunde, der mein Lehrer war, dankbar zu sein, davon zu sprechen würde sofort in Gebiete führen, die hier nicht berührt werden sollen. […]

Töff töff – Hurra!

Puff puff puff und töff töff töff –
Kindsgeschrei und Hundsgekläff!
Durch die Linden rase, rase!
Patriotisch, mit Emphase!
Hurra, hurra! Ganz Berlin
stinkt nach Gummi und Benzin.

Holla, holla, Polizei!
Halte Platz und Straßen frei,
dass das Auto nicht mehr weichen
oder stolpern über Leichen
braucht, denn das gab erst Geschrei
und 'ne Straßenschweinerei.

Maul gehalten, Bürgersmann!
Was gehn dich die Autos an?
Schleunigst ran zu Huldigungen,
»Deutschland, Deutschland« mitgesungen!
Andernfalls fliegst du ins Loch.
Hurra, hurra – dreimal hoch!

Tutend, pustend kommt's gesaust,
Jubel und Begeist'rung braust.
Mütter krähen, Väter niesen:
Deutschlands Treue ist erwiesen.
Kindsgeplärr und Hundsgekläff –
Deutschland – hoch! hurra! töff töff!

Armer Teufel

[...] Ich kam nach Friedrichshagen als Mitbegründer, Mitarbeiter und verantwortlicher Redakteur der Wochenschrift Der arme Teufel, als dessen Herausgeber Albert Weidner zeichnete. Weidner war von Hause aus Setzer, die Zeitschrift wurde dadurch materialisiert, dass er sich auf Abzahlung den erforderlichen Schriftsatz kaufte; seine Artikel flossen stets ohne Manuskript aus dem Kopf in den Setzkasten, während dem ich dabeisaß und mir bei einer Tasse Kaffee und einer Zigarre das aktuell-satirische Gedicht abquälte, das unter dem Pseudonym »Nolo« jede Nummer beleben musste oder technische Redaktionsarbeiten erledigte. Doch gehören die Erinnerungen, die unmittelbar mit dem Armen Teufel verbunden sind, nicht in den Zusammenhang dieser unpolitischen Rückschau. Um so mehr gehört das übrige Erleben meines Friedrichshagener Jahres hinein.

Schon die Wohnung. Kurz bevor ich mein Köfferchen packte, um den großen Umzug zur Vorortstation einzuleiten, klagte mir Margarete Beutler ihre Not: Sie war im Begriff, nach München zu ziehen, wo sie bei den »Elf Scharfrichtern« auftreten sollte. In ihrer Schöneberger Wohnung stand ihr ererbtes Mobiliar, das sie aus Pietät nicht verkaufen wollte, dessen Transport nach München aber zu teuer war und das bei einem Spediteur einzustellen ihr ebenso sinnlos wie kostspielig schien. Wir lösten das Problem damit, dass ich in Friedrichshagen statt eines möblierten ein leeres Zimmer mieten sollte, worin ich die Möbel aufzustellen, zu benutzen und zu betreuen hätte. Zum Unglück fand sich in ganz Friedrichshagen kein leeres Wohnzimmer, sondern nur ein höchst primitiver Nebenraum zu einer Waschküche im Hofe eines Hauses in der Ahornallee. Dort mietete ich mich ein. Ein Ofen war nicht vorhanden, auch keine Tapete, dafür aber eine Kalkwand, die früher von weißer Farbe gewesen sein sollte. Die Tür war ein gewaltiges, ungehobeltes Brett, außen wie innen ohne Klinke; sie schnappte beim Zuschlagen ins Schloss und konnte nur mit einem mächtigen Scheunentorschlüssel geöffnet werden. Der unbezahlbare Vorzug der Behausung war aber das

Fenster, das, vom Hofe aus nicht erreichbar, in die das ganze Anwesen rückwärts abschließende Mauer eingelassen war und ins dichte Kieferngehölz hinauszeigte. Verließ ich mein Zimmer auf diesem Wege, so brauchte ich bloß einiges Gebüsch und Gestrüpp zur Seite zu kämpfen und befand mich auf der schönen Waldchaussee zwischen Friedrichshagen und Köpenick. So gelang es mir mehrmals, unwillkommenen Besuchern behördlicher Persönlichkeiten auszuweichen, und einmal konnte ich auch ein junges Mädchen aus dem Rheinland, dem es in unserer Friedrichshagener Gesellschaft besser gefiel als zu Hause, durch mein von keiner Straße sichtbares Fenster den Armen der ihr nachjagenden Mutter entreißen.

Unsere Gesellschaft! Eine gewisse Verwandtschaft mit der, die um das Jahr 1890 am Müggelsee gehaust hatte, war durch die enge freundschaftliche Beziehung des Kreises um den Armen Teufel mit den Künstlern und Schriftstellern, die den Ort reichlich belebten, von selbst gegeben. Die Rolle des Mittlers, der in beiden Lagern zu Hause war, fiel mir zu. Von der vorigen Generation hatten nur noch Bruno Wille und Wilhelm Bölsche ihren Wohnsitz in Friedrichshagen. Sie pilgerten Morgen für Morgen zusammen nach Rahnsdorf; einige wenige Male durfte ich sie begleiten und beobachten, dass ihre Gespräche nie um banale Dinge gingen, sondern literarische und zumeist naturwissenschaftliche Gegenstände betrafen, von denen Bölsche mit fröhlicher Forscherfreude, Wille mit der etwas pastoralen Würde sprach, die ihn nie verließ, selbst dann nicht, wenn sich die beiden unzertrennlichen Dioskuren einmal mit uns Jüngeren an den Zechtisch setzten; das geschah nur ausnahmsweise, aber diese Ausnahmen wurden in der »Klause« durch sehr ausgedehnte Sitzungen gefeiert, und an Trinkfestigkeit nahmen es die beiden Ehrensenioren durchaus mit uns auf. […]

Das Trinklied

Stimmt eure Seelen zu festlichen Klängen,
Füllt eure Herzen mit jauchzendem Wein! –
Denn die Jahre der Jugend drängen,
Und das Alter bricht polternd herein, –
Noch strahlen uns Sonnen, noch blinken uns Gläser,
Noch lachen uns Lippen und Brüste heiß, –
Noch blühen die Blumen, noch grünen die Gräser,
Aber eilt euch: Was rot ist wird weiß!

Rasch ziehen vorüber die glücklichen Stunden.
Hält uns nicht Jugend, – wir halten sie nicht!
Wehrt euch der Würde! – Der ist überwunden,
Den fromme Sitten plagen und Pflicht!
Nieder mit dem, den Sorgen bedrücken, –
Denn der weiß nicht, was Leben heißt:
Lebend genießen, lebend beglücken, –
Aufs Leben trinken, bis es zerreißt!

Trinken! Trinken! Auf Leben und Sterben!
Leben! Leben! Auf Blut und Kuss!
Leert den Pokal, dann keilt ihn in Scherben!
Lebt euer Leben – und dann ein Schuss!
Trinken ist Leben, und Leben ist Trinken!
Nieder der Schwächling, der trunken fällt!
Wein her! – Wir wollen im Leben versinken!
Das Leben her! – Es lebe die Welt!

Die Boheme

Boheme! – Was denkt sich der brave Mann am häuslichen Herd und seine noch bravere Gattin nicht alles bei diesem mystisch-abenteuerlichen Wort: ein Maleratelier mit primitiven Holzmöbeln, ein halbes Dutzend Mal-Stellagen, an der Wand prickelnde Aktbilder, verschmierte Paletten, genialisch wüst gruppierte Gipsmasken. Der Inhaber sitzt, eine Fiedel in der Hand, auf der Ecke des Tisches, um ihn herum eine Anzahl dekolletierter Modelle, jedes ein Sektglas in der Hand, und eine Batterie Henkell trocken schussbereit auf dem Fußboden.

Nein, meine Herrschaften, so sieht Boheme nicht aus – aber anders. Überhaupt – suchen Sie sich mal erst in Berlin echte Bohemiens. Ach, du große Güte! Davon gibt's verdammt wenige.

Ja, in München! – Schöne, göttliche Münchener Tage, wann kehrt ihr zurück? – Da saßen sie dicht bei dicht gedrängt im Café Stefanie. Der wilde Ludwig Scharf und der wüste Leo Greiner, der freche Frank Wedekind und der tolle – aber nein! Wie darf ich den Namen nennen! – Na, die Münchner sind weit weg, die können mir nichts tun, und ich habe mich ja mit der Berliner Boheme zu befassen. Da werd' ich mich natürlich vorsehen. Was in München das Café Stefanie, das ist in Berlin das Café des Westens – aber in kleinerem Maßstab. Da sitzen sie – die Bohemiens, und die, die sich dafür halten. Was sie tun? Sie trinken schwarzen Kaffee, oder auch Absinth, rauchen Zigaretten, reden über Ästhetik und Weiber, stellen neue Lehren auf und paradoxe Behauptungen, schimpfen über den Staat und die Banausen, pumpen sich gegenseitig an und bleiben die Zeche schuldig. Aber das sind die Harmlosen. Sie rangieren gleich hinter den Lebemännern im Kaiserkaffee mit den Smokings und weißen Westen, die sich auch so gern Bohemiens nennen lassen. Die »echten« sitzen auch nachts im Café – lange, oh sehr lange – aber das ist nicht das einzige Zeichen ihrer Zigeunerschaft. Das sind katilinarische Existenzen, Dichter, Maler, Bildhauer, Architekten oder was noch immer – man muss doch für sein Nichtstun einen Namen haben.

Da ist einer – er soll zuerst drankommen, denn er ist ein guter Freund von mir – ein Dichter. Die Hände in den Hosentaschen, streicht er des Tags durch die Straßen; sein Anzug ist schäbig, sein Hut noch schäbiger und am schäbigsten sein Stock. Ein Judaskopf mit Kneifer. Der strohgelbe Vollbart ist ungepflegt und verdeckt fast das ganze tief liegende Gesicht. Die dunklen Haare hängen in dicken borstigen Strähnen über die niedrige Stirn. Ein Hals ist fast gar nicht da, und die eingefallenen Schultern sind hochgezogen. Wer ihn nicht kennt, hält ihn für einen Bankkassierer, der eben wegen Mangel an Beweisen freigesprochen wurde. Wer ihn aber kennt, der geht ihm aus dem Wege, sonst wird er gestellt: »Sagen Sie mal«, sagt der Dichter dann nebenbei so leichthin, »lieber Freund, können Sie mir nicht einen Taler pumpen?« Gelingt der Pump, dann muss das Opfer unweigerlich mit in ein Lokal, den Taler klein machen. Aber damit nicht genug! Der unglückliche Dichtermensch, der sich für ein verkanntes Genie hält und entsetzliche Kalauer macht, liest dem armen Gegenüber seine neusten Schüttelreime vor. Dann lässt er den anderen, trotz des Talers, das Genossene zahlen und geht weiter auf Fang aus. Gehn wir mal mit! Er schiebt – immer dicht an den Häusern entlang – die Friedrichstraße herauf, unbekümmert um den Zuruf eines Arbeiters: »Du, lass dir mal die Haare schneiden!«

Plötzlich aber wird er angesprochen: Er blickt auf. Vor ihm steht ein Mann mit mächtig wallendem Vollbart, in engem, kurzen, unten ausgefransten Paletot. Darf ich seinen Namen nennen? Ja, ich darf. Es ist Peter Hille. Eben schreibt er sich einen neuen Aphorismus in sein Notizbuch. »Du«, sagt er, »geht das: Die Lüge ist das Einzige, was den Menschen vom Tier unterscheidet!?« – »Ja, Peter Hille«, erwidert der Dichter. »Du hast recht. Die Lüge ist das einzig Wahre! – Wo willst du denn hin?« – »Nach Hause!« – »Ja, aber dann musst du doch anders gehn. Hier kommst du ja in die Chausseestraße. Du wohnst doch jetzt in Schlachtensee.« – »Herrgott, ist ja wahr. Ich meinte, ich wohne noch in der Kesselstraße.« – Die beiden deutschen Dichter gehn also selbander zum Potsdamer Bahnhof und entwickeln sich unterwegs gegenseitig ihre neuesten literarischen Pläne. »Ja, ja«, meint Peter Hille. »Nun werd' ich aber doch bald berühmt.« Dann verabschieden sie sich.

Aus dem Café Austra tritt eine merkwürdige Gestalt heraus. Das Gesicht ist von einem mächtigen schwarzen Schlapphut beschattet. Man sieht nur einen blonden Spitzbart darunter hervorragen. Die ganze Figur ist von einem Mephistomantel umhüllt, dessen unteres Ende genial über die Schulter geworfen ist. »Mensch«, ruft er aus, als er den Dichter kommen sieht. »Was machen Sie denn?« – »Schlechten Eindruck – und Sie?« – »Ich arbeite!« – »Na, nu hören Sie auf! Was denn?« – »Oh, viel. In Potsdam soll ich 'ne neue Kirche bauen, in Berlin ein neues Theater, in Rixdorf 'ne Schule und für Grabow einen neuen Straßenentwurf ausarbeiten. Außerdem soll meine Vaterstadt in Pommern abgerissen werden, und ich soll sie neu aufbauen. Hier sind die Pläne!« Damit zieht der beschäftigte Architekt eine Aktenmappe aus den abgründigen Tiefen seines Mantels und zeigt den Entwurf für das Berliner Theater. »Sehn Sie«, sagte er treuherzig, »damit mache ich mich kreditfähig. Sie können ja schweigen. Höchstens den Zeitungsonkels dürfen Sie es sagen, die es in ihr Blatt bringen. Sonst darf es keiner wissen. Übrigens wissen Sie nicht jemand, der mir 20.000 Mark pumpt, dass ich anfangen kann? Ich muss zum Winter unbedingt Geld haben zum Heizen. Vorigen Winter hab ich sämtliche Warnungstafeln vom Tempelhofer Feld in meinen Ofen gesteckt. Aber erstens die Schlepperei, zweitens der Gestank und drittens sind keine mehr da.«

Der Dichter geht sorgenvoll weiter – nach Hause. Er steigt die vier Treppen des Hinterhauses hinauf und schließt auf. Die Wirtin kommt ihm geheimnisvoll entgegen: »Seien Sie hübsch leise. Ein Herr ist da, der nicht gestört sein will.« Der Mieter betritt seine Bude. Er geht zunächst an den Schreibtisch, findet, dass seine sämtlichen Briefschaften durchwühlt sind, an der Erde liegen Manuskripte, Bücher, Löschblätter, darunter eins, das nicht dahingehört. Vom Bett aus ertönt ein gedehntes Gähnen. »Mahlzeit, du! – Du nimmst es wohl nicht übel. Ich bin nämlich exmittiert, und möcht inzwischen bei dir kampieren.« Ein Maler ist es, der den Freund solcherweise begrüßt. Er hat seine Kleider auf den Boden geworfen und sich im Bett des andern gemütlich eingerichtet. »Na ja«, sagt der, »wenn du dich benimmst. Hör mal, meine neuesten Schüttelreime!« – »Um Gottes willen! Kerl! Ich hab die Nacht von Montag auf Mittwoch durchgebummelt. Lass mich doch bloß schlafen.«

– »Na ja, wirst schon dabei einschlafen.« Und nun ergießt sich eine Lawine scheußlicher Dichtkunst über den armen Obdachlosen. Dann überlässt er dem Freund die Bude und geht zu einer Tante Abendbrot schinden.

Von da aus steigt er ins Café des Westens. Gleich links ist der Stammtisch mit den Berühmtheiten, die sich grade den Hamlet gegenseitig auslegen. Ein bartloser Herr mit der Beredsamkeit eines Oberlehrers doziert am sichersten. Eigentliche Bohemiens sind das hier nicht. Nur einer ist dabei, ein nervöser Herr in den Fünfzigern, ein bekannter Landschaftsmaler. Er hat einen feinen durchgeistigten Kopf und wunderbar schöne Hände, die unausgesetzt in der Luft herumtanzen. Vor ihm steht ein Flakon Chartreuse. Jede Bemerkung der andern begleitet er mit einem Bonmot. Für jeden prägt er in zwei Worten ein Etikett. Die andern reden, aber seine Persönlichkeit beherrscht die Stimmung.

Der Dichter geht grüßend am Stammtisch vorbei – zu seinen Freunden. Diese, fünf an der Zahl, haben eben ihre Portemonnaies auf die Tischplatte entleert, um zu konstatieren, was noch verzehrt werden kann, denn seit einigen Tagen hat der Ober den Kredit gesperrt. Der Dichter wirft seine Kröten dazu.

Dann wendet er sich an einen elegischen Jüngling, einen Ästheten mit schwarzen Haaren, von denen ein breiter Büschel genial über die Stirn frisiert ist. Seine Sprache ist wohlgesetzt und ganz leise. Er rühmt Oscar Wilde und Stefan George und blickt dabei schwärmerisch auf die Schokoladenkekse vor ihm. Neben ihm sitzt ein junges Mädchen im Reformkleid, das sich sehr niedlich findet. Die Herren pflichten ihr voll Überzeugung bei. Ein Techniker sitzt dabei, der auch Gedichte macht. Er hat einen Band Lyrik veröffentlicht, »Tränen der Seele« heißt er. Darin reimt sich Kirchenglockenklang und wilder Liebesdrang. Er möchte gern mitreden, findet aber für das, was er sagen will, nie den rechten Ausdruck, und schließt jeden Satz mit »ich meine« – und einem unartikulierten Glucksen. Nachdem die Gesellschaft die Welträtsel gelöst hat, ergreift der Dichter das Wort. »Kinder«, sagt er, »aus alldem ergibt sich, dass wir endlich berühmt werden müssen. Die Franzosen haben ihren Murger gefunden, die Bagdader ihren Scheerbart – ihr kennt doch: ›Tarub, die berühmte Köchin von Bagdad?‹ – Was die

Künstler in Murgers ›Zigeunerleben‹ sind, und was bei Scheerbart der ›Bund der lauteren Brüder‹ ist, das sind wir auch. Ich werde über die Berliner Boheme schreiben.« –

»Um Gottes willen«, schreien da alle. »Du wirst doch nicht! Du wirst uns noch alle kompromittieren.« »Das werde ich!«, erwidert der Dichter pathetisch. Und er ging hin und tat es.

Der Revoluzzer

Der deutschen Sozialdemokratie gewidmet

War einmal ein Revoluzzer,
im Zivilstand Lampenputzer;
ging im Revoluzzerschritt
mit den Revoluzzern mit.

Und er schrie: »Ich revolüzze!«
Und die Revoluzzermütze
schob er auf das linke Ohr,
kam sich höchst gefährlich vor.

Doch die Revoluzzer schritten
mitten in der Straßen Mitten,
wo er sonsten unverdrutzt
alle Gaslaternen putzt.

Sie vom Boden zu entfernen,
rupfte man die Gaslaternen
aus dem Straßenpflaster aus,
zwecks des Barrikadenbaus.

Aber unser Revoluzzer
schrie: »Ich bin der Lampenputzer
dieses guten Leuchtelichts.
Bitte, bitte, tut ihm nichts!

Wenn wir ihn' das Licht ausdrehen,
kann kein Bürger nichts mehr sehen.
Lasst die Lampen stehn, ich bitt! –
Denn sonst spiel ich nicht mehr mit!«

Doch die Revoluzzer lachten,
und die Gaslaternen krachten,
und der Lampenputzer schlich
fort und weinte bitterlich.

Dann ist er zu Haus geblieben
und hat dort ein Buch geschrieben:
nämlich, wie man revoluzzt
und dabei doch Lampen putzt.

»Möblierter Herr«

Mein Domizil in der Augsburger Straße war ein sogenanntes Berliner Zimmer, sehr geräumig, mit einem zweischläfrigen Bett, einem breiten Sofa und einem etwas gebrechlichen Schreibtisch in der einzigen Ecke, in die das Fenster Licht einließ. Die hübsche, rundliche Wirtin, kleinen Zärtlichkeiten sehr zugänglich – der Mann war Reisender und viel abwesend –, war das Ideal einer toleranten Vermieterin. Ich durfte Besuch mitbringen, wie es mir gefiel, und es kam vor, dass zugleich drei Freunde, denen der Heimweg vom Café des Westens zu weit war oder die gerade kein festes Quartier hatten, bei mir übernachteten. Peter Hille war, wenn er den letzten Zug nach Schlachtensee nicht mehr erreichte, oft mein Logiergast, auch Scheerbart machte einmal, als ihn die Füße nicht mehr bis nach Hause tragen konnten, von meinem breiten Bett Gebrauch und wollte sich totlachen, als morgens die Wirtin mit der größten Selbstverständlichkeit hereinkam und zwei Portionen Kaffee auf den Tisch stellte. Kam ein Gast von auswärts ins Café, der noch keine Bleibe hatte, wurde er mir einfach mitgegeben, und ich habe manchmal wildfremde Leute bei mir beherbergt, deren Namen ich bei der Vorstellung nicht verstanden hatte und nie erfuhr. Einmal kostete es große Mühe, einem Zahntechniker, dem Freunde irgendeines meiner Bekannten, zwei Goldstücke zu retten, die er auf den Tisch gelegt hatte. Ich lag noch im Bett, er auf dem Sofa, als der Gerichtsvollzieher erschien, um von mir Geld zu holen. Er wollte sich durchaus des Vermögens meines Gastes bemächtigen, der angstvolle Minuten durchlebte, bis der Beamte sich entschloss, es beim üblichen Vermerk bewenden zu lassen, dass die Pfändung bei mir fruchtlos gewesen sei.

Auch tagsüber ging es mitunter lebhaft im Dämmerlicht meines Zimmers zu. Meine gute Wirtin wunderte sich über gar nichts. Sie gewöhnte sich daran, dass langstündige Konferenzen bei mir stattfanden, deren politischen Charakter sie den verarbeiteten Gesichtern und Händen der Teilnehmer und gelegentlich aufgefangenen Worten entnehmen konnte. Sie ließ lustige Künstlergesellschaften herein, ohne sich je über den dann folgenden Radau zu beschweren. Sie erlebte mit ungeheurem Stimmaufwand dargebrachte Rezitationen zur Unsterblichkeit strebender Autoren und gellende Aufschreie junger Schauspielerinnen, die mich und einen zur Talentmusterung eingeladenen Bühnenkünstler durch Vorsprechen klassischer Rollen von ihrer Berufung zur Heroine zu überzeugen suchten. Sie öffnete die Tür mit diskreter Freundlichkeit Besuchern und Besucherinnen und fragte nicht, ob Kunst-, ob andere Interessen sie zu mir führten. Selbst als ich in jenem Zimmer meine erste polizeiliche Haussuchung über mich ergehen lassen musste, konnte ich sie als Zeugin herbeirufen und hörte nachher keine Frage nach dem Warum und kein Wort des Missvergnügens. Wirtinnen dieses Schlages, deren ich im Laufe der fünfzehn Jahre meines Lebenswandels als »möblierter Herr« mehrere kennengelernt habe, aber wahrhaftig nicht viele, bin ich viel Dank schuldig. […]

Siegeslied

Deutscher, so du Schutzmann seist,
übe dich in deutschem Geist;
üb' dich in Begeisterung
als wie auch im Säbelschwung!
Merk dir, dass der Polizei
Pflicht, Beruf und Streben sei,
mit dem Sabul in der Faust
Ruh zu schaffen, dass es saust …
Freventlich ist's in der Welt
mit dem armen Mann bestellt,
der, wenn seine Arbeit winkt,
hungrig durch die Straßen hinkt.
Doch sind viele arbeitslos,
wird der Zug leicht lang und groß,
und der Schutzmann dienstbereit
tritt alsdann in Tätigkeit …
Im Gehölze, dunkel, dicht,
mördert eine Maid ein Wicht.
Dicht dabei im Kiefernwald
macht man einen Knaben kalt.
Anderswo steckt frevle Hand
einen Dachstuhl in den Brand.
Tag für Tag gibt's in der Stadt
Feuer, Raub und Moritat.
Wo ist dann die Polizei?
Ach, die ist dann nicht dabei.
Denn sie gibt gewichtig Acht,
ob man keinen Umzug macht.
Seht, da naht er schon heran:
Arbeitslos der Arbeitsmann,

Weib und Greis und Wickelkind
und der Krüppel lahm und blind ...
Ha, es ruft das Vaterland!
Schutzmannschaft kommt angerannt.
Säbel raus! In Reih und Glied!
Vorneweg Herr Hauptmann Schmidt!
Angriff! Flüche! Gummischlauch!
Fäuste! Stiefel in den Bauch!
Feind ist aufs Gerüst geflohn;
Schmidt stürmt nach und hat ihn schon!
Wutschaum steht ihm vor dem Mund:
Feind besiegt; – wird eingespunnt!
Landgericht: Schmidt litt noch nie
an der Schutzmannshysterie.
Doch der Feind wird abgeführt,
weil das Volk er aufgerührt.
Vaterland ist stolz und frei. –
Dank dir, hohe Polizei!

Terror

Snob nenne ich einen Menschen, der seine Instinkte fälscht, der eingebildete Worte unterstreicht, der seinen Stil präpariert.

Bilden Sie sich nicht ein, Verehrter, Sie seien kein Snob, weil Sie aus tiefstem, ehrlichstem Gefühl heraus den Terror verwerfen. Nur ist in diesem Fall Ihr Snobismus atavistisch. Moralistische Konstruktionen, die Ihren Grundgefühlen fremd sind, sind Ihnen von den Pfaffen, die Sie und Ihre Vorfahren gezeugt haben, oktroyiert worden. Ich nehme das an, weil ich Ihre Intelligenz immerhin hoch genug einschätze, um nicht zu glauben, Ihre moralische Bewertung individueller Taten anderer sei das Produkt der Ihnen adäquaten Sinnesart.

Sonst würde ich zu meinem Bedauern genötigt sein, Sie als einen Schmock anzusehen. Schmock nämlich nenne ich einen solchen, der aus seiner Dummheit eine Konfession macht, der seinen Minderwert unterstreicht, der seine Stillosigkeit zur Schau stellt.

Snobismus würde es auch sein, wenn Sie mir erklärten, Ihre ablehnende Haltung terroristischen Taten gegenüber sei nicht von sittlichen Einwänden diktiert, sondern ergebe sich aus der Überzeugung, dass stilhafte Menschen, Leute von künstlerischen Qualitäten sich so »regen Interessen« wie den sozialen Empfindungen, die den politischen Terror gebären, nur fremd fühlen können.

Bleiben Sie mir gefälligst mit dem Indifferentismus aus künstlerischer Vornehmheit vom Leibe. Verleumden Sie das gute Wort Kultur nicht mit der Vorspiegelung, es stehe im Widerspruch zu sozialem Leben. Ich habe noch immer gefunden, dass *die* Leute von Kultur am wenigsten Ahnung haben, die ihre Stilausbildung darin suchen, dass sie tagaus, tagein Kulturbegriffe kloppen. Diese Übung halte ich für snobistische Höhenzüchtung.

Sie wundern sich, dass ich meine Darlegung über Terror mit einer so weit vom Wege liegenden Polemik beginne. Das schien mir geraten, um von vornherein die Bahn frei zu haben für meine Ansichten, die ich weder im Widerspruch zu irgendwelcher künstlerischen Ästhetik noch im Widerspruch zu irgendwelcher künstlerischen Ethik empfinde.

Terror ist, um zunächst einmal den Begriff selbst zu präzisieren, die von einem Einzelnen oder Mehreren eigenmächtig in Anspruch genommene physische Justiz innerhalb des sozial geregelten Gesellschaftsbetriebes. Ich spreche hier zunächst vom politischen Terror, von dem, der die Tendenz des Protestes gegen unerwünschte soziale Einrichtungen hat. So sozial, so ethisch, wenn Sie wollen, so moralisch der politische Terrorist verfährt, so stellt ihn die individualistische, antidemokratische Eruption seines Gemeinsinnes doch außerhalb derer, die als verbogene Glieder der großen Kette Volk zu beurteilen sind.

Die Handhabung terroristischer Mittel weist dem, der sie übt, einen Platz an in der Reihe künstlerischer Persönlichkeiten. Er fühlt sich nicht zugehörig zur Gesellschaft, er gliedert sich nicht ein in die unter Gesetze Gebundenen, er maßt sich eigene Machtbefugnisse an, er beschließt aus seinem persönlichen Erleben heraus über das Schicksal der Gemeinschaft, in die er gestellt ist.

Er ist Revolutionär, nicht wie andere, die ihre Mitmenschen zum Zusammenleben aufgrund prinzipiell veränderter Gesellschaftseinrichtungen erziehen wollen; sondern mit der ungeduldigen Produktivität des Künstlers, der das Neue selbst aufbauen und fertigstellen will, und seine besondere Art der Kunstbetätigung ist die, dass er im Zerstören ein Schaffen sieht.

Es ist bei der Beurteilung terroristischer Akte gleichgültig, ob die Tat eine unmittelbare Änderung in den bestehenden Verhältnissen hervorruft; es ist auch gleichgültig, ob ihre Motive in einer jähen Temperamentwallung, in einer langsam gewachsenen Wut, oder in nüchtern erwogener Vollstreckung eines Beschlusses zu suchen sind; ferner ist es gleichgültig, ob sie der Gefühlsentladung eines Einzelnen, der Zweckmäßigkeitserwägung einer Mehrheit oder dem propagandistischen Nutzen für eine Bewegung dient – allen solchen Aktionen gemeinsam ist die Durchbrechung des demokratischen Prinzips, ist die Direktheit ihrer Wirkung.

Ganz künstlerisch ist immer die von aller Zeitlichkeit losgelöste Stimmung bei Begehung terroristischer Taten. Die Mörder der Präsidenten

Carnot und McKinley, der Monarchen Alexander und Humbert, die Ravachol, Henry, Caserio, Bresci, Reinsdorf – die Vielen, deren Namen von der russischen Revolution übertönt werden – sie alle stellten ihr Leben auf den Augenblick einer Handlung, sie alle fühlten ihr Schicksal erfüllt, ihr Leben erlebt, ihr Dasein begründet mit der Ausübung einer Bewegung. Jede ihrer Taten ist die Vollbringung eines künstlerischen Lebenswerkes.

Darum ist es nicht auffällig, dass manchmal ein Revolver knallt, ein Dolch zuckt, eine Bombe platzt, wo die erschrockene Welt staunend nach den Gründen fragt. Emil Henry wusste wohl, was er tat, als er die Sprengmaschine ins Vestibül der Pariser Bourgeois Cafés legte; er wusste, diese Handlung, deren Psychologie der übergroßen Mehrheit seiner Zeitgenossen ganz fremd bleiben musste, führte unrettbar zur Guillotine; er wusste auch, auf seinem Todesgange würden ihm die Flüche Millionen im tiefsten Gefühl Verwundeter folgen – aber sein von sozialer Wut bestimmtes künstlerisches Wollen befahl, und er tat, was er tun musste.

Ebenso wenig auffällig ist es, dass oftmals dort, wo man terroristische Taten erwarten sollte, wo einem der Intellekt den Terror als einzig mögliche Hilfe gegen die Scheußlichkeiten herrschender Mächte erscheinen lässt, alles ruhig bleibt. In Preussisch-Polen unterdrückt die Regierung seit Jahren die Sprache des Volkes, sie expropriiert den Heimatberechtigten den Grund und Boden, sie züchtet fremdes Blut im Lande – würde sich jemand wundern, wenn die in ihren natürlichsten Empfindungen getroffenen Polen den Eindringlingen, die von feindlichen Mächten polnisches Land zur Bebauung zuerteilt bekommen, die Häuser in Brand steckten? Würde sich jemand wundern, wenn das in einem Lande geschähe, das Temperament genug gezeigt hat, um die Kinder bei dem großartigen Schulstreik zu Märtyrern an ihrer Volkheit werden zu lassen?

Individuelle Akte des Terrors sind in Polen bisher ausgeblieben. Ich glaube, dass sie auch in Zukunft ausbleiben werden, weil der demokratische Drill dem polnischen Volke seit vielen Generationen ins Blut gedrungen ist, und weil das Temperament eines Einzelnen oder einer kleinen miteinander verbündeten Minderheit dazu gehört, auch außerhalb einer Volkserhebung gewaltsam in den Betrieb einer Gesellschaft einzugreifen.

Und doch war es ein Pole, der es zum ersten Male unternahm, den Terror als künstlerische Äußerung eines Individualisten, eines asozialen Menschen, künstlerisch zu gestalten. Gordon, der Held in Przybyszewskis »Satanskindern« ist der Terrorist katexochen, der Terrorist um des Terrorismus halber, der Terrorist aus Freude am Schrecken. So wenig dieser Gordon innerlich mit den Leuten zu tun hat, deren Taten ich Ihnen, verehrter Freund, da Sie so spöttisch über soziale Betätigung künstlerisch empfindender Naturen zu lächeln belieben, psychologisch näherführen wollte, – so werden Sie doch aus seinem Beispiel ersehen können, wie wenig der Terror an sich mit den »regen Interessen« der Demokraten zu tun hat, und wie wenig geistreich in Sonderheit das sittliche Gegreine moralischer Banausen über die »feigen Bluthunde« und die »irrsinnigen Fanatiker« ist, die wir bei solchen Gelegenheiten in der verschmockten und versnobten Presse zu lesen gewöhnt sind.

Wollen Sie gütigst Ihrem zuständigen Staatsanwalt mitteilen, dass ich mit diesen orientierenden Ausführungen weder Sie noch sonst jemand zur Begehung von Moritaten, Brandstiftungen, Raubanfällen oder ähnlichen Daseinsäußerungen, anregen wollte, sondern, dass es nur in meiner Absicht lag, von der einseitigen Stellung aus, die ich auf meiner Künstlerwarte einnehme, den Terror als künstlerisches Prinzip darzutun und ihn, wenn Sie wollen, vor Snobs und Schmocks zu rechtfertigen.

Freiheit

»Er hat sich tadellos geführt«–,
spricht Tante Adelheid gerührt
und mit vergebungsfrohem Blick
»– der Hauptmann Voigt von Köpenick.«
»Ach ja«, mein Onkel Dieterich,
»und er bereut auch sicherlich,
und wird es, wohl bemittelt nun,
auch ganz gewiss nicht wieder tun.«
Die gute Tante Hilde spricht:
»Das wird er wohl gewisslich nicht.
Er tat's auch damals nur aus Not;
jetzt ist er ja nicht mehr bedroht.«

Und Onkel Oskar meldet stark:
»Ich gab zur Sammlung eine Mark,
weil er es gar so schön gemacht.
Wir haben wirklich so gelacht!«
Die Onkel und die Tanten all
sind sehr bewegt von diesem Fall,
denn Hauptmann Voigt ist nunmehr frei
und widmet sich der Schusterei.
Mit reichlich Geld versorgt man ihn
und lässt ihn unbehindert ziehn,
und jede Tante Adelheid
belächelt ihn mit Gnädigkeit …

Ihr Onkel, Tanten, allesamt!
Erst habt ihr diesen Mann verdammt,
ließt ihn verkommen Jahr und Jahr,
im Zuchthaus, was euch schnuppe war;
verfolgtet ihn per Polizei:
auch dieses war euch einerlei;
wie's auch an euch vorüberzieht,
dass täglich solcherlei geschieht.
Wisst ihr denn, wie den Schuster Voigt,
bevor er euch, erst ihr betrogt?
Und wie ihr den zermanscht, zerdrückt,
dem kein so guter Witz geglückt?

Das Cabaret

Selig sind die Dichter der Gegenwart. Ihr goldenes Zeitalter ist zurückgekehrt. Wie in den Tagen des Minnesanges und der fahrenden Scholaren ziehen sie wieder von Ort zu Ort und künden ihr eigen Lied. Und die großen Herren und Frauen erlaben sich an ihrer Kunst und lohnen sie mit Speis und Trank und geben dem Dichter ab von ihrem Überfluss. Ein wenig anders ist's freilich geworden seit Heinrich von Ofterdingen und Wolfram von Eschenbach. Der Dichter ist kein fröhlicher Troubadour mehr, der mit schmetternder Stimme und sanfter Harfenbegleitung seiner Herzliebsten das neueste Geständnis seiner heiligen Minne ablegt. Seine Kehle ist heiser geworden, und sein Liebeslied weiß nichts mehr von sehnsüchtigem Verlangen und heißem Werben. Mit hohler Pathetik krächzt der Dichter von heute den Bericht verbuhlter Nächte und öder Enttäuschungen in die Ohren seiner Hörer. Auch geht er nicht mehr in die Höfe der Burgen und Schlösser, um den Besten, die er sich erwählt, seine Kunst zu zeigen, – sondern seine Gönner suchen ihn auf, wo er abwechselnd mit einer kreischenden Schnadahüpflerin und einem Cake-Walk-tanzenden Nigger gegen ein entsprechendes Entree seine Muse entblößt.

Die Tribüne des Dichters ist nicht mehr der Schlosshof eines kunstfreudigen Edelmannes, sondern das Cabaret, und der fahrende Sänger ist nicht mehr ein frohes Ereignis, sondern eine Programm-Nummer.

Die Gegenüberstellung der singenden Scholaren von ehedem und des Brettl-Dichters von heute wirkt einigermaßen schmerzlich. Nicht minder schmerzlich aber wirkt die Gegenüberstellung des ursprünglichen französischen Cabarets und seiner deutschen Nachbildungen, an denen nur noch der französische Titel der Einrichtung die Herkunft verrät.

Die Idee, die dem Cabaret zugrunde liegt, ist gewiss nicht unkünstlerisch. Sie ging hervor aus dem Mitteilungsbedürfnis lustiger Künstler. Dichter, die fidele Verse machten, Maler, die groteske Bilder zeichneten, Musiker, die vergnügte Weisen fanden, vereinigten sich zu ihrer eigenen

Erheiterung. Sie zeigten einander ihr neuestes Schaffen, und jede Zusammenkunft gab ein neues eigenartiges Bild künstlerischer Produktion. Fand einmal ein anderer Ton seinen Weg in diesen lustigen Kreis, so mochte er die fröhliche Geselligkeit weihen und die ganze, mehr oder weniger improvisierte Veranstaltung künstlerisch abrunden. Männer, die kamen, um sich mitzufreuen an den Gaben der hungrigen Brüder, mussten sie mit Wein und Esswerk traktieren, und allmählich mag sich so das Pariser Cabaret zu einer regelmäßigen Zusammenkunft schaffender Künstler und kunstfroher Genießer herausgebildet haben. Dass man mit dem Teller sammeln ging, und schließlich wohl auch festes Eintrittsgeld erhob, tat den künstlerischen Darbietungen keinen Abbruch. Die Veranstalter waren und blieben die Künstler. Was sie gaben, waren Geschenke ihrer Muse. Dass sie reiche Leute zahlen ließen, war ein praktischer Notbehelf. Aber wem ihre Darbietungen nicht passten, der mochte fortbleiben. Konzessionen wurden nicht gemacht.

Der Ruf vom Chat noir und anderen Pariser Cabarets drang über die Vogesen. Mit der plumpen Imitationswut, die den Deutschen auszeichnet, stürzte man sich auf die neue Idee – und pflanzte Palmen in Schneefelder. […]

Geschäftskundige Leute, die bis dahin mit irgendwelcher Kunst nicht das Geringste zu tun hatten, gescheiterte Existenzen, die zu keiner andern Beschäftigung mehr anstellig waren, wurden plötzlich Cabaretiers. Sie fingen zum Teil mit recht erheblichen Kapitalien an, engagierten Leute, die als Humoristen bei Witzblättern einen gewissen Ruf hatten, für ungeheure Gagen und schufen dadurch auch so manchem Weinwirt reiche Nebeneinnahmen. Das erregte den Konkurrenzneid mancher anderen Gastwirte, die sich dann mit einer Denunziation an die Berliner Polizei wandten, weil da und dort öffentliche Schaustellungen ohne polizeiliche Konzession vorgenommen würden. Seitdem unterliegen auch die Cabaret-Darbietungen der behördlichen Zensur. […]

Kunstlos, poesielos, kastriert vegetiert so in Berlin das Cabaret weiter. Sehr vermögende Unternehmer, die die Prätention haben, das Publikum trotz allem in dieser oder jener »Nummer« mit Kunst zu füttern, geraten dabei natürlich nach der andern Seite hin auf Abwege. Bald indem sie einen Künstler aufs Brettl zerren, der seinen ganzen

Qualitäten nach auf die Bühne oder in den Konzertsaal gehört, bald indem sie einen Vortragenden in ein abenteuerliches Kostüm stecken und ihn so zu einer Zirkus-Attraktion degradieren. Das übrige Repertoire setzt sich dann aus Tingeltangel- und Varieté-Nummern höchst abgeschmackt zusammen, aus denen sich das Programm der anderen Cabarets, die auch nach außen hin keinen Anspruch mehr auf eine künstlerische Note erheben, ausschließlich rekrutiert.

Wie lange sich die Rudimente des französischen Cabarets in Berlin noch halten werden – das kann kein Mensch wissen. Sicher nicht länger, als bis das liebe Publikum, dem zu Gefallen sich die Künstler derart entwürdigt haben, selbst angeödet ist von der Einrichtung. […]

Geschütteltes 1

Man wollte sie zu zwanzig Dingen
in einem Haus in Danzig zwingen.

Sie würden mir eine große Freude bereiten,
wenn Sie meinen Hund von der Räude befreiten.

Wie schade! Wenn's mal ein Erlebnis giebt,
Dass man so selten das Ergebnis liebt.

Der Knabe stiehlt am Baume fleißig,
Schon hat er eine Pflaume bei sich.

Da Pferde oft aus dem Zügel flüchten,
Will ich doch lieber Geflügel züchten.

Mit einem starken Schweden ringen,
Ist nicht so leicht wie Reden schwingen.

Ich sing mein Lied und wander so,
Bald bin ich hier, bald anderswo.

Der Sänger singt am Weiher leise,
doch singt er etwas leierweise.

Man soll sich nicht in Häuschen laben,
Wo die Bewohner Läuschen haben.

Brief an Julius Bab

Lausanne, 18.08.1904

Wenn ich Ihnen, lieber Bab, Material für Ihre Boheme-Studie liefern soll, so müssen sie mir zunächst gestatten, Ihnen einiges Prinzipielles zu verraten, was ich mir so unter einem Bohemien vorstelle. Zunächst mal das eine: es gibt keinen größeren Unfug, als unter einem Bohemien einen Murger'schen Leichtfuß zu verstehn. Die Murger'schen »Helden« sind alles andre als Zigeuner, wenn sich auch Symptome bei ihnen äußern, die auch aus Zigeunertum resultieren könnten. Ein Bohemien ist in erster Linie Skeptiker, ein Mensch, der die Welt so fatalistisch wie nur denkbar ansieht, einer der vom Leben nichts erhofft, und der deshalb darauflos lebt mit der erhabenen Wurschtigkeit, die ihn dem bourgeoisen Geschäftstrotter gegenüber als Ausnahmewesen, als komischen Kauz erscheinen lässt. [...] Den meisten von denen, deren Temperament, und deren skeptische Kritik sie außerhalb der uniformen Geister stellt, steigert sich die Abneigung gegen die Kreise, aus denen sie hervorgegangen sind, mit dem Quadrat der Entfernungen. So kommt es, dass sich manche von ihnen – also wie ich! – vor aller Welt in das Lager der erbittertsten Gesellschaftsfeinde stellen und mit aller Macht gegen das Grundübel all der Widerwärtigkeiten im sozialen und individuellen Leben, den zentralisierten Staat, anzurennen suchen. Wir Anarchisten – ich erinnere daran, dass z. B. auch Przybyszewski, Flaum und etliche andre bekanntere Künstler mit ausgesprochener Zigeunernatur zeitweilig mitten im agitatorisch-anarchistischen Kampfe gestanden haben – sind meiner Überzeugung nach die bewusstesten unter den Bohemiens. Bei vielen andern äußert sich das Bohemetum in gewollten Abweichungen der Kleidung, Frisur usw., – auch dürften sexuelle Abnormitäten bei Bohemiens nicht selten auf die instinktive Sucht zurückzuführen sein, anders zu sein als die Mehrzahl der Menschen. [...]

Ich beginne mit mir selbst – und da muss ich zunächst bemerken, dass die Verzögerung dieser Daten-Zusammenstellung nur darauf zurückzuführen ist, dass ich eben erst wieder eine Periode abenteuerlichster Zigeunerei hinter mir habe – oder bin ich noch darin? –, die mir nicht die Zeit ließ, irgendetwas andres zu tun, als mich über das Leben zu wundern, es zu genießen und es zu verwünschen.

Es ist sehr schade, dass ich Ihnen grade das Interessanteste von dem, was mir die letzten Monate brachten, nicht verraten kann, ohne befürchten zu müssen, dass mich die Publikation dieser Sündhaftigkeiten die Einbuße meiner ohnehin nicht sehr üppigen Einnahmen kosten würde. Überlassen wir also die Aufdeckung der Umstände, die mir eine Schweizerreise – mithin eine Italienreise – und einen Monatswechsel einbringen, einer späteren Gelegenheit.

Nur von der Italienreise einiges: Ich machte diese denkwürdige Tour in Gemeinschaft mit meinem Freunde Johannes Nohl, dem vollendetsten und seiner ganzen Natur nach selbstverständlichsten Zigeuner-Typen, der mir in meinem Leben begegnet ist, einem Berliner Professorensohn, mit dem zusammen ich seit zirka einem Jahre alle für Sie in Betracht kommenden Aktionen ausführte, und dessen Namen von dem meinen zu trennen nicht mehr angängig ist.

Wir hatten schon in Berlin in der Augsburger Straße zusammen gewohnt, und unsre extravaganten Amüsements endeten damit, dass mein Freund im Harz, ich in Mecklenburg im Sanatorium Unterkunft suchen mussten. In den 3 Monaten, in denen wir unsre Nerven reparieren ließen, fanden wir, dass der Berliner Boden etwas heiß für uns geworden sein musste, und aus Rücksichten besonderer Art, erkoren wir Lausanne zum ferneren Schlachtfeld. Nohl traf im April, ich im Mai dieses Jahres dort ein. In der ersten Zeit hatten wir beide reichlich Geld – und traten dementsprechend derart fürstlich auf, dass wir sehr bald Spitzel hinter uns merkten, die uns anscheinend bei Gelegenheit einer Hochstapelei in flagranti ertappen wollten.

Das internationale Proletariat Lausannes – Franzosen, Deutsche, Schweizer, Italiener, Russen und Türken – vergötterte uns wegen unsrer Freigebigkeit, denn die Kaschemmen und Herbergen waren unsre Stammlokale, und täglich erregten wir bei den deutschen Studenten, der widerlichsten Gattung unter dem Lausanner Publikum, und bei allen, die uns von unsrer Pension her kannten, helles Entsetzen, wenn wir per Arm mit einer Anzahl betrunkener italienischer Arbeiter über den Grand Pont (die große Promenade Lausannes) daherzogen.

Nun kam der erste Juni nahe, wo wohl einige Gelder anliefen, aber nicht entfernt so viel, wie wir zur Fortsetzung unsrer bisherigen Lebenshaltung hier nötig gehabt hätten. Wir beschlossen also, sobald die Gelder da wären, zu verschwinden – und zwar nach Italien, dem Land unsrer Sehnsucht. Ausgerüstet mit einem kleinen Rucksack, einem gepumpten Baedecker für Italien und Goethes schwächstem Buch, der »Italienischen Reise«, an dem Baedecker seine Schilderungsart gelernt zu haben scheint, fuhren wir nach Locarno, von da ging's zu Fuß den Lago Maggiore entlang, und von Cannóbio aus per Dampfer nach Pallanza, wo wir 3 Tage blieben, während derer wir sehr, aber sehr üppig lebten. Am dritten Tage entdeckte ich, dass mein Portemonnaie nur noch 20 Franken enthielt – und bis Capri, wo Hanns Heinz Ewers, E. v. Wolzogen und noch mehr Bekannte lebten, sollte die Reise gehn. Meinem Freunde zu beichten, wagte ich nicht, obgleich ich nicht zu fürchten brauchte, dass er die Reise deswegen abbrechen würde. Auch nahm ich an, dass er noch genug Geld für uns beide besitze. Immerhin schrieb ich an diverse Bekannte, sie möchten Geld schicken, wir säßen in großer Not, und gab als Bestimmungsort Mailand, ferma in posta, an. Dann fuhr ich allein nach Mailand weiter, da mein Freund von einer Horde Harmonikaspielern nicht loszueisen war.

Am nächsten Abend saß ich mit den letzten zwei Lire 50 traurig und einsam vor einem Mailänder Caféhaus, als plötzlich mein Freund neben mir stand und mich mit den Worten ansprach: »Dass ich dich endlich finde! Ich habe keine 5 Centesimi mehr«. Bei der Beratung, was nun zu tun sei, ging natürlich der Rest meines Geldes auch drauf, und wir gingen allen Bares bar in ein erstklassiges Hotel schlafen. Am nächsten Tag kam Hilfe. Zu den von mir Angepumpten gehörte ein Berliner Arzt, der zu meinem nicht geringen Erstaunen vom Monte Verità, einem vegetarischen Sanatorium bei Ascona am Lago Maggiore, 50 Lire schickte. Einige Tage zuvor waren wir durch das herrliche Ascona durchgegangen, das weiterhin noch eine große Rolle für uns spielen sollte.

Zwei Tage nach Eingang dieser Summe waren wir wieder blank, aber zum Glück bekamen wir beide durch die Hitze Schlaganfälle, die dann telegrafische Geldsendungen von der Verwandtschaft zur Folge hatten. Mehrere Freundessendungen trafen noch ein, ein größerer Vorschuss von einem Blatt, für das ich arbeite, und so halfen wir uns von Tag zu Tag weiter, ohne irgendwelchen Mangel zu leiden, und bei köstlichem Amüsement. Nach 14 Tagen reisten wir mit 30 Lire nach Genua ab – und abends war diese Summe alle. Plötzlich war es nun wie verhext. Wir schrieben, depeschierten – alles vergeblich. Das Hotel, in dem wir die erste Nacht geschlafen hatten, gab uns keinen Kredit mehr, so wanderten wir also zum deutschen Generalkonsulat, das mehrere erfolglose Telegramme aufgab und uns dann in einer ekelhaften, dreckigen Herberge einquartierte. Dort rückten wir am nächsten Tage aus, hungerten dann den ganzen Tag, kampierten im Freien unter einer Kolonnadensäule, und begaben uns dann wiederum zum Konsulat, das diesmal bedauerte nichts für uns tun zu können. Was tun? – Wir bummelten durch die Straßen mit knurrendem Magen und einiger Depression. Wir badeten im Tyrrhenischen Meer und ernährten uns dabei mit Seewasser. Abends versprach ich meinem Freunde, ein gutes Abendbrot und Nachtquartier um jeden Preis zu beschaffen, widrigenfalls ich mich vor seinen Augen umbringen werde. Die Bedingung wurde akzeptiert, und nun ging ich um Leben oder Tod (weiß Gott, ich hätte schon der Exzentrizität wegen die Bedingung erfüllt!) auf mein Ziel los.

Ich hörte zwei Herren Deutsch sprechen. Die redete ich an, erzählte ihnen, uns sei all unser Geld gestohlen worden (das hatten wir auch auf dem Konsulat angegeben), wir seien mittel-, nahrungs- und obdachlos; und bat um ihren Rat. Sie empfahlen uns an einen deutschen Gastwirt am Hafen, dem ich erklärte, es sei seine verfluchte Menschenpflicht, uns anständig zu essen und ein Schlaflager zu geben – und er tat es unter der Bedingung, dass wir am nächsten Tage bezahlten. Den nächsten Tag gingen wir wieder zum Konsulat, erklärten, es sei eine Schmach für das Vaterland, wenn zwei gebildete Deutsche im Auslande zechprellen oder verhungern müssten, was zur Folge hatte, dass wir dem Generalkonsul selbst vorgeführt wurden. Der hielt uns moralische Vorträge, warnte in meiner Abwesenheit meinen Freund vor mir, der ich ihm wohl das Geld werde gestohlen haben, und schickte dann einen Konsulatsbeamten mit Geldern an die beiden Hotels und die Herberge, ließ unsre Sachen auslösen und gab uns jedem 5 Lire. Dann gab er uns einen Empfehlungsbrief an den Vizekonsul in Lugano mit, ermahnte uns, nur ja in gute Hotels zu gehn und uns gut zu pflegen, da uns sonst die Hitze nicht bekommen würde, ließ uns, bewaffnet mit Brot, Wein, Käse, Wurst und Obst in die Bahn setzen – und so fuhren wir plötzlich, ehe wir uns besinnen konnten, was geschah, nach Lugano, wo wir denn auch sogleich, der Ermahnung des Genueser Generalkonsuls gemäß im ersten Hotel abstiegen. Das Vizekonsulat in Lugano war nicht so üppig wie das Genueser, das wir praeter propter 100 Lire gekostet hatten. Es gab uns nur 20 Lire auf den Weg, mit denen wir dann nach Locarno fuhren, unter Zurücklassung unsrer Hotelschuld in Lugano und einer Anzahl Effekten. Von Locarno ging's zu Fuß nach Ascona zurück und von da auf den Monte Verità, wo ich zunächst bleiben konnte. Mein Freund fand Unterkunft bei einem Asconaer Schriftsteller, bei dem ich insofern gut empfohlen war, als ich einmal ein Buch von ihm verrissen hatte.

Jetzt mussten wir vegetarisch leben, kriegten nichts zu trinken und zu rauchen und mussten barfuß, barhaupt und in Leinenkitteln herumlaufen. […]

Ihr Erich Mühsam

Der tote Kater

Warum schleicht der Bube Peter
Mit gesenktem Kopf herum?
Warum feixt er? Warum geht er
Nicht in das Gymnasium?
Was geschah mit ihm? Was tat er?
Seht, von einer Wäscheleine
Schlenkert ein gewesener Kater,
Senkrecht ausgestreckt die Beine. –
Schlenkert schon seit sieben Tagen;
Peters Blicke aber schleichen,
Wo die Tat sich zugetragen,
Wo es stinkt nach alten Leichen …
Was der Bube sich wohl dachte,
Als er dieses scheu vollbrachte? –
Wollt' er nur die Luft verstänkern?
Oder freut er sich am Schlenkern?

Monte Verità

Der Monte Verità bietet heute für den sozialen Beobachter kein großes Interesse mehr. Er ist ein Sanatorium wie andere auch, nur eben ein vegetarisches. Da ja aber die Vegetarier vor andern Deutschen zunächst den Vorzug haben, dass sie sich wenigstens in ihren äußeren Lebensgewohnheiten von den Gepflogenheiten der Massen unterscheiden, so trifft man da oben denn doch hie und da einen Menschen, der als Individualität bestehen kann.

Ich sehe mancherlei Parallelen zwischen der Entwicklung des Monte Verità von einem ideellen Experiment weniger zu einem kapitalistischen Sanatorium, das jedem offensteht, der bezahlt, einerseits, und der Neuen Gemeinschaft der Brüder Hart in Berlin andrerseits, die in ihren Ideen und Prinzipien Großes verhieß, dann aber in dem sozialen Angstprodukt von Schlachtensee, das schließlich zu einer Hotelpension mit ethischem Firmenschild wurde, elend verendete.

Hier war es die dogmatische Unduldsamkeit der Begründer selbst, woran die Idee zugrunde ging, die glaubten, soziale Gebilde aus Weltanschauungen gestalten zu können, ferner der ungehemmte Zulauf harmloser Ethiker, die sich von der Welt missverstanden fühlten, und nicht zu mindesten der Einfluss der Frauen, die auf der einen Seite die Neue Gemeinschaft zu ihrem Emanzipationsherd aufkacheln wollten, auf der andern Seite die philosophischen Ewigkeitsfragen, um die es sich handelte, in Kochtopf und Waschfass ersäuften.

Ganz ähnlich war es auf dem Monte Verità. Der Vegetarismus wurde zu einer menschheitsbefreienden Idee aufgepustet, und als die Beteiligten aus dieser recht irrelevanten Weltanschauung heraus ihre sozialen Träume nicht verwirklichen konnten, versuchte man es mit der ganz unmöglichen Verquickung eines ethischen Prinzips mit einem kapitalistischen Spekulationsunternehmen. Wie in solchen Fällen immer musste die Ethik hierbei den Kürzeren ziehen, und heute kann man über die Rudimente dessen, was werden sollte, über die gutmütige Laune des Besitzers, der »Mitarbeiter« in fünfstündiger Arbeitsfrist nötige Handreichungen verrichten lässt, wobei er natürlich ohne regulär bezahlte und ausgebeutete Arbeitskräfte doch nicht auskommt (darin liegt kein Vorwurf gegen Herrn Oedenkoven), und über die Hausordnungsbestimmung, dass sich jeder Kurgast seine Lufthütte selbst in Ordnung halten muss, nur noch lächeln. So schmeichelte sich auch Julius Hart in Schlachtensee dann noch mit der Illusion, hier bereite sich das Leben einer neuen, abgeklärten Menschheit vor, als die Neue Gemeinschaft schon lange in den Kreis der wenigen Auserwählten jeden guten Bürger aufnahm, der sich bereitfand, in ihrem Heim ein Zimmer für sich zu mieten. [...]

Die dritte und bedenklichste Erscheinung, von der analog der Neuen Gemeinschaft auch der Monte Verità heimgesucht wurde und wird, sind die ethischen Wegelagerer mit ihren spiritistischen, theosophischen, okkultistischen oder potenziert vegetarischen Sparren. Wer je in Vereinigungen irgendwie absonderlicher Prägung hineingerochen hat, weiß, was ich meine, kennt die schmachtäugigen Blassgesichter, die von morgens früh bis abends spät nur beflissen sind, in untadeligem Lebenswandel Leib und Seele im Gleichgewicht zu halten. Vegetarier sind diese Geister ja fast alle. Dagegen ist auch gar nichts einzuwenden. Wenn mich jemand überzeugen könnte, für meine Gesundheit und bei meiner Konstitution sei Pflanzenkost, Alkoholenthaltung und was sonst noch alles dazugehört, unbedingt geboten, und wäre ich der Meinung, die intensive Pflege des Leibes sei wichtiger als die des Geistes und der Seele, so würde ich auch wohl Vegetarier werden. Sicher bin ich der Meinung, dass einem Rekonvaleszenten ein paar Monate konsequent vegetarischen Lebens etwa auf dem Monte Verità überaus nützlich sein mögen. Wenn mir aber jemand mit allgemeinsittlichen Vorhaltungen kommt, mir »Leichenfraß« vorwirft und sich als den höheren Menschen aufspielt, so wirkt er auf mich im höchsten Maße lächerlich.

Mit solch läppischen Albernheiten aber begründen die meisten ihren Vegetarismus. Als ob sie nicht mit jedem Radieschen, das sie verzehren, ein Stückchen Leben vernichten und sich von »Leichenfraß« nähren! Solche Leute aber sind auf dem Monte Verità natürlich immer zu finden gewesen. Sie tragen ihren zum Schutz vor Sonnenbrand sehr zweckmäßigen Leinenkittel wie ein Priester seinen Talar, und die Haare, die sie sich wie viele Künstler aus ästhetischen, aus naturgemäßen Gründen lang wachsen lassen, wallen ihnen um die verzeichneten Christusköpfe, als wohnten ihrer Mähne magische Kräfte inne. Dass solche Elemente, die mit äußerlichem Aufputz Innenleben zu markieren trachten, den ernsten Ideen eines Unternehmens als Hemmschuh anhängen, liegt auf der Hand, und ich bin überzeugt, dass aus dem Monte Verità ganz etwas andres hätte werden können, wären diese Herrschaften von vornherein mehr im Hintergrunde gehalten worden. Ich habe die Sorte in der Zeit, als ich noch der Neuen Gemeinschaft mit Enthusiasmus ergeben war, hinreichend kennengelernt und weiß, wie sie sich mit ihrem bisschen »Weltanschauung« als »Individualitäten« aufblasen, während sie doch einander gleichen wie durchgepaust.

An dieser Stelle mag die Wiedergabe eines Liedes am Platze sein, das mir jüngst in einer verbrecherischen Stunde entfuhr und das den Vegetarier als Sammelbegriff vielleicht besser illustriert als eine weitschweifige Charakteristik.

Der Gesang der Vegetarier

Ein alkoholfreies Trinklied
(Melodie: Immer langsam voran)

Wir essen Salat, ja wir essen Salat
Und essen Gemüse von früh bis spat.
Auch Früchte gehören zu unsrer Diät.
Was sonst noch wächst, wird alles verschmäht.
Wir essen Salat, ja wir essen Salat
Und essen Gemüse von früh bis spat.

Wir sonnen den Leib, ja wir sonnen den Leib,
Das ist unser einziger Zeitvertreib.
Doch manchmal spaddeln wir auch im Teich,
Das kräftigt den Körper und wäscht ihn zugleich.
Wir sonnen den Leib und wir baden den Leib,
Das ist unser einziger Zeitvertreib.

Wir hassen das Fleisch, ja wir hassen das Fleisch
und die Milch und die Eier und lieben keusch.
Die Leichenfresser sind dumm und roh,
Das Schweinevieh – das ist ebenso.
Wir hassen das Fleisch, ja wir hassen das Fleisch
und die Milch und die Eier und lieben keusch.

Wir trinken keinen Sprit, nein wir trinken keinen Sprit,
Denn der wirkt verderblich auf das Gemüt.
Gemüse und Früchte sind flüssig genug,
Drum trinken wir nichts und sind doch sehr klug.
Wir trinken keinen Sprit, nein wir trinken keinen Sprit,
Denn der wirkt verderblich auf das Gemüt.

Wir rauchen nicht Taback, nein wir rauchen nicht Taback,
Das tut nur das scheußliche Sündenpack.
Wir setzen uns lieber auf das Gesäß
Und leben gesund und naturgemäß.
Wir rauchen nicht Taback, nein wir rauchen nicht Taback,
Das tut nur das scheußliche Sündenpack.

Wir essen Salat, ja wir essen Salat
Und essen Gemüse von früh bis spat.
Und schimpft ihr den Vegetarier einen Tropf,
So schmeißen wir euch eine Walnuss an den Kopf.
Wir essen Salat, ja wir essen Salat
Und essen Gemüse von früh bis spat.

Deutsche im Ausland

Mutter Germania gebar in legitimer Ehe mit dem Geiste der Zeit drei Söhne: den Konfektionsreisenden, den Oberlehrer und den Radfahrer. Da alle drei sich brav entwickelten, da sie ihre Kräfte üppig herausbildeten und sich ihres Wertes wohl bewusst waren, schickte Mama sie auf Reisen, wofür sich die Söhne im Lobe der guten Dame schier überbieten wollten. Leider hatte sich jedoch Mutter Germania auch einmal mit dem Geiste der Ewigkeit eingelassen, und diesem Bunde – Gott, man spricht ja nicht gerne davon – entspross der deutsche Künstler. Um nicht an ihre Schande gemahnt zu werden, hatte Frau Deutschland diesen illegitimen Sohn schon frühzeitig verstoßen – und das Unglück wollte, dass die Stiefbrüder im Auslande einander begegneten.

Hört zu, was der deutsche Künstler mir über die Begegnungen und die Anfechtungen, die sie für ihn im Gefolge hatten, erzählte:

Ich habe so viel vom Vater, begann er, und meine Mutter hat mich von jeher so schlecht behandelt, dass es Sie nicht wundernehmen wird, dass ich ein wenig kosmopolitisch gesinnt bin. Zwar liebe ich sehr die Sprache meiner Mutter, wenn sie auch von meinen Brüdern arg missbraucht wird und in ihrer Gewalt recht verblüht und kümmerlich aussieht – aber sie, die bei zarter Behandlung doch noch immer sehr verlokkend, sehr reizvoll, sehr schmiegsam und hingebend ist, ist auch das einzige, was ich noch Liebenswertes aus meinem mütterlichen Erbteil zu ziehen weiß. Wohl steht meine Sehnsucht noch oft genug nach dem heimischen Erdboden: Immer wieder möchte ich als Dichter die Sprache waschen und putzen, um die Spuren der Vergewaltigungen zu verwischen, die meine Brüder an ihr verübt haben; immer wieder möchte ich als Maler das Heimatland von den Geschmacklosigkeiten säubern, mit denen sie es verunziert haben. Aber der Geruch ihrer Fußsohlen ist so abscheulich, das Gebrüll, mit dem sie im Lobe des Landes das Land entweihen, so viehisch, dass es mich nie lange daheim hält; dass es mich immer wieder hinaustreibt nach Italien oder Frankreich, nach Ländern, wo ich Menschen finde, die mit mir den Vater gemeinsam haben.

Kann ich dafür, dass ich diese Deutschen, für die ich keinen Funken brüderlicher Empfindung mehr verspüre, die mir zuwider sind, wie mir kein Zuluneger zuwider ist, und die mich in den Tod hassen, weil ich den guten Ruf ihrer Mutter kompromittiere – kann ich dafür, dass ich sie auch im Ausland sehen muss, dass sie mich auch hierher verfolgen, wo sie mich umso mehr ekeln, als sie hier mit ihrer schmierigen Patzigkeit im Bewusstsein ihres Wertes ganz besonders plump auftreten und zu Vergleichen mit den Leuten herausfordern, die der polygame Geist der Zeit mit anderen Nationalitäten gezeugt hat? Und doch kann das mütterliche Blut in mir noch nicht ganz abgestorben, nicht ganz erkaltet sein; sonst könnte ich mir das heiße Schamgefühl nicht erklären, das mich bei allen ihren Handlungen und Äußerungen schüttelt, und das doch wohl nur auf einer innerst empfundenen Solidarität mit diesen nach Wunsch gearteten Kindern meiner Mutter beruhen kann, um derentwillen sie mich verstoßen hat.

Siehe da, der Konfektionsreisende! Wie er seine Ware preiste. Wie meine geliebte, von ihm schmählich genotzüchtigte Sprache herhalten muss zum Preise seiner Wohlanständigkeit, die ihn ernährt. Er hausiert mit Lodenjoppen und Kunsturteilen. Und praktisch ist er – ich sage Ihnen! Stets trägt er sein Notizbuch in der Hand, in dem er jeden Pfennig bucht, den er ausgibt.

Nicht etwa, dass er wenig ausgäbe – oh, er sorgt aufs Üppigste für seine Verdauung. Er schmatzt seine Poularde mit so feistem Behagen herunter, dass jeder schon von ferne den deutschen Konfektionsreisenden in ihm erkennt. Aber er achtet wohl darauf, dass sein persönlichstes Recht an seinem Geld ihm nicht geschmälert werde. […]

Der Konfektionsreisende begegnete mir in vielerlei Gestalt – aber wenn ich ihn bat, mir zu helfen, dann verleugnete er niemals seine Eigenschaft, dann gab es in allen Fällen Abweisungen. Ich pumpte auch Franzosen, ganz fremde, an: niemals erfuhr ich von ihnen einen Refus. Ja, der Konfektionsreisende ist mein praktischer Stiefbruder. Er trägt seinen Reiseplan wohlgesichtet in der Tasche. Er weiß, was er laut Baedeker anzuschauen hat, und welcher Zug ihn in 6 Wochen daheim wieder abliefert. Er versäumt keine Kirche und kein Denkmal, das bei Baedeker einen Stern hat, am allerwenigsten aber die Abfahrt eines Eisenbahnzugs.

Wenn er – meist in Gestalt eines jungvermählten Paares oder einer deutschen Ferienfamilie – eine Sehenswürdigkeit besucht, so lässt er sich von einem Führer leiten, hört aufmerksam zu, was der Mann sagt, bleibt vor jedem Gemälde eine halbe Minute stehen, geht im Tempo des Redeflusses des Cicerone von Kunstwerk zu Kunstwerk und verlässt nach Abladung des Trinkgeldes die Stätte der Kunst, ohne einen Blick zurückzuwerfen, froh, der Besuchspflicht entledigt zu sein. Aber sein Warenbestand hat sich vergrößert, er kann eine Partie Kenntnisse mehr feilhalten, und wenn er wieder bei Seinesgleichen ist, dann kann er mitreden: Ja, da bin ich auch gewesen! – und kann die tiefsinnigsten Urteile über die Kunstwerke, die er gesehen hat, mit großen Gebärden ins Schaufenster stellen.

Ich komme zum Stiefbruder Oberlehrer. Er erfreut sich im Auslande unter den Brüdern der weitesten Bekanntheit. Nur schade, dass man überall über ihn lacht. Seine Seele ist nämlich bucklig – darum ist er so komisch. Den Buckel, den seine Seele hat, nennt er Logik und Exaktheit. Der deutsche Oberlehrer ist gründlich und gebildet. Wissen Sie, ich will meiner Mutter Germania ja nicht zu nahe treten, aber manchmal hab ich sie im Verdacht, dass sie doch auch Beziehungen zum Geiste der Vorzeit unterhalten haben muss; sonst wüsste ich kaum, wie ich mir den deutschen Oberlehrer erklären soll. Ich halte ihn für den gefährlichsten der drei Brüder. Der Konfektionsreisende und der Radfahrer stinken nur; der Oberlehrer aber fleckt. Er steckt seine Nase inbrünstig in jeden vergessenen Stumpfsinn und wischt sie dann mit lautem Schnäuzen an unseren besten Kulturen ab. Er muss alles wissen, und wer alles wissen muss, der weiß alles besser. Wenn Sie im Auslande bewundernd vor einem herrlichen Tempel stehen und das Unglück will es, so kommt der deutsche Oberlehrer und setzt Ihnen in dreistündigem Vortrag auseinander, warum der linke Quaderstein am dritten Portal rechts im falschen Winkel behauen ist, und wieso es kommt, dass dieser Tempel gerade hier und nicht sieben Meter weiter östlich erbaut ist. Der Oberlehrer verleidet einem jeden Kunst-, jeden Naturgenuss, weil er alles glaubt, erklären zu müssen. Und er glaubt, alles erklären zu müssen, weil er verzweifelt, wenn er niemand erziehen kann. Er erzieht zu Kenntnissen, zu korrektem Betragen, zur Benutzung der Sinnesorgane, zur Tugend – oder auch zur Freiheitlichkeit, je nachdem, was er gerade für eine Spezies protegiert. Wie er seine Frau zur Korrektheit erzog, habe ich auch einmal in Florenz an einem der heißesten Tage, die mir in Erinnerung sind, belauscht. Die Dame bestellte in einem Café eine Eisschokolade. Ihr Gatte aber, der ein deutscher Universitätsprofessor, etwa aus Halle an der Saale, gewesen sein muss, belehrte sie: »Das wirst du nicht trinken! Du siehst doch, kein Mensch trinkt Eisschokolade. Das kann man wohl in Rom oder Neapel tun, aber in Florenz doch nicht mehr!« Als ich darauf vernehmlichen Tones Eisschokolade verlangte, warf er mir einen vernichtenden Blick zu. Er ist – diese Eigenschaft teilt er mit den beiden anderen Stiefbrüdern – stets mit sich zufrieden. Für alles Weltgeschehen hat er hinreichende Erklärungen, sodass ihm die Mirakel der Kunst und der Natur nichts anhaben können. Nur über sich selbst ist er ganz unorientiert. Er hat keine Ahnung, wie ekelhaft er ist, wenn er jedes Kunstwerk auf die Farbensubstanz studiert, mit der es gemalt ist, ohne irgendwelchen seelischen Nutzen daraus zu ziehen; er sieht nicht, welchen schönheitzerreißenden Eindruck seine Klumpfüße in die herrlichsten Gegenden treten; ihm kommt kein Gefühl dafür auf, wie grotesk sich seine Erscheinung im Vergleich zu den prächtigen Südeuropäern ausnimmt, die es verstehen, mit Genuss zu atmen. Dem Konfektionsreisenden kann man hier und da doch mal aus dem Wege gehen, – der Oberlehrer tritt einem überall auf die Zehen. Daher ist er der gefährlichste Sohn des Zeitgeistes.

Der Radfahrer ist der widerwärtigste. Er schwingt die schwarz-weiß-roten Dessous der Mutter Germania mit jubelnder Grazienverlassenheit durch die Lande. Er heult sein »Deutschland, Deutschland über alles« durch jeden stillen poetischen Bergwald, von jedem Kirchturm und von jeder Felsspitze. Das Öldruckbild seines Landesvaters tröstet ihn über alle Qualen der Langeweile, die er beim pflichtgemäßen Besuch der Kunstgalerien erdulden musste. Er fragt nicht: Ist die Tour schön? Sondern: Ist da eine gute Fahrstraße? Findet er die Tour trotzdem schön, so rechnet er das sich als Verdienst an: »Ha!«, ruft er aus. »Das nenn ich noch 'ne Gegend!« und lacht dazu aus vollem und belegtem Halse. Und da er gerade beim Lachen ist, erzählt er Anekdoten aus den Fliegenden Blättern, gibt Mikosch-Witze zum Besten oder zitiert gar

Roda Roda. Die Kunst dünkt ihn eine ziemlich nutzlose Beschäftigung für Müßiggänger – sofern er selbst nicht gerade eine Kunst betreibt.

Denn sehen Sie, meine Stiefbrüder, der Konfektionsreisende sowohl wie der Oberlehrer und der Radfahrer gebrauchen alle möglichen Vorwände für ihre Existenz. Sie finden alle erdenklichen Verkleidungen und Bemäntelungen, in denen sie einen belästigen. Oft vertauschen sie auch ihre Gewänder. Dann kommt der Konfektionsreisende als Oberlehrer oder der Radfahrer als Konfektionsreisender oder der Oberlehrer als Radfahrer. Oder sie reisen als Studenten, als Rentiers, als Offiziere, als Schauspieler – aber nach den Kennzeichen, die ich Ihnen angedeutet habe, werden Sie sie leicht zu klassifizieren wissen.

Höchst bedenklich ist es nur, dass sie sehr häufig auch mit der Gebärde des Künstlers auftreten. Wie oft stößt man auf einen Maler, der sich durch seine Finanzgebarung plötzlich als Konfektionsreisender verrät. Oder man trifft einen Musiker, der gelegentlich die Gepflogenheit italienischer armer Leute rügt, die Zigarrenstummel von der Straße aufzusammeln: Er erweist sich als Oberlehrer. Oder es kommt einem Dichter bei, eine nichtsahnende Gesellschaft mit einem Kaiserhoch zu überfallen, was ihn sogleich als Radfahrer entlarvt.

Können Sie sich nun vorstellen, was ich, der Künstler, durch meine Stiefbrüder für Qualen erdulden muss? Im Auslande fortwährend unfreiwillig an den Spruch erinnert zu werden: Gedenke, dass du ein Deutscher bist! – das ist das tückischste aller Verhängnisse. Tapsig, flegelhaft, verbohrt, hinterhältig, geizig, unverschämt, kulturlos – das sind so die hervorstechendsten Eigenschaften derer, die man als seine Brüder betrachten soll. Das einzige nationale Gefühl, das ich mir im Auslande gewahrt habe, ist das nationale Schamgefühl. – – – So urteilte der illegitime Sohn der Mutter Germania über die Deutschen im Ausland.

Reichstagsfrühling

Der Frühling beginnt zu grünen,
die ganze Welt erwacht,
nur auf den Reichstagstribünen
wünscht man sich Gute Nacht –
des Volkes erwählte Boten
lesen schon wieder Etat.
Die Blöckler, die Schwarzen, die Roten
bemüh'n sich um Afrika.
Der Neger schmort Missionare
in unverdorb'ner Natur.
Wir aber bringen ihm Ware,
Soldaten und deutsche Kultur.
Und dass es an nichts ihm fehle,
bestätigt Herr Erzberger fromm
ihm die unsterbliche Seele,
mit der er zum Himmel komm'.
Da draußlig beginnt's zu grünen, –
der Frühling, der Frühling erwacht.
Auf den Schornalistentribünen –
– unsterbliche Seele! – wer lacht?!
Aus Gröbers begnadeter Kehle
»Saubengels!« brüllt es hinauf.
Bei der unsterblichen Seele
hört die Gemütlichkeit auf.
Die Schornalisten entweichen
entrüstet und mit Eklat,
und unregistriert verstreichen
die Reden zum Reichsetat.

Oh, dass es doch immer so bliebe
im deutschen Vaterland;
wir nähmen mit viel mehr Liebe
die Tagesblätter zur Hand.
Wir jauchzten aus fröhlicher Kehle:
»Das hat in kindlichem Wahn
mit seiner unsterblichen Seele
Herrn Erzbergers Nigger getan.«

Zur Naturgeschichte des Wählers

Parlamentswahlen (nach dem allgemeinen, gleichen, geheimen und direkten Wahlrecht) werden in der Regel als politische Stimmungsbarometer angesehen. Man hat sich gewöhnt zu glauben, dass die ausgezählten Majoritäten die im Lande vorherrschenden positiven Gesinnungen spiegeln. Das ist eine Verkennung der Massenpsychologie. Der Psychologe darf bei der Beurteilung einer von vielen gemeinsam geführten Aktion die Stellung jedes Einzelnen zu der ihn mitumfassenden Vielheit nicht übersehen. Er darf nicht vergessen, dass ein Ich, je dürftiger und nichtiger es dasteht, d. h. je größer die Majorität ist, der es zugehört, umso mehr das Bedürfnis fühlt, sich als Mitglied der Masse persönlich zu dokumentieren. Hat eine große Persönlichkeit den Drang, seine Seele im Rhythmus der Welt schwingen zu lassen, so sucht umgekehrt das Massenmenschchen den Radau des Alltagslebens, den es Welt nennt, auf seine spezielle Existenz zu beziehen, um sich als »Persönlichkeit« gefallen zu können. So und nicht anders ist die Massenneurasthenie zu erklären, die jede politische Bewegung hervorruft, und der Ausfall von Parlamentswahlen bietet somit in erster Reihe Interesse als statistisches Material für den Neurologen.

In welchem Prozentsatz sich die abgegebenen Stimmen auf die einzelnen Parteigruppen verteilen, ist psychologisch sehr belanglos. Majoritätsmensch ist nicht der nur, der zu den Wählern des endlich siegenden Kandidaten zählt, sondern jeder, der von seinem Stimmrecht Gebrauch macht; jeder also, der seine Meinung als maßgeblich für die Mehrheit ansehen möchte, weil er sie für so gut hält, dass sie ihm als Normalmeinung seiner Zeitgenossen geeignet erscheint. Das Prinzip der Wahl ist ein durchaus demokratisches Prinzip. Es hat die Tendenz, aus der Volksseele einen Diagonalwillen zu destillieren. Jeder Wähler erkennt mit der Ausübung seines Rechts dieses Prinzip ausdrücklich an, das Prinzip der Berechtigung des Mehrheitswillens, das einzelne, selbstständige Individuum zu unterdrücken, es den Beschlüssen der Majorität der aus der Majorisierung der Minoritäten hervorgegangenen Körperschaften gefügig zu machen, aus jeder Persönlichkeit eine Nummer im Gesamtbetriebe und aus jeder autonomen Regung eine Gefahr für das demokratische Ganze herzustellen.

Jeder Wähler ist ein Tröpfchen von dem Öl, das die große Staatsmaschine schmiert. Was er wählen darf, ist allein das Ölkännchen, aus dem er in das Räderwerk träufeln darf, und von dem je nach der Größe des Behälters ein Schuss mehr links oder ein Schuss mehr rechts in den Apparat gegossen wird, dessen Hauptwalze sicher und exakt funktioniert, unbeirrt darum, welche von den vielen Seitenrädchen sich etwas schneller und welche sich etwas langsamer um ihre Achse drehen. Die Stimmabgabe jedes einzelnen Wählers hat also für den Gang der Geschicke eines Volkes ebenso viel zu bedeuten wie der Rauch einer Zigarre, der sich im weiten Raum einer Wolke beimischt, für den Niederschlag eines Gewitters.

Für den Psychologen sind alle Wähler konservativ. Sie haben ausnahmslos das Bestreben, in das Rädchen zu fließen, das dem mächtigen Staatsrad am schnellsten vorwärts hilft. Sie erkennen damit die Notwendigkeit des Bestehenden und den Wert seiner Erhaltung an. Im Gegensatz zur konservativen Partei steht ausschließlich die Gruppe der Nichtwähler, stehen die paar Individualisten, Anarchisten, Künstler und Skeptiker, die in der Staatswalze einen Apparat erkennen, die Persönlichkeit durch die Masse zu wälzen, und in jedem ihrer Räder ein Instrument, die Individualität, deren ein Riemen habhaft werden kann, zu rädern. [...]

Mit welchem Stolz geht der Wähler zur Urne! Erfüllt er sein heiligstes Recht, alle fünf Jahre einmal einen Zettel mit dem Namen einer anderen Null feierlich zur Auszählung abzuliefern! Wie unentbehrlich kommt er sich vor! Sein Name steht in den Wahlregistern eingetragen, wird öffentlich aufgerufen; er kann selbst hervortreten, sich coram publico zu seinem Namen bekennen, kann sogar zwischen verschiedenen Zetteln, die ihm Weltanschauungen repräsentieren, aussuchen und kommt sich vor, als ob er am Steuerrad der Historie drehte. Die Befriedigung, die ihm das Bemalen der Abtrittswand erweckt, erfüllt sich beim Wahlakt potenziert.

Wer da glaubt, die ursprüngliche causa movens des Wählers sei politisches Interesse, sei die ernste Sorge um die Verwaltung des Vaterlandes, der irrt. Das Parteigefühl ist in fast allen Fällen erst nachträglich als Beweggrund zum Wählen eingeschoben. Aber so viel Selbstpsychologe ist der Staatsbürger nicht, um zu erkennen, dass er in der Wahrung seiner vornehmsten Rechte kleinlicher Eitelkeit folgt. Er konstruiert erst aus der Handlung, die er gern tut, das Motiv, das ihm diese Handlung erst recht weihevoll erscheinen lässt. Es geht ihm so wie Nietzsches bleichem Verbrecher, der den von ihm Ermordeten beraubt, um vor sich selbst einen Grund zum Mord zu haben. […]

Die Demokraten

Genosse Seidelheber sprach:
»Wir sind die Demokraten!
Wir woll'n nicht mehr im Schlamm der Schmach,
Im Sumpf des Zwanges waten.
Wir wissen selbst, was not uns tut
Und brauchen keine Fürsten, –
Wir alle, die voll Kraft und Mut
Nach Recht und Freiheit dürsten.
Das Volk ist stark – das Volk sei frei!
Es folge eignen Räten!
Des Volkes Losungswort, es sei:
Tod den Autoritäten!«
– Und Beifallsmurmeln rings erscholl,
Begeist'rung packte jeden.
– Doch mächt'gen Freiheitdranges voll,
Fuhr jener fort zu reden:
»Das Volk will selber Führer sein,
Denn eig'nen Willen hat es.
Der Arbeitmann will sich befrei'n,
Der Mann des Zukunftsstaates.

Schon stürmt der Freiheit Siegeslauf
– Ich rede nicht zum Spaße! –
Der Sturm geht los, das Volk steht auf!
Der Freiheit eine Gasse!!«
– Hei! Wie da alles Freiheit schrie,
Die Alten und die Jungen!
Wie sind von Tisch und Stühlen sie
Begeistrungsvoll gesprungen!
Doch als nun einer rief gar noch,
Eh' sich der Saal wollt' leeren:
»Genosse Seidelheber hoch!« –
Da konnt' man nur noch hören
Aus allem Jubeln, Lärmen, Schrei'n:
»Genosse Seidelheber
Soll fortan unser Führer sein!
Ihm folgen wir! Hoch leb' er!«

Der Künstler im »Zukunftsstaat«

»Vergesellschaftung der Produktionsmittel« – das Wort schwirrt durch die Agitationsreden, -schriften und -versammlungen der »zielbewussten« Marxisten, als ob seine Verwirklichung gleichbedeutend wäre mit dem ewigen Heil der Menschheit, mit der letzten Glückseligkeit in allen irdischen Beziehungen. Man hat die von dichterischer Schönheit geweihte Messiaslegende »modernisiert«, man hat sie ihrer künstlerischen Reinheit entkleidet und an Stelle des Messias, des Heilands, der vom Himmel herniedersteigen soll, um die Welt vom Leide zu erlösen, ein wirtschaftliches Nützlichkeitsprinzip als Kreuz und Kirche vor den Blick der geknechteten Menschheit gezeichnet. Den Glauben, den Aberglauben in seiner reinen Kindlichkeit, hat man durch eine windige Wissenschaftlichkeit ersetzt, und statt des Bekenntnisses zur Hoffnung auf die dereinstige Befreiung durch himmlische Mächte, hat man der jeder Suggestion zugänglichen Masse die falsche Erkenntnis aufoktroyiert, aufgrund der von Karl Marx klüglich konstruierten »materialistischen Geschichtsauffassung« müsse laut Naturgesetz die Entwicklung der Dinge automatisch zum Heile, d. h. zur Vergesellschaftung der Produktionsmittel, führen ...

Um meine eigene Auffassung vorwegzunehmen: Ich ziehe meine sozialistischen Forderungen viel weiter. Ich strebe den Kommunismus in seiner schroffsten Form an; ich wünsche die Vergesellschaftung nicht nur aller Produktionsmittel, sondern auch aller durch sie produzierten Produkte. Für ebenso wünschenswert wie die Gemeinschaft der Produktion, halte ich die Gemeinschaft des Konsums; ich verlange außer der freien Verfügung eines jeden über alle natürlichen und künstlichen Arbeitsmöglichkeiten auch das freie Genussrecht aller an allen überhaupt geschaffenen Produkten.

Marx, dessen Theorie der Beseitigung des Privateigentums auf nichts anderes hinausläuft, als auf die Verstaatlichung des Kapitalismus, entgleist überhaupt von dem sicheren Schienenstrang der ökonomischen Betrachtungsbasis in das steinerne Meer politischer Spekulation. Der Begriff des Staates, den sein Freund, der noch bösartigere Rabulist Friedrich Engels, ganz richtig »die Exekutive der Besitzenden« nannte, wird von Marx in die sozialistische Gesellschaft wieder eingeschmuggelt, und aus der Verquickung der ganz unvereinbaren sozialistischen und demokratischen Ideen resultiert dann die öde Sensation des sozialdemokratischen »Zukunftsstaates«. Diese aus Irrtümern und Trugschlüssen geborene Verquickung veranlasst Marx zu dem grotesken Unterfangen – und hier wird seine Theorie bewusst vergewaltigt –, die abenteuerliche sozialistische Republik in das Dogma der materialistischen Geschichtsauffassung miteinzubeziehen, also eine ganz willkürlich kombinierte politische Spekulation, die mit der Gestaltung der wirtschaftlichen Entwicklungen innerlich gar keinen Zusammenhang hat, mit einem kühnen Handgriff als naturnotwendige Folgerung in ein, wenn auch logisch nicht haltbares, so doch scharfsinnig erdachtes philosophisches Gesetz zu zwängen.

Die Werbekraft des Zukunftsstaatsgedankens besteht nun darin, dass seine Verwirklichung, die mit etlichen Zugaben aus der persönlichen Fantasie ja immerhin möglich erscheinen kann, der werktätigen Masse fraglos eine gesicherte Existenz, vielleicht sogar einigen Luxus in der Lebenshaltung garantieren würde. Auch die Fürsorge für die arbeitsunfähigen Idioten, Krüppel, Greise, Frauen und Kinder hat der mit der christlichen Ethik der Masse wohlvertraute Marx bedacht. Vater Staat als einziger Arbeitgeber, als monopolistischer Ausbeuter, sorgt für ausgiebige Beschäftigung der Arbeitswilligen und übernimmt die Funktionen unserer Wohltätigkeits- und Versicherungsvereine in eigener Regie. Dass dadurch ein Beamten- und Bürokraten-Regime geschaffen würde, gegen das etwa das Königreich Preußen ein wahres Findelhaus wäre, ficht natürlich die Masse der kommandogewohnten Arbeitsheloten nicht an. Ihr genügt zum Wohlsein und zur Zufriedenheit das allsonntägliche Huhn im Topf und das ihr von den marxistischen Pfaffen, dem Aufklärus, unentwegt suggerierte Bewusstsein, dass ihre durch Arbeit den allgemeinen Interessen geleisteten Dienste ihr von der Allgemeinheit in gerechtem Verhältnis vergütet werden.

Damit aber rechnet die menschenfreundliche Lehre von der monopolistischen Ausbeutung und der Staatsbeamten-Plutokratie nicht, dass es außer den Idioten, Krüppeln, Greisen, Kindern und schwangeren Frauen immer noch andere, im medizinischen Sinne »arbeitsfähige« Individuen geben wird, die nicht geneigt sein werden, sich unter das zum Idol erhobene Do-ut-des-Prinzip zu fügen; dass manche Menschen sich mit der größten Leidenschaftlichkeit sträuben werden, die Produkte ihrer Tätigkeit einer aus Majoritätswahlen hervorgegangenen Instanz zur Wertabschätzung vorzulegen, um sich aus dem Ergebnis der Abstempelung die Größe des Huhns vorschreiben zu lassen, das sie in ihrem Töpfchen schmoren dürfen; dass es sogar verworfene Subjekte geben wird, die gar keine sinnlich wahrnehmbaren Produkte irgendwelcher Tätigkeit haben werden, für die sie sich einen Papierwisch ausstellen lassen können, der das heute übliche, viel handlichere Metallgeld ersetzen soll.

Schon daraus, dass diese »Schädlinge der Gesellschaft« gar nicht berücksichtigt werden, dass gar nicht geprüft wird, ob nicht ihre Sonderart eine Durchbrechung des ganzen Systems erforderlich macht, ergibt sich, dass der »Zukunftsstaat« als Institution gedacht ist, die eine Niedertrampelung aller individualistischen Regungen und eine Vergöttlichung des intellektuellen Durchschnittscharakters bedeuten würde und die schon aus diesem Grunde von allen, denen die Förderung wahrer Kultur mehr wert ist, als die Verwirklichung eines höchst fragwürdigen Gerechtigkeitsprinzips, fanatisch zu bekämpfen ist.

Der Künstler – denn er kommt hier in erster Reihe als »Schädling« in Betracht – wäre in einem Staatswesen, das ihn der Möglichkeit der privaten Begönnerung beraubt, ohne Gnade der physischen und psychischen Vernichtung preisgegeben. Ihm wird zugemutet, seine Arbeit – d. h. sein persönlichstes Glaubensbekenntnis – als Ware dem Haufen der Mitmenschen feilzubieten, den »Wert« seiner Schöpfungen von einer Vertretung der kunstfremden »Mehrheit« abschätzen zu lassen und sich von berufsmäßigen Taxatoren die »Gemeinnützigkeit« seines künstlerischen Schaffens testieren oder aberkennen zu lassen. Und wenn sie ihm aberkannt wird, dann soll er sich womöglich dazu bequemen, »im Interesse der Allgemeinheit« seine Kunst schlafen zu heißen und Kloakenreiniger oder gar Schiedsrichter zu spielen.

Abgesehen davon, dass große Künstler, soweit die Geschichte einen

Rückblick gestattet, von ihren Zeitgenossen sehr selten richtig gewürdigt wurden, und dass die im Zukunftsstaat zur Vox Dei gesalbte Volkesstimme ganz gewiss niemals imstande sein wird, wahre Kunst zu erkennen; auch davon abgesehen, dass jeder Künstler Perioden der Unproduktivität kennt, und dass es Künstler – sogar ganz große – gibt und geben wird, die in ihrem ganzen Leben nie über die Intuition hinauskommen, deren Intuition aber, natürlich unrevidierbar, eine große Zahl gleichgestimmter Künstler befruchtet und Konzeption und Produktion erst ermöglicht: abgesehen von dem allen ist der radikale Unterschied des Antriebes zu bedenken, der den Bürger zu einer gemeinnützigen Arbeit, den Künstler zu einer individuellen Lebensäußerung drängt.

Alle staatlichen Gemeinschaften werden aufgrund ethischer Übereinkommen geschlossen. Die Ethik, deren Macht sich am stärksten erwiesen hat, die also ihre Bekenner in den Stand gesetzt hat, alle anderen Konventionen zu unterdrücken, zentralisiert die Gesamtheit unter den sich aus ihr ergebenden Gesetzen. Jede revolutionäre Bewegung ist das Aufbegehren einer unterdrückten Ethik gegen die herrschende. Die Ethik, die die heute geltenden Gesetze bestimmt hat, der wir uns also notgedrungen alle fügen müssen, wird von der werktätigen Masse, auf deren physische Kosten sie wirksam ist, unter dem Gesichtswinkel einer anderen Ethik bekämpft, die das unbedingte Recht der Mehrheit dekretiert und deren materielles Interesse als oberstes Gesetz über die Gesamtheit aufstellen will. Jede staatliche Zentralisation ist demnach das Resultat der Vergewaltigung einer Ethik durch die andere, jede Gesellschaftsordnung ist auf ethischen Prinzipien aufgebaut, und jedes Tun innerhalb der Rechtsgrenzen einer bestehenden oder zugunsten einer neu zu errichtenden Gesellschaftsordnung wird von ethischen Prinzipien geleitet. Ebenso wird jede Handlung aller Menschen von der ethisch erzogenen und ethisch handelnden und denkenden Masse von ethischen Prinzipien aus beurteilt.

Hier liegt die entscheidende Differenz zwischen Masse und Künstlern. Das Kennzeichen des Künstlers nämlich ist sein von Grund aus unethischer Charakter. Seine Handlungen, die Betätigungen seines Wesens, haben keinen ethischen, keinen Nutzzweck, sondern sind Selbstzweck. Jede Äußerung seines Wesens, sei sie eine künstlerische

Produktion, sei sie ein Ausspruch oder eine irgendwie geartete Tat, geschieht ohne Einwirkung ethischer Tendenzen, ist ein persönlicher Stimmungsakt.

Damit ist nicht gesagt, dass ein Solidaritätsempfinden zwischen Künstlern und Volk ausgeschlossen sei. Ob es besteht oder nicht, hängt aber nicht von den Künstlern ab, sondern von dem kulturellen Niveau des Volkes. Die vorplatonische Zeit des alten Griechenland, gewisse Epochen der römischen Kaiserzeit, die mediceische Periode des sehr zu Unrecht geschmähten Mittelalters und in mancher Hinsicht das heutige Russland beweisen, dass der Künstler unter bestimmten Kulturbedingungen für ein Volk von eminent sozialer Bedeutung sein kann. Wann der Künstler im sozialen Leben eine Funktion verrichten kann, das hängt nur von der ästhetischen Kultur eines Volkes ab. Die heutigen »Kulturländer«, vor allem Deutschland, sind wahrlich nicht dazu angetan, die unethischen künstlerischen Elemente ihren ethischen Interessen nutzbar zu machen.

Dass die Organisation eines zentralistischen, demokratischen Staatsgebildes aus ethischen Gründen die Künstlerschaft gar nicht berücksichtigen kann, versteht sich daher von selbst. Schon Plato, der selbst ein Künstler aus dem Fundament war, betont in seiner »Πολιτεια« in richtiger Erkenntnis der ethischen Grundlagen jedes Staates, dass dem Künstler im Staate kein Raum gewährt werden könne. Am allerwenigsten wird das natürlich der sozialdemokratische »Zukunftsstaat« können, der den Masseninstinkten der Majorität nicht nur alle Entscheidungen über materielle Nützlichkeit oder Schädlichkeit einräumen, sondern ihnen sogar die geistige und seelische Wertabschätzung aller Menschen übertragen will.

Der Künstler wird durch alle diese Umstände naturgemäß in eine jeder Gesellschaftsordnung feindselige Stellung gedrängt. Sein Selbsterhaltungstrieb führt ihn unweigerlich dezentralistischen, anarchistischen Tendenzen zu. Warum ich, der ich mich selbst als Künstler betrachte und dessen Solidaritätsgefühl sich im Wesentlichen auf künstlerische Individualitäten beschränkt, diesen rein destruktiven Empfindungen die positive Forderung des kommunistischen Sozialismus an die Seite stelle, das will ich ganz klar, ganz brutal heraussagen: weil in der kommunistischen Gesellschaft der Künstler im weitesten Maße die Möglichkeit hat, der Parasit der ethisch gesinnten Gesellschaftsschichten wirklich zu sein, als der er in jeder Gesellschaftsinstitution ohnehin angesehen wird. […]

Daher vergibt sich der Künstler in seinem Werte gar nichts, wenn er sich in den Kampf stellt für eine radikale Umwälzung aller sozialen Einrichtungen; wenn er, den sich frommer Jungfrauenglaube, als weltfremden, in sich gekehrten Einsiedler vorstellt, mit Leidenschaft loswettert gegen den kapitalistischen Staat, der seinesgleichen tausendfältig im Keime erstickt, und wenn er noch wütender sich jenen in den Weg stellt, die einem »Zukunftsstaat« das Wort reden, der ihm, dem Träger aller Kultur, die letzte Möglichkeit zu freiem Atmen verstopfen, ihn zum Heloten einer verhassten Ethik machen und so ihm und allen, die seiner Seele verwandt sind, den Lebensnerv abschneiden will.

Das Verhör

Sie heißen?, fragte mich der Direktor.
Ich nannte den Namen.
Geboren?
Ja!
Wann?, meine ich.
Ich nannte das Datum.
Religion?
Geht sie nichts an.
Schreiben sie also: mosaisch! – Der Beamte schrieb.
Was tun Sie?
Ich dichte.
Wa–s?
Ich trinke.
Delyriker!, schrieb der Beamte.

Das Verhör dauerte noch lange. Schließlich wurde mir die Fragerei zu bunt. Zum Donnerwetter!, schrie ich. Bin ich denn hier in einem Tollhaus?

Allerdings, erwiderte der Direktor freundlich und ließ mich in eine Zwangsjacke stecken.

Wiener Gastspiel

[...] In der Gesellschaft, die mich nun außerhalb meiner Berufspflicht in ihre Mitte aufnahm, war Karl Kraus unbestritten die zentrale Figur. Eine Persönlichkeit von bedeutendem Format, ein geistreicher, witziger, lebenskluger und von hoher sozialer Ethik geleiteter Mensch, seine Wiener Umwelt mit sarkastischer Kritik durchschauend und mit meisterlicher publizistischer Begabung verhöhnend. Meine Wertschätzung dieser Persönlichkeit ist sehr hoch, sie ist nicht vermindert worden durch recht ruppige Polemiken, die in der Fackel gegen mich gerichtet waren, und wird nicht zu vermindern sein, wenn vielleicht diese Sätze Kraus zu neuen Ausbrüchen pamphletistischer Leidenschaft erregen sollten. Damit muss ich deswegen rechnen, weil meine Freude an seinem Können und an seinem Temperament zwar groß und voll bewundernder Anerkennung ist, aber doch, wie ich ehrlicherweise zugebe, nicht an das Maß anhimmelnder Begeisterung heranreicht, das Kraus glaubt, von jedem seiner Freunde in Anspruch nehmen zu dürfen. Für das unvergleichliche Genie, das man in Wien aus ihm gemacht hat, halte ich Kraus nicht, aber ich gebe zu, dass es seiner eigenen Überzeugung von seiner Genialität und seiner mit Galle und heißer Lauge getränkten Feder zu danken ist, dass man es aus ihm machen konnte. Karl Kraus, Wiener in all seinen menschlichen und künstlerischen Zügen, in seinem Fühlen, Denken, Sehen, Hören und Reagieren auf Freundschaft und Feindschaft, Kritik und Schmeichelei, nahm den Kampf auf gegen Wien, gegen das weichliche, geschwätzige, parfümierte und geistig schildbürgerliche Wien, ohne recht zu erkennen, wie sehr er selbst mit allen Wurzeln seines Wesens in dem Wiener Boden feststeckte, den er umgraben wollte. So misslang ihm die Alternative seines Kampfes, und aus der gewollten Fragestellung: Für Ring und Graben oder für Welt und Menschheit? – wurde das echte Wiener Dilemma: Für Wien und sein Spießertum – oder für Karl Kraus und seine Fackel. [...]

Ich erfuhr bei meinem Umgang mit Kraus und seinen Mitarbeitern und Begleitern mehr Toleranz als andere. Da meine Urteile nicht aus

Wiener Einflüssen und Eindrücken kamen, wurden sie auch dann respektiert, wenn sie sonst mit der Strafe des »Abschaffens« geahndet worden wären. Sollte jemand wegen missliebigen Verhaltens, peinlicher Auffassungen oder Trottelhaftigkeit im Umgang »abgeschafft« werden, so geschah es in der Weise, dass der im Caféhaus oder im Löwenbräu, wo wir abends in größerer Gesellschaft zu essen pflegten, so lange geschnitten oder auch direkt angeödet wurde, bis er merkte, dass er unerwünscht sei, und verschwand. [...]

Die einzige Persönlichkeit, die in jenem Kreise vollständig den eigenen Charakter wahrte, ohne sich von Lob und Tadel, Strenge oder Milde der zentralen Figur beeinflussen zu lassen, war Peter Altenberg. Natürlich könnte ich jetzt, wie jeder gelegentliche Wienreisende und Weinreisende, haufenweise Peter-Anekdoten hier aneinanderreihen. Doch nehme ich an, dass Egon Friedell, der nächste Freund des Dichters, der gescheite, verständnisvolle und von Liebe und Respekt gezügelte Sammler von Altenberg-Geschichten, der komischen Seite des merkwürdigen Kleinkram-Romantikers schon so viel Verbreitung geschafft hat, dass sich eine Vermehrung um zufällig in meiner Anwesenheit erfolgte Emanationen seiner Bizarrerien erübrigt. Ich war mehrfach Zeuge seiner berühmten Tobsuchtsanfälle, wie sie einer der Freunde Altenbergs, ein Angehöriger auch meines Wiener Bekanntenkreises, der Maler Gustav Jagerspacher, in einigen ausgezeichneten Grafiken festgehalten hat, ich habe viele überaus lustige Situationen miterlebt, in denen sich der kaufmännisch geklärte Vagabundengeist Peter Altenbergs manifestierte – aber viel lieber hole ich die Unterhaltungen mit ihm aus dem Gedächtnis, die seine fabelhafte Fähigkeit enthüllten, aus den Details des täglichen Lebens den ewigen Kern des Wesenhaften auszuschälen. [...]

Gewiss denke ich mit Schmunzeln an den sonderbaren Kerl mit der mächtigen Glatze, dem rötlichen Robbenbart und dem großkarierten Mantel, der in der Raserei des Zornes nicht minder grotesk wirkte als in der Überschwänglichkeit seiner Begeisterung. Aber die Wiener scheinen nie gewusst zu haben, wie dieser Wiener Dichter mehr als irgendeiner in seinem Werk das Wertvollste der Wiener Eigenart ausschöpft. »Er machte«, schrieb ich nach seinem Tode, »in einer hingeworfenen Bemerkung die Banalität selbst zum lyrischen Ereignis. Er philosophierte in drei Sätzen in die Benutzung der Zahnbürste eine Weltanschauung hinein. Er war der konkreteste Denker, der je in deutscher Sprache geschrieben hat. Alles Typische galt für ihn nicht, da es abstrakt war. Nie hat er das Lob der Frau schlechthin gesungen, immer nur das der besonderen Frau. Wenn er von Schönheit sprach, war es die Schönheit seiner zeitlichen Geliebten.« Und diese Konkretheit, glaube ich, ist das Merkmal Wiens, in seinen Vorzügen und seinen Mängeln. Das Wienerische, das ist die Abwesenheit der Abstraktionen, es ist das Sinnhafte und damit auch das Beschränkte, und es geht eine gerade Linie von der Denkweise Peter Altenbergs über den Kampf Karl Kraus' und die Kritik Alfred Polgars bis zur Konkretisierung der Seelen durch den Wiener Sigmund Freud.

Mein erstes Wiener Kabarett-Engagement musste ich vorzeitig abbrechen, zum Glück bloß zwei Tage vor seinem natürlichen Ablauf. Mein Nachtlicht-Chef Henry, in Rage gebracht durch eine Anrempelung in der Fackel, nahm an deren Herausgeber brachiale Rache. Ich saß mit Karl Kraus in einem Weinlokal, als die Kollegen vom Kabarett erschienen und an einem andern Tisch Platz nahmen. Plötzlich stürzte sich Henry auf Kraus, den er buchstäblich bis zur Bewusstlosigkeit verprügelte; es war höchst widerwärtig und roh. Ich lag, in dem Drange, Frieden zu stiften, beiseite geschoben, mit verstauchtem Finger, zerbrochenem Kneifer und zerfetztem Engagementsvertrag in einer Ecke am Boden, während Peter Altenberg seufzend zwischen den verwaisten und derangierten Tischen umherirrte und mit den Worten »Ich bin verzweifelt« von Freund und Feind die Sektreste austrank. […]

Geschütteltes 2

Wer dichten will, der thäte gut,
Er macht' es so, wie's Goethe thut.

Die Männer, welche Wert auf Weiber legen,
tun dieses leider meist der Leiber wegen.

Den Menschen vieles gibt das Leben,
Doch nicht ein jeder liebt das Geben.

An der Liebe Niederlagen
lässt der Dichter Lieder nagen.

Futuristischer Schleifenschüttelreim:
Der Nitter splackt.
Das Splatter nickt,
wenn splitternackt
die Natter splickt.

Du baust ne Villa, du Banause?
Na, bau se!

Was stehst du hier am Frauenplatz?
Fahr doch mit mir nach Plauen, Schatz!

Eisenbahnroman:
Sie brauchten nirgends umzusteigen.
Drum gab sie sich ihm stumm zu eigen.
Doch weil verkehrt die Weichen lagen,
fuhr man sie heim im Leichenwagen.

Café des Westens

[...] Von irgendwoher mal wieder für ein paar Monate nach Berlin zurückgekehrt, fand ich das Café des Westens baulich verändert, modernisiert und seiner früheren Gemütlichkeit einigermaßen beraubt vor. Der alte Künstlerstammtisch beim Eingang war in eine andere Nische gestellt, und seine ständigen Besucher erschienen nur noch sporadisch oder hatten sich verkrümelt. Dafür waren die marmornen Tischplatten, auf denen Ottomar Begas Wirt und Gäste in Pastell festgehalten hatte, unter Glas gesetzt worden, und ein Ölbild von Edmund Edel, auf dem Rossius-Rhyn, Hanns Heinz Ewers, ich und ein junges Mädchen meiner Freundschaft an vergangenen Glanz erinnern sollten, prangte an der Wand. Über der Telefonzelle aber verschönte die Gipsbüste Wilhelms II. das verjüngte Lokal und gab zu vielen, dazumal nicht ganz ungefährlichen Witzen Anlass. Auch die Gesellschaft hatte sich gewandelt. Man saß nicht mehr im Kreise arrivierter Kulturträger, sondern zwischen zigeunernden Skeptikern und schönheitsdurstigen Lebensstilisten, selbst nicht mehr einer der Allerjüngsten und, in der zweiten Hälfte der Zwanziger, von manchen schon als überholt belächelt. Große Mode war der Ästhetizismus, die Müdigkeit, der Absinth, das Morphium, die Blasiertheit und in Liebesdingen jedwede Anomalie. Das Sinnlose wurde als Sinn des Lebens proklamiert, das Wesenlose als Wesen der Welt. Soziale Empfindungen waren Gegenstand spitzigen Spottes, Mitgefühl mit Leid und Gebresten war zulässig als Würze genießerischer Selbstbespiegelung. Ich galt als hoffnungsloser Rationalist, meine Anteilnahme an den Kämpfen und Sorgen der Arbeiterklasse als Verrücktheit oder Pose. Bleichsucht wurde für Vergeistigung gehalten, und man trug Orchideen als Sinnbild kranker Dekadenz. Wozu hier Namen nennen? Die Mode, die krasse Unnatur als Natur auszugeben, ist längst vorbei, und die damals die Ätherischsten waren, die mit einem Buch von Oscar Wilde unter dem Kopfkissen einschliefen und mit einem von Stefan George unter dem Arm und einer Opiumzigarette im Mund ins Kaffeehaus kamen, sind längst beim Film untergekommen oder bewahren in ihrem weiblichen Teil in ehelichen Züchten geborene Kinder vor den Versuchungen der bösen Welt. [...]

Gebt mir Schnaps

Gebt mir Schnaps, nach dem meine Seele lechzt!
Gebt mir Schnaps, nach dem meine Kehle krächzt!
Dass sich Friede an meine Schuhe binde!
Dass die verfluchte Qual endlich Ruhe finde! …
Wie es mir durch die Kehle gluckt!
Wie es mir in der Seele juckt!
Ich will kein Bier; – ich will keinen Wein!
Schnaps will ich! Schnaps will meine Pein! – –
Verliebter Igel, sauf! sauf! sauf! –
Morgen wacht alle Qual wieder auf …
Gebt mir Schnaps!

Schwabing

Schwabing, habe ich früher schon einmal behauptet, ist, wie Montmartre, weniger ein geografischer als ein kultureller Begriff. [...] Architektonisch kommt das kaum zur Geltung, denn nur einem aufmerksamen Beobachter würde auffallen, wie ungewöhnlich viele Häuser in den eintönigen, von keinerlei Schönheitssinn in den Stadtplan gezeichneten Straßen mit großen, in quadratische Scheiben geordneten Dachfenstern versehen sind. Das sind die Ateliers, in denen sich jener besondere Schwabinger Geist zu Werken der bildenden Kunst in Öl oder Gips zu materialisieren befleißigt. Und es ist doch wohl auch nicht der künstlerische Schaffensfleiß, der die spezifisch Schwabinger Atmosphäre schafft; denn es kann nicht geleugnet werden, dass das wichtigste Merkmal dieser Atmosphäre, die Regellosigkeit der Konvention im Verkehr zwischen den Menschen, in deren künstlerischer Produktion den allerschwächsten Ausdruck findet. Ich habe große Künstler gekannt – in München und anderswo –, die in ihren Werken die radikalsten Konventionsverächter waren und in ihrem persönlichen Gebaren alles eher als Schwabinger Typen, und umgekehrt sah ich in Schwabinger Ateliers Bilder und Skulpturen, die sich mit pedantischer Sorgfalt an die akademische Konvention hielten, deren Schöpfer aber in Erscheinung und Lebensführung allen westeuropäischen Gepflogenheiten eine wahrhaft nihilistische Verhöhnung entgegenstellten. Das sind die Gestalten, die den Stadtteil Schwabing zum Kulturbegriff Schwabing machten – Maler, Bildhauer, Dichter, Modelle, Nichtstuer, Philosophen, Religionsstifter, Umstürzler, Erneuerer, Sexualethiker, Psychoanalytiker, Musiker, Architekten, Kunstgewerblerinnen, entlaufene höhere Töchter, ewige Studenten, Fleißige und Faule, Lebensgierige und Lebensmüde, Wildgelockte und adrett Gescheitelte –, die bei der denkbar größten Verschiedenheit voneinander (einer individuellen Verschiedenheit, die dem Juste-Milieu ganz unbekannt ist) nur verbunden waren durch ihre gleich himmelweite Entfernung von eben diesem Juste-Milieu, vereint waren in einer unsichtbaren Loge des Widerstandes gegen die Autorität der herkömmlichen Sitten und des Willens, ihr individuelles Gehaben nicht unter die Norm zu beugen.

Welche lokalen Eigentümlichkeiten Schwabings besondere Eignung zum Zentrum eines sozusagen experimentellen Gesellschaftsindividualismus bewirkten, kann ich nicht feststellen. Doch scheint die Entdeckung Schwabings nicht erst auf den Einzug der Boheme der Achtzigerjahre gewartet zu haben, die von dort aus unter der Führung Michael Georg Conrads den Sturm durchs Siegestor gegen die Propyläen organisierte, deren Schatten die Villa schützte, wo Paul Heyse in grimmigem Eifer den Hellenismus einer etwas ramponierten Klassizität gegen den Banditismus modernen Geistes verteidigte. Schon vor jenen hundert Jahren, als die Erlesenheit des Münchener Geistes sich in die Verse des Königs Ludwig I. und die Wortwitze des Hoftheater-Intendanturrates Moritz Gottlieb Saphir absetzte, suchte sich ein wirklich großer Geist, und dabei einer der absonderlichsten Käuze seiner Zeit, schon das damals völlig abgelegene Dorf Schwabing zum Wohnsitz aus: Das war der Philosoph der Christologie, der Theosoph Franz von Baader, der täglich nach München hineinspazierte, irgendeinen harmlosen Handwerksmann beim Knopf fasste und ihm seine Fragen über das Gottesbewusstsein oder seine mystische Sozietätswissenschaft vorlegte. Der einfache Verstand des von Wissenschaft unbelasteten Gehirns sollte die Gelehrsamkeit des weisen Mannes regulieren. Welche prachtvolle Vorurteilslosigkeit, welch unzünftlerisches Verfahren, welche echte und beste Schwabingerei!

Dies mag das eigentliche Charakteristikum des Begriffs Schwabing sein, die Unbekümmertheit um das Urteil anderer Leute. Jeder Mensch ist ein Eigener; aber wer es zeigt, heißt anderswo ein Sonderling. Schwabing war eine Massensiedlung von Sonderlingen, und darin liegt seine pädagogische Bedeutung. Schwabings auffällige Minderheit bewirkte bei der unauffälligen Mehrheit, dass sie nicht mehr auffiel. Ja, ganz München gewöhnte sich an das Ungewöhnliche, lernte Toleranz und gönnte der Seltsamkeit ihr Lebensrecht. Jeder, der längere Zeit in München gelebt hat, erinnert sich eines Zigarrenhändlers mit grauem Knebelbart, dessen Haare unter dem Hut hervorstachen, zu einem grauen Zopf geflochten und mit einem Schleifchen zusammengehalten. Der Mann – ich weiß nicht, ob er noch lebt – wohnte selbst gar nicht in Schwabing, aber es war eine Frucht Schwabingscher Erziehung, dass er sich trug, wie es ihm passte, und eine noch weit schönere Frucht Schwabinger Einflüsse war, dass sich in ganz München kein Mensch über den Frisurindividualismus des Mitbürgers aufregte. Daran, dass sich jemand überhaupt nach ihm umsah, war mit Sicherheit ein Fremder zu erkennen.

Im Allgemeinen war die Langhaarigkeit der Schwabinger Männer so wenig wie die Kurzhaarigkeit vieler Schwabinger Frauen – Lotte Pritzel und Emmy Hennings brauchten den Bubikopf nicht erst von der Mode geschnitten zu bekommen – noch die Samtkittel der Schwabinger Maler ein wichtiges Kennzeichen Schwabings. Kennzeichen war nur, dass jeder seine Aufmachung selbst bestimmte, einer von Eitelkeit, ein anderer von Bequemlichkeit, der dritte von Stilgefühl und mancher auch von seinem Schneider beraten. Uniformität gab es höchstens in dem Ästhetenzirkel um Stefan George. Dort trug man hochgeschlossene Westen mit schwarzen Krawattentüchern bis zum Kinn und dünne silberne Ketten, die um den Hals gelegt waren und in einer Westentasche verschwanden. Das gehörte zu der Weihe, zu welcher die Zugehörigkeit zu jenem Kreise verpflichtete; denn so trug sich der Meister selbst, dem Franziska zu Reventlow, »die Gräfin«, respektwidrig den Namen »Weihenstefan« angehängt hatte. […]

Spiel nur, lustiger Musikante

Spiel nur, lustiger Musikante,
spielst du auch verkehrt.
Wer sein bisschen Glück nicht bannte,
war sein Glück nicht wert.

Streiche nur den Fiedelbogen
über deinen Bass.
Wem sein bisschen Glück verflogen,
merkt, dass er's besaß.

Fiedle, dass die Saiten springen
samt dem Instrument.
Glück lässt sich nicht wiederbringen,
wenn's von dannen rennt.

Die Gruppe Tat

[...] Macht eure Kräfte frei von Lohnarbeit – so lehren die Thesen des in freien Gruppen schaffenden Sozialistischen Bundes –, dass ihr sie brauchen könnt für den eigenen Bedarf! Verbindet euch mit gleichgestimmten, arbeitsfrohen Menschen. Mit ihnen zusammen tretet aus dem Markt, stellt Köpfe und Arme in den Dienst der eigenen Bedürfnisse, wirkt in freudiger Gemeinschaft zum eigenen Nutzen, mit eigenen Produktionsmitteln, auf eigener Scholle!

Ich war der Erste, der zu Landauers – an Proudhons und Kropotkins Lehren anschließenden – Bestrebungen ja! sagte; einer der Ersten, die halfen freiheitswillige Gruppen zu begründen. So entstand auch in München eine Gruppe, die meinem Eifer ihr Dasein dankte. Ihr hielt ich meine Vorträge, denn dass eine so junge Bewegung mit so großen Zielen zunächst nur mit dem Wort wirken kann, zunächst nur ihre Idee im Geist der Menschen festzusetzen suchen muss – wer wollte das verkennen? Aber die tägliche Not, das Gebundensein im Klassenkampf, die Erfahrung, dass Hunger weh tut und dass der Sperling in der Hand besser ist, als die Taube auf dem Dache, hielt die Arbeiter, an die ich mich wandte, bei ihren auf den Augenblick gerichteten Interessen fest. Unsere Gruppe – sie führte den Namen Gruppe Anarchist – war klein und bröckelhaft. Ich nahm bald wahr, dass die Begeisterung für eine schöne, freie Zukunft nicht standhielt vor den drängenden Sorgen des täglichen Lebens.

So kam mir der Einfall, zunächst von der Agitation der im festen Solde Schaffenden abzusehen und mich an Leute zu wenden, die keine Arbeit im Stich lassen mussten, um sich ihre Kräfte selbst dienstbar machen zu können. Ich überlegte: Tausende, Zehntausende sind von einem widrigen Geschick außerhalb der staatlich gefügten Gesellschaft gestellt; die Nachfrage nach Arbeit ist unendlich größer als das Angebot; viele, viele haben den Anschluss nicht erreicht. Arbeitslosigkeit hat sie in Not gejagt, Not in Verbrechen. Kainssöhne sind das, deren Opfer nicht verlangt, nicht angenommen wurde; so wurden sie zu Brudermördern und irren nun durch die Welt als Gezeichnete – unstet und rastlos. Ich fragte mich: Sind unter diesen Arbeitsscheuen, Verbrechern, Lumpen, Vagabunden, Gesunkenen nicht solche, denen man durch Aufzeigen eines neuen menschlichen Ziels Halt und Hoffnung geben könnte? Ist nicht die Arbeitsscheu, der Hang zum Verbrechen oft nur ein verirrter rebellischer Trotz gegen einen Staat, der schweren, wägenden Naturen unerwünschte, ihrer Wesensart unorganische Fronarbeit aufzwingen wollte? In dem sie nun, da sie sich nicht fügten, gehetzt sind von Arbeitshaus zu Gefängnis, von kümmerlicher Herberge zu Vagabondage und Ärgerem?

Und ich ging hin zu ihnen. Ich warb in den verrufenen Schenken um Hörer. Ich sammelte die Ärmsten um mich und sprach zu ihnen. Nicht wie ein Apostel der Heilsarmee oder wie ein innerer Missionär, sondern wie ein Verstehender und Freund, der aufrief zur Erkenntnis des eigenen Schicksals und zur Selbstbefreiung durch schaffende Tat. Ich suchte, ihr Menschliches zu wecken, aus dem Begreifen ihrer Besonderheit heraus ihren Zorn zu begeistern – nicht zu verbrecherischen Exzessen, denn die führen zu neuen Verfolgungen, zu neuer Not und Last –, nein, zu wirkender Tat, zu sozialistischem, anfassendem Tun. Ich mühte mich, den Geist der Zusammengehörigkeit und Brüderlichkeit in ihnen zu beleben, und zeigte ihnen Wege zum Anfangen.

War mein Beginnen so verwerflich? Gibt es denen, die mit jedem Bachwasser schwimmen, ein Recht, mich einen Schurken oder einen Narren zu heißen? – Dass viele dieser Menschen weder Gabe noch Willen hatten, mich zu verstehen und mir zu folgen, wusste ich vorher. Manche kamen nur, weil sie bei meinen Vorträgen Freunde fanden, mit den sie hofften, ein verbotenes Ding drehen zu können. Die meisten kamen um des Freibiers willen. Ach über die Esel, die nicht einsehen können, dass zum Einfangen von Fischen ein Köder gehört! Die Leute hatten, ehe sie kamen, doch keine Ahnung, was ich ihnen vortragen würde. Sollte ich hoffen, dass sie um meiner schönen Augen willen kommen müssten? Sollen Geheimräte für eine gemeinnützige Sache gewonnen werden, so arrangiert man ihnen einen Kotillonball; bei Vagabunden empfiehlt sich Freibier. – Zugegeben: Mein Auditorium war keine Elite erstklassiger Menschen. Aber ich musste zu allen sprechen, wollte ich die wenigen finden, die ich suchte. Und das kann ich heute allen sagen, die sich so schrecklich über meine Donquichotterie belustigt haben: So manchem meiner Hörer habe ich Trost und Mut gegeben; so manche in Zuchthäusern von Polizei und Staat Gemarterte, in ihrem Jammerdasein Verzweifelte haben meine Wort wie labende Beeren aufgelesen, haben Hoffnung und Vertrauen gefasst zu einer kommenden Zeit. Ich habe Menschen bereichert, um deren Bereicherung sich früher noch niemand gemüht hat.

Ein Zufall orientierte die Öffentlichkeit über das Bestehen der Gruppe Tat. Ein dummer Junge, den ich nie gesehen hatte, ein siebzehnjähriger, geistig zurückgebliebener Knabe machte sich einen Jux. Er legte nachts in eine menschenleere Straße eine Donaritkapsel, die ihm an seiner Arbeitsstätte zugänglich geworden war, und brachte das recht ungefährliche Sprengmittelchen zur Explosion. (Ein Jahr Gefängnis hat man dem armen Bengel aufgebrannt, der kaum etwas anderes tat, als jeder Quartaner, wenn er mit Knallerbsen schmeißt.) Aber diese Donaritkapsel platzte gerade in der Zeit, als die Ferrer-Erregung die Polizeinerven schwer alterierte. Man hetzte Steckbriefe hinter dem jungen Mann her. Der flüchtete sich in den Soller, die Stammkneipe meiner Hörer, und da riet man ihm: Geh doch zu den Anarchisten. Die helfen dir schon.

Anarchisten und Bomben. Die Verbindung war hergestellt. Recherchen, Observationen, Verhöre. Man erfuhr von den Vorträgen des Anarchisten Mühsam. Der Geheimbundprozess war fertig. Der Erzählerhumor jugendlicher Landstreicher im Verein mit der erhitzten Fantasie rühriger Kriminalpolizisten gestaltete die Anklageschrift zu einem Kolportageroman von abenteuerlichster Wildheit. Die Gerichtsverhandlung ergab, was ich hier schilderte. Meine Versuche, Unglücklichen das Leben erträglicher zu machen, beabsichtige ich fortzusetzen. Ich spreche weiterhin zu Vagabunden und Lumpen. Wer da auf das Sprichwort schwört: Sage mir mit wem du umgehst, und ich werde dir sagen, wer du bist! – der mag mich gerne einen Lumpen heißen.

Lumpenlied

Kein Schlips am Hals, kein Geld im Sack.
Wir sind ein schäbiges Lumpenpack,
auf das der Bürger speit.
Der Bürger blank von Stiebellack,
mit Ordenszacken auf dem Frack,
der Bürger mit dem Chapeau Claque,
fromm und voll Redlichkeit.

Der Bürger speit und hat auch recht.
Er hat Geschmeide gold und echt. –
Wir haben Schnaps im Bauch.
Wer Schnaps im Bauch hat, ist bezecht,
und wer bezecht ist, der erfrecht
zu Dingen sich, die jener schlecht
und niedrig findet auch.

Der Bürger kann gesittet sein,
er lernte Bibel und Latein. –
Wir lernen nur den Neid.
Wer Porter trinkt und Schampus-Wein,
lustwandelt fein im Sonnenschein,
der bürstet sich, wenn unserein
ihn anrührt mit dem Kleid.

Wo hat der Bürger alles her:
den Geldsack und das Schießgewehr?
Er stiehlt es grad wie wir.
Bloß macht man uns das Stehlen schwer.
Doch er kriegt mehr als sein Begehr.
Er schröpft dazu die Taschen leer
von allem Arbeitstier.

Oh, wär ich doch ein reicher Mann,
der ohne Mühe stehlen kann,
gepriesen und geehrt.
Träf ich euch auf der Straße dann,
ihr Strohkumpane, Fritz, Johann,
ihr Lumpenvolk, ich spie euch an. –
Das seid ihr Hunde wert!

Protest

Als benervter Mensch, als ehrgeiziger Dichter, als natürlicher Vormund und Verkünder der eigenen Produktion protestiere ich gegen das Verfahren der Unterdrückung und Knebelung, dessen Opfer seit geraumer Zeit meine Person und meine Kunst ist, rufe ich die Öffentlichkeit als Zeugin zu einem Vorgang an, der im Bezirke des literarischen und künstlerischen Lebens beispiellos ist.

Meine Arbeiten, namentlich meine lyrischen und satirischen Gedichte, fanden früher durch die ersten auf Kunst und Satire gestellten Zeitschriften Deutschlands alle Verbreitung, die ein Autor, dem es um Wirken zu tun ist, seinem Werk nur wünschen kann. Meine Verse wurden gern und oft gedruckt; und ich schließe daraus, dass sie gern und von vielen gelesen wurden. Das ist plötzlich anders geworden. Seit einem Jahr ist mir die Möglichkeit abgeschnitten, meinen Namen in den großen Zeitschriften, denen die Übermittlung guter Gedicht obliegt, gedruckt zu sehen. Die Manuskripte häufen sich im Schubfach. Denen, die sich im Laufe der Jahre mit meiner Kunst befreundet haben, die sich ihrer noch erinnern und die sie vielleicht vermissen, sei erklärt, dass meine Schaffenskraft nicht erlahmt ist, dass mein dichterisches Talent nicht versiegt ist und dass ich nicht in stolzer Blasiertheit den Redaktionen den Ertrag meiner Tätigkeit vorenthalte. Nein; die Redaktionen haben mir mit einem Schlag, in schweigender Übereinstimmung und nach allen Regeln des Boykotts, den Zugang zur öffentlichen Tribüne gesperrt.

Man könnte glauben, ich sei unehrenhafter Handlungen, etwa eines Plagiates, überführt worden, und danach sei Zeitschriften, die auf Reinlichkeit halten, eine Verbindung mit mir nicht länger zuzumuten. Die Annahme wäre falsch. Einziger Grund zu dem an mir geübten Verfahren ist die Stellung, die ich als sozial interessierter Mensch im öffentlichen Kampf der Meinungen einnehme. Meine Einsichten, meine Gefühle, mein Temperament und mein soziales Gewissen haben mich den Ärmsten der Gesellschaft, den Ausgestoßenen, den Geächteten und

Verlassenen verbündet. Diese Gemeinschaft gab Anlass zu einem Strafprozess wegen Geheimbündelei, der im Herbst 1909 mit meiner vorübergehenden Verhaftung begann und im Sommer dieses Jahres in München zur Hauptverhandlung kam. Es gelang mir, nicht nur sämtliche Behauptungen der Anklage, sondern zugleich auch alle im Anschluss an meine propagandistische Tätigkeit von feindlichen Politikern gegen mich erhobenen Verdächtigungen und Verleumdungen privater Natur vor Gericht bündig zu widerlegen. Ich hoffte aber vergebens, nun, nach der Freisprechung, werde die »öffentliche Meinung« mir mit der Achtung begegnen, auf die ich als ehrlicher Vertreter einer ehrlichen Überzeugung Anspruch zu haben glaube. Es blieb bei der Besudelung meiner Absichten, meiner Ansichten und meines privaten Lebens, bei der Verpönung meines Namens um meiner Gesinnung willen. Dieses Verhalten der politischen Presse konnte mich nicht wundern. Es ist in Deutschland nichts Neues, dass die Diskussion von Ideen statt mit sachlichen Gründen, mit persönlichen Kränkungen geführt wird. Neu aber ist selbst für Deutschland die Beteiligung großer literarischer und künstlerischer Zeitschriften an der Unterdrückung der Person und der Arbeit eines Einzelnen. […]

Und noch schwerer ist die Anklage, die ich erheben muss. Denn es ist nicht die Empörung über meine Gesinnung, nicht die Überzeugung von der Gefährlichkeit und Schändlichkeit meiner sozialen Bestrebungen, die diese Blätter veranlasst, meinen Namen und meine Kunst totzuschweigen: Es ist die Angst vor den Vorurteilen der Menge, die Angst, bei der »öffentlichen Meinung« anzustoßen. Heute trifft's mich, morgen kann es jeden anderen treffen. Dürfen wir nicht wenigstens auf dem Gebiete der Kunst Parteilosigkeit und Gerechtigkeit fordern? Ich verlange für mich wie für jeden, der als Dichter etwas Persönliches zu sagen hat, freie Tribüne und freie Rede!

München   Erich Mühsam

Wir Unterzeichnende schließen uns dem Protest unseres Kollegen Erich Mühsam an. Wir missbilligen den gegen ihn geübten Boykott, und wir verwahren uns dagegen, dass für die Beurteilung und Verbreitung dichterischer Arbeiten andere als rein künstlerische Momente maßgebend sein dürfen. Erich Mühsams dichterische Begabung steht außer Zweifel, und wir verlangen für ihn dieselben Möglichkeiten, sich zu betätigen und zu äußern, die uns anderen gewährt werden.

Hermann Bahr – Heinrich Mann – Thomas Mann – Frank Wedekind

Dies ist der Erde Nacht

Dies ist der Erde Nacht,
Und Regen fällt hernieder.
Ich habe meine Lieder
Und Taten nicht vollbracht.

Die Welt ist voll Verdruss.
Kein Stern scheint meinem Wege.
Wenn ich mich niederlege,
Erwartet mich kein Kuss.

Rings schlafen weit im Kreis
Die Menschen frei von Qualen.
Die ersten Sonnenstrahlen
Erwecken Not und Schweiß.

Vielleicht zeigt mir ein Traum
Mein Glück und das der Erde.
Ob er je Wahrheit werde, –
Ich wag's zu hoffen kaum.

Tagebuch – Herbst 1910

München, Sonnabend, d. 1. Oktober 1910
[...] Die Redaktion von Licht und Schatten schickte mir meine fünf erlesen guten lyrischen Gedichte mit einem geschäftsmäßigen Wisch als »ungeeignet« zurück. Natürlich! Bessere Beiträge bekommt Gumppenberg von keinem seiner Mitarbeiter! Aber er hat politische Gründe, mich zu boykottieren. Er hat dazumal, als mich die »Jugend« auf das leere Gerücht hin, ich sei homosexuell, aufs Pflaster setzte, und als Wedekind in großer Anständigkeit Sinzheimer darüber seine Meinung derart klar machte, dass der seitdem nicht mehr in die Torggelstube kommen kann, damals – während ich hilflos im Gefängnis saß – hat Herr Hanns von Gumppenberg für Sinzheimer gegen mich Partei genommen und gefunden, dass so ein Mensch nicht in einem literarischen Blatt arbeiten dürfe. Er ist also konsequent. Wir kennen uns, sitzen wir auch allabendlich noch so friedlich beieinander am Weintisch. Aber wartet nur, ihr Herren Sinzheimer und Gumppenberg. Die Rache behalte ich mir vor! Wenn ich nicht mehr abhängig und gedrückt in euren Kreisen sitze, dann werdet ihr eigenartige Dinge von mir erleben! Alle die, die es mich heute büßen lassen, dass ich – denn darauf läuft alles hinaus – mich vermesse, eine Gesinnung zu haben, alle die sollen es bereuen! Wartet, ihr Hunde! Ich werde noch einmal zeigen, dass ich einer vom Alten Testament bin. [...]

II.
FÜR GERECHTIGKEIT UND KULTUR!

(1911–1918)

An die Leser!

Diese Zeitschrift ist ganz ohne Kapital begründet worden, nicht aus prinzipiellen Gründen, sondern weil kein Kapital da war. Soll das zweite Heft nach einem Monat pünktlich erscheinen, so muss der Ertrag des ersten seine Kosten decken. Wem die Lektüre der ersten Nummer den Wunsch geweckt hat, das Blatt möge weiter erscheinen, der sorge für seine Verbreitung. Sollte sich jemand für das, was hier gesagt wird, genügend interessieren, um etwa das Unternehmen durch einen Geldzuschuss fördern zu mögen, so setze er sich mit dem Unterzeichnenden in Verbindung. Verzinsung und Amortisierung wird zugesichert. Es besteht die Absicht, die Zeitschrift Kain möglichst bald in größerem Umfange oder aber in kürzeren Zeiträumen erscheinen zu lassen.

Auf Anfragen sei jetzt schon festgestellt, dass Kain weder als anarchistische Zeitschrift bewertet werden will, noch etwa ein Organ des Sozialistischen Bundes darstellt. Da der Herausgeber seine Anschauungen gern mit der Bezeichnung »Anarchismus« charakterisiert, und da seine anarchistischen Überzeugungen sich mit den Lehren des Sozialistischen Bundes eng berühren, so wird der Leser in dieser Zeitschrift natürlich keine Beiträge finden, die etwa nicht sozialistisch und anarchistisch empfunden wären. Jedoch ist das Blatt nicht als Werbemittel für bestimmte Bewegungen gedacht, sondern als ganz persönliches Organ für das, was der Herausgeber als Dichter, als Weltbürger und als Mitmensch auf dem Herzen hat.

München   Erich Mühsam

Appell an den Geist

Wir Menschen sind geschaffen, in Gesellschaft miteinander zu leben; wir sind aufeinander angewiesen, leben voneinander, beackern miteinander die Erde und verbrauchen miteinander ihren Ertrag. Man mag diese Einrichtung der Natur als Vorzug oder als Benachteiligung gegenüber fast allen anderen Tieren bewerten: Die Abhängigkeit des Menschen von den Menschen besteht, und sie zwingt unsern Instinkt in soziale Empfindungen. Sozial empfinden heißt somit, sich der Zugehörigkeit zur Gemeinschaft der Menschen bewusst sein; sozial handeln heißt, im Geiste der Gemeinschaft wirken.

Dies ist der Konflikt, in den die Natur uns Menschen gestellt hat: dass die Erde von unseren Händen Arbeit fordert, um uns ihre Früchte herzugeben, und dass unser Wesen bestimmt ist von Faulheit, Genusssucht und Machthunger. Wir wollen Nahrung, Behausung und Kleidung haben, ohne uns dafür anstrengen zu müssen; wir wollen, fern von der Pein quälender Notwendigkeiten, beschaulich genießen; wir wollen Macht ausüben über unsere Mitmenschen, um sie zu zwingen, uns unsre heitere Notentrücktheit zu sichern. Den Ausweg zu finden aus dieser Diskrepanz: Das ist das soziale Problem aller Zeiten.

Nie hat sich eine Zeit kläglicher mit dem Problem abgefunden als unsere. Der kapitalistische Staat, das traurigste Surrogat einer sozialen Gesellschaft, hat im Namen einer geringen, durch keinerlei geistige oder menschliche Eigenschaften ausgezeichneten Minderheit die Macht über die gewaltige Mehrzahl der Mitmenschen okkupiert, indem er sie von der freien Benutzung der Arbeitsmittel ausschließt. Sein einziges Machtmittel ist Zwang; gezwungene Menschen beschützen in gedankenloser Knechtschaffenheit Faulheit und Genuss der privilegierten Machthaber. Wild, sinnlos, roh, von keinem Brudergefühl gebändigt toben die Menschen gegeneinander. Was sie als Macht erstreben, ist nüchterner Besitz an materiellen Gütern. Der Kampf aller gegen alle ist kein Ringen um den Preis der Schönheit, der inneren Freiheit, der Kultur, – sondern eine groteske Balgerei um die größte Kartoffel. Auf der einen Seite

Hunger, Elend, Verkommenheit; auf der anderen Seite geschmackloser Luxus, plumpe Kraftprotzerei, schamlose Ausbeutung. Und all das chaotische Getümmel verstrickt in einem stählernen Netz von Gesetzen, Verordnungen, Drohungen, die die bevorzugte Minderheit schuf, um ihrer Gewaltherrschaft das Ansehen des Rechts zu geben.

Eine verlogene Ethik hat das Wissen um Wahrhaftigkeit und Rechtlichkeit vergiftet. Rabulistische Advokatenlogik hat den guten, reinen und wahren Begriff der Freiheit zum Popanz autoritärer Marktschreier verdreht. Die Verständigung der Menschen geschieht im Kauderwelsch der Politik; der Wille der Menschen beugt sich unter abstrakte Paragrafen, das Rückgrat der Menschen passt sich verkrümmten Uniformen an.

Geknebelt ist der Gedanke, das Wort und die Tat – geknebelt selbst die Sehnsucht nach Gerechtigkeit und Menschlichkeit. Die Seele des Menschen ist dem Staate beamtet, und der Geist der Menschen schläft im Schutze der Obrigkeit.

Kein Knirschen der Wut stört die Hast der Geschäfte. Der Lärm geht um den Profit; kein Stöhnen der Verzweiflung übertönt ihn. Wer aber warnend seine Stimme hebt, wer Menschen sucht, um mit ihnen zu bauen, aufzurichten das Werk der Freiheit, der Freude und des Friedens, dem gellt das Lachen ins Ohr derer, die sich nicht stören lassen wollen, derer, die Tritte empfangen und um sich treten, das Hohnlachen der Philister.

Welche Ansicht der Mensch von den Dingen der Menschen haben darf, ist vom Staate abgestempelt. Einzelne Einrichtungen des Staates, besondere Maßnahmen darf er kritisieren, benörgeln, beschimpfen. Aber wehe dem, der der Fäulnis der Gesellschaft in die Tiefe leuchtet. Er ist verfemt, geächtet, ausgestoßen. An Mitteln fehlt es den Philistern nicht, ihn unschädlich zu machen: Sie haben ihre »öffentliche Meinung«, sie haben die Presse. Wohl eifern auch die Organe der verschiedenen Parteien gegeneinander; wohl tuten auf der Jagd nach dem Profit in den Gefilden der öffentlichen Meinung die Hörner am lautesten und am schrillsten. Aber darin sind sie einig: Der freie Gedanke, das freie Wort, die freie Sehnsucht darf keine Stätte haben in ihrem Revier. Ein breiter Graben zieht sich durch ihrer aller Lager; und in dem fließt der Strom, mit dem wir schwimmen müssen.

Hoch über den Ebenen, in denen die Philister einander in die Seiten puffen, ragt die Burg, darin der Geist wohnt. Der Literat und der Künstler wenden den Blick degoutiert ab vom Gewimmel der Menge. Was schert es sie, wie Hinz den Kunz übers Ohr haut! Dem Bettler, der am Weg die Drehorgel leiert, gibt man mildtätig einen Groschen und geht seines Weges. Zu ihnen hinauf, in die Domänen der Kultur darf der Dunst des Alltags nicht steigen. Die Nase zu vor den Ausdünstungen des Volks! Den Blick empor zu den reinen Höhen der Geistigkeit.

Lächelnd spottet man bei den ästhetischen Gelagen über den Snob, der auf die Tribüne steigt und die Massen aufruft zum Kampf gegen Gewalt und Ausbeutung, für Recht und Freiheit. Ein Sensationshascher und Reklameheld – im besten Falle ein verrannter Narr, dem es schon recht geschieht, wenn man ihn ignoriert und boykottiert. Was geht ihn die soziale Not des Volkes an?! ...

Der Künstler, der sich allem, was die Umwelt angeht, so hoch überlegen dünkt, ist ein Philister. Seine bequeme Zufriedenheit hat nichts Erhabenes, sondern nur etwas Verächtliches. Er verschließt die Augen vor dem Elend, in dem er selbst bis an die Knöchel watet, und macht sich damit für die Behörden zum erwünschtesten aller Staatsbürger.

Aber gerade der Künstler hätte tausendmal Grund, wütend aufzubegehren gegen die Schändlichkeiten unseres Gesellschaftsbetriebes. Sein Werk steht – und das muss so sein – jenseits der Marktbewertung. Unter den Zuständen, die uns umgeben, ist es daher überflüssig, wertlos, unnütz und mithin lächerlich oder gefährlich. Der Künstler selbst gilt – sofern er nicht als Kapitalist andere Menschen für sich arbeiten lässt – als Schmarotzer, als Schädling, als Verkehrsstörung. Soll ihn seine Kunst ernähren, so muss er sie dem verrotteten Geschmack des Banausentums unterordnen, und er verkommt menschlich und künstlerisch. – Hat er aber die Mittel zum Leben, produziert er, wozu es ihn treibt, so bleibt sein Werk den Mitmenschen fremd, und die höchste Freude des Schaffenden, mit seiner Arbeit Menschenseelen zu erfrischen und zu erhellen, bleibt ihm versagt.

Aber er ist ja Esoteriker. Ihm genügt ja die Anerkennung der wenigen, derer, die »reif« sind für seine Kunst, die – gleich ihm – dem Spektakel des Lebens fernstehen. Ach, Schwätzerei! – Das ist eine matte, blutleere, dürftige Kunst, die nicht getränkt ist vom warmen, roten Zustrom der lebendigen Wirklichkeit. Nur das sind noch immer die Zeiten der Kultur gewesen, in denen Geist und Volk eins waren, in denen aus den Werken der Kunst und des Schrifttums die Seele des Volkes leuchtete.

Ihr törichte Einsame, die ihr wähnt, oben in euern Ateliers andre, freiere Luft zu atmen als die Masse auf den Plätzen der Städte! Auch ihr esst auf euerm Kothurn das Brot, das Menschenhände gesät, Menschenhände gebacken, Menschenhände euch gereicht haben. Tut nicht, als wäret ihr Besondere! Seid Menschen! Habt Herz!

Und besinnt euch auf die Unwürdigkeit eurer Existenz! – Ihr, die ihr Werke schafft, aus denen der Geist unsrer Zeit in die Zukunft flammen soll, sorgt, dass eure Werke nicht lügen! – Helft Zustände schaffen, die wert sind, in herrlichen Taten der Kunst und der Dichtung gepriesen zu werden! Täuscht der Nachwelt nicht Bilder vor, die das jämmerliche Grau unsrer Tage in Gold malen! Seid keine Philister, da ihr allen Anlass habt, Rebellen zu sein!

Paria ist der Künstler, wie der letzte der Lumpen! Wehe dem Künstler, der kein Verzweifelter ist! Wir, die wir geistige Menschen sind, wollen zusammenstehen – in einer Reihe mit Vagabunden und Bettlern, mit Ausgestoßenen und Verbrechern wollen wir kämpfen gegen die Herrschaft der Unkultur! Jeder, der Opfer ist, gehört zu uns! Ob unser Leib Mangel leidet oder unsre Seele, wir müssen zum Kampfe blasen! – Gerechtigkeit und Kultur – das sind die Elemente der Freiheit! – Die Philister der Börse und der Ateliers, zitternd werden sie der Freiheit das Feld räumen, wenn einmal der Geist sich dem Herzen verbündet!

Übergangskunst

Die Gegenwart, in der wir leben, zeichnet sich dadurch aus, dass sie zwischen einer Vergangenheit und einer Zukunft liegt. Das Gewesene lebt noch, das Werdende lebt schon, und das Wirkende, das Gestaltende, der Sinn unserer Tage ist der Kampf zwischen zwei Zeitaltern.

Noch stehen fest die Mächte des Staates, der Gesellschaft, der Moral, alles dessen, was sich in die Uniformen des gesunden Menschenverstandes, der Ehre, der Gesittung und Gesinnung kleidet, bewachen uns unerbittlich ihre Normen und Gesetze und ächten und ahnden das Aufbegehren neuer Kräfte, die zischend aufspritzen aus dem Strom des Geschehens, heraustreten aus den Ufern überkommener Werte, Zuflüsse sammeln, um im jungen Zeitbette einer neuen Richtung entgegenzufluten. In allen Gebieten des Lebens tobt der Kampf, erheben sich die Kinder des Neuen gegen die Wächter des Alten. Alle Konventionen werden umstritten. Die Götter des Staates und der Kirche, der sozialen und moralischen Institutionen, der sittlichen Gebräuche und der Kunst sollen entthront werden, und ihre Priester wehren sich mit verzweifelter Leidenschaft gegen den Anprall modernen Geistes.

Wir aber, die wir uns als Kinder dieser Übergangszeit fühlen, die wir das Überlebte überlebt wissen, die wir uns sehnen nach dem heiligen Lande der Zukunft, wir stehen auf zwischen den Indifferenten und Neugierigen und zeigen hinauf auf den Berg, wo unsere Besten schon versammelt sind, die nicht mehr zurückblicken in die verlassenen Niederungen, die Dichter, die geradeaus schauen in die Höhen der Zukunft.

Sie ist eine Übergangskunst, die Kunst der Gegenwart. Die modernen Dichter sind fertig mit der Vergangenheit; sie haben die Zweifel überwunden, sie wissen um das Neue und suchen ihm den Weg. Sehr verschiedene Richtungen haben sie eingeschlagen beim Verlassen der alten Formen und Arten. Einsam stehen sie jetzt auf ihren Posten – Alfred Mombert in allfreudiger Einkehr betend, Paul Scheerbart in allfreudiger Abkehr lachend, Frank Wedekind in sinnfreudigem Hohn pfeifend: Unwirkliche mit der Sehnsucht nach Wahrheit – oder doch nach Lüge. […]

Der Mahner

Wo bleibt ihr nur, Genossen meiner Zeit?
Ich schau zurück und kann euch kaum noch sehn.
Ein wirres Stimmentosen hör ich weit,
weit hinter mir und kann es nicht versteh'n.

Ich ruf euch zu, doch euerm Echo fehlt
der Laut, der rein aus meiner Stimme klingt.
Ich wink' euch her. Doch ihr, wie unbeseelt,
horcht tauben Ohrs, ob euch ein Stummer singt.

Vergebne Zeichen! Aus den Zähnen pfeift
misstönig euer ärgerlicher Spott.
Kommt nie die Zeit, da ihr die Zeit begreift?
Tritt nie aus finstern Kirchen euer Gott?

Menschlichkeit

Der Untertitel dieser Zeitschrift hat zu Missverständnissen Anlass gegeben, was mir durch mehrere Besuche und durch mehrere Briefe, die ich empfing, deutlich geworden ist. Ich halte es daher für angezeigt, ehe mein Blatt in den von mir durchaus nicht erstrebten Ruf einer Wohltätigkeitsanstalt kommt, den Lesern mitzuteilen, was ich unter Menschlichkeit begreife.

Die Tatsache, dass ich plötzlich Herausgeber einer Zeitschrift geworden bin, muss – trotz der ehrlichen Mitteilungen ans Publikum, wie die Finanzlage des Unternehmens bei seiner Gründung beschaffen war – bei manchen Leuten den Verdacht erweckt haben, ich sei Kapitalist. Einige von ihnen traten an mich heran und wollten mich anpumpen, wobei sie sich darauf beriefen, dass ich als öffentlicher Verkünder der Menschlichkeit doch zuallererst zur karitativen Betätigung dieser Eigenschaft verpflichtet sei.

Die mit solchen Ansichten und Absichten zu mir kamen, waren in zwei Irrtümern befangen: Erstens täuschten sie sich darin, dass sie mich für einen begüterten Herrn hielten, zweitens darin, dass sie meinten, das Fremdwort Menschlichkeit hieße auf Deutsch Karitas. Um vorweg eine eindeutige Definition zu geben: Menschlichkeit bedeutet die unverdorbene, natürliche, wechselseitige Einstellung der Menschen zueinander; auf ehrlichem Urteil und anständiger Gesinnung ruhende Beziehungen; Wille zu Gerechtigkeit und Nächstenliebe und Kampf auf bis zur Geistigkeit erhöhtem Niveau. Mit dem Titel dieser Zeitschrift habe ich ausdrücken wollen, dass ich es mit den Schlechtweggekommenen halte, die keine Duckmäuser sind, sondern Selbstständige, Starke, zur Rebellion Bereite, und die gewillt sind, Zustände reinlicher Menschlichkeit, da sie bis jetzt nirgends vorhanden sind, schaffen zu helfen. Mit Humanität im Sinne von Mildtätigkeit hat die Menschlichkeit, die ich meine, gar nichts zu tun.

Die Tatsache, dass Humanität und Menschlichkeit nach allgemeinem Sprachgebrauch und nach den lateinischen und französischen Vokabularien Synonyme sind, ist mir allerdings bekannt. Mir ist aber auch bekannt, dass die Römer das Wort humanitas hauptsächlich gebrauchten, um damit eine freundlichere Behandlung der Sklaven auszudrücken, als sie allgemein üblich war. […]

Kürzlich trug man die Menschlichkeit sogar auf die Straße. Jedermann musste Margeriten kaufen, damit den nicht auf dem Wege über das Standesamt gezeugten Kindern das Elend der ersten Lebensjahre erleichtert werde. In München kamen gegen hunderttausend Mark dabei heraus, und der gute Bürger, der an jenem Tage auch ein Blümchen im Knopfloch trug, kann frohen Herzens ein Lied summen, da er zu dem Werk der Menschlichkeit sein Scherflein beigetragen hat. Wir werden nämlich nun wohl nächstens lesen, dass für das Geld ein Fürsorgebüro für uneheliche Kinder errichtet wird, zu dem soundso viele Beamte engagiert werden und dessen Instandhaltung soundso viele Tausend Mark jährlich kostet. Auch werden gewiss manche Kinder ihren lockeren Müttern abgenommen und frommen Familien zu einer Erziehung zugeführt werden, die die hereditären Einflüsse der bedauerlichen Herkunft in der Seele des Kindes zu verwischen geeignet ist. Ob nicht in mancher dieser frommen Familien die Sorge um das Kostgeld größer sein wird als die um das Kind, wird im einzelnen Fall wohl schwer zu kontrollieren sein.

Dieser der höheren Menschlichkeit gewidmete Margeritentag war für mich ein Tag der Qual. Die allerliebsten jungen Mädchen, die im besten Glauben an ihre menschenfreundliche Mission mit leuchtenden Augen und frohen Gesichtern überall auf einen zukamen und in wirklich rührender Erfülltheit zum Kauf von Margeriten zuredeten, abweisen zu müssen, war nicht immer ganz leicht, und ich sah oft in Mienen, die ob meiner Lieblosigkeit ganz traurig wurden. Aber mein Knopfloch blieb leer. Ich konnte mich nicht dazu entschließen, auch nur mit einem Groschen den frivolen Unfug zu unterstützen, als der sich mir der Versuch darstellt, die grauenvollste, fürchterlichste Schmach unserer unmenschlichen Zustände, die Hungersnot unter den Kindern, mit der Arrangierung eines karitativen Sportfestes zu übertünchen.

Nichts will ich mit dieser Art Menschlichkeit gemein haben, die die Bevorzugten gegen die Unglücklichen üben, um die seltenen schwachen Regungen eines schlechten Gewissens zu beruhigen. […]

Die Menschlichkeit, von der ich rede, besteht noch nicht, sowenig wie Gerechtigkeit oder Kultur besteht. Sie soll erkämpft werden mit den Mitteln, die dereinst ihre Fundamente sein werden; durch Bund und Auslese, durch Klarheit, Wahrheit, Festigkeit und seelische Freiheit. Menschlichkeit ist Hass und Abwehr gegen Dürftigkeit und Gemeinheit, ist Liebe zum Schönen, Wahren und Ewigen und Wille zum Wesentlichen.

An allen Früchten
unbedenklich lecken

An allen Früchten unbedenklich lecken;
Vor Gott und Teufel nie die Waffen strecken;
Künftiges missachten, Früheres nicht bereuen;
Den Augenblick nicht deuten und nicht scheuen;
Dem Leben zuschaun; andrer Glück nicht neiden;
Stets Spielkind sein, neugierig noch im Leiden;
Am eigenen Schicksal unbeteiligt sein –
Das heißt genießen und geheiligt sein.

Tagebuch – Frühling 1911

München, Sonntag, d. 7. Mai 1911
Der elende Tripper! Ununterbrochen macht er sich bemerkbar, stört mich in meinen Absichten, lähmt meine Aktionen, vergiftet meine Laune. Nun laboriere ich seit 3 Wochen dran, und noch merke ich fast gar keine Besserung. Morgen will ich noch einmal zu Hauschildt. Ich muss der Schweinerei endlich energisch zu Leibe gehn. – Gestern abend war es wieder grässlich. Emmy war im Café – ich hatte vorher im Luitpold Eduard Joël und Frau getroffen –; sie war sichtlich geil auf mich und bat mich, ich möchte sie, ehe ich in die Torggelstube gehe, heimbegleiten. Ich tat das, ging mit hinauf zu ihr ins Atelier, und regte mich an ihren Küssen furchtbar auf. Dann zog sie sich um, und ich sah sie nackt, was mich so toll machte, dass ich vor Schmerz und Wolllust hätte schreien mögen. Das enge Suspensorium wäre unter dem Druck des mächtig gestrafften Gliedes beinahe gerissen. Wir waren beide sehr betrübt, dass wir nicht tun konnten, worauf wir beide brannten. – Genau dieselbe Geschichte wie vor 5 Jahren in Wien, wo ich nackt neben der ebenfalls geschlechtskranken Irma Karczewska lag. Wir küssten uns wie wahnsinnig und mühten uns, wenigstens mit Mund und Fingern einander Genüge zu tun, aber schließlich war der Widerstand des Schmerzes doch immer noch größer als der Antrieb der Lust. Das war damals die Tragik: dass wir uns erst kennengelernt hatten und dann bald auseinandergingen, sodass wir nie dazu kamen, einen richtigen Koitus miteinander zu vollziehen. [...]
 Nach dem Intermezzo in Emmys Atelier begleitete ich sie bis vor den Simpl. Das süße Ding trug auf dem ganzen Wege Leuchter und Kerze in der Hand, damit sie auf dem Heimweg die Treppen hinauffinde, zumal sie die Nacht Engert versprochen hatte. Sie erzählte mir das ganz arglos und mit vielem Bedauern darüber, dass ich nicht imstande bin, meine Pflicht zu tun. Sie könne unmöglich so lange allein schlafen. Dass es grade Engert sein sollte, war mir sehr fatal. Aber wer will den Weibern ihren Geschmack vorschreiben? [...]

München, Montag, d. 8. Mai 1911
[...] Emmy hat ein Verhältnis mit dem kleinen Keller angefangen. Ich Esel habe die tolerantesten Prinzipien, dazu noch einen Tripper und war doch eifersüchtig. Natürlich ließ ich mir nicht das Mindeste anmerken. Aber es ist doch eigentümlich, wie lieb ich das kleine Hurenweib habe. Sie trug mit Morax zusammen die schöne Ballade vom Räuber vor, der seinen Bruder abmurksen will, und an seiner »blassen Brust« das Bild der Mutter findet. Der große Bilderbogen, den ich dazu gezeichnet habe, wirkte sehr lustig zu dem Leierkastenlied. Eine peinliche Überraschung wurde uns dadurch zuteil, dass die Ichenhäuser plötzlich mit Else Lasker-Schüler das Lokal betrat. Die eifersüchtige Megäre, die komplett wahnsinnig ist, hat Emmy in Berlin mit Schimpfreden und Drohungen nachgestellt. Nun war das arme Kind ganz verängstigt. Ich hoffe, sie fährt bald wieder ab. Es wäre recht widerwärtig, wenn Emmy wieder keine Ruhe vor ihr hätte. Ich bin aber entschlossen, trotz aller Freundlichkeiten der törichten Frau gegen mich und trotz meiner Verehrung für manche ihrer Gedichte, Emmy sehr energisch gegen sie zu verteidigen. – Heut Nachmittag war Emmy bei mir. Sie erzählte, dass Keller bei ihr geschlafen habe. Wir gingen in den Englischen Garten, wo wir uns viel küssten, dann aß sie bei mir Mittag. – Danach ging ich zu Hauschildt, der sich meinen armen Schwanz besah. Er verulkte mich, dass ich in meinen Jahren noch solche »Kinderkrankheiten« bekäme. Aber er fand, dass sich der Zustand wesentlich gebessert hat, empfahl mir die bisherige Behandlung energisch fortzusetzen und riet wieder sehr von Spritzen ab. Er stellte mir in Aussicht, dass ich in 14 Tagen gesund sein könne. Noch 14 Tage! Aber wenn nur dann die Geschichte vorüber ist!

München, Dienstag, d. 9. Mai 1911
Pfempfert schickt mir die beiden letzten Nummern der Aktion, in denen die Enquete über Kerr fortgesetzt wird. Dehmel schreibt ganz dumm, Else Lasker-Schüler macht mindere Knittelverse, Kurtz spreizt sich, und die Übrigen sind ziemlich belanglos. Ob Kerr viel Nutzen von der Umfrage haben wird? – Erfreulich war mir, dass das Blatt unaufgefordert eine ganz gut redigierte und ziemlich auffällige Annonce

des »Kain« bringt. Wüsste ich nur erst, wie Nr. 3 bezahlt werden soll! Roda Roda riet mir, ich solle Sobotka um 100 Mark anpumpen. Vielleicht tue ich es. Ich denke auch daran, das Tagebuch aus dem Gefängnis als Buch zu verkaufen und darauf Vorschuss zu nehmen. Vielleicht kommt der Verlag Eugen Rentsch in Frage, der von mir seinerzeit ein Buch herausgeben wollte, und bei dem jetzt Toni Maier in Stellung ist. – Ich war nachmittags im Café Stefanie gewesen, am Schachtisch, wo ich mit Roda Roda einige Partien spielte. Meyrink war da, Jodocus Schmitz, der Major Hoffmann, Professor v. Stieler und Nonnenbruch. Nach dem Abendbrot traf ich im Bauer Emmy mit Morax und Ida, Keller und Engert. Emmy war sehr aufgeregt, da gleichzeitig mit der Ichenhäuser die Else Lasker-Schüler in einer Ecke des Lokals saß. Das verängstigte Kind fürchtete Revolver und Vitriol. Mir fiel mal wieder die angenehme Aufgabe zu, zu parlamentieren. So setzte ich mich zu der Lasker und kam auf Umwegen zu dem Thema Emmy. Ich erreichte das Versprechen, sie werde während der Zeit ihres Münchner Aufenthalts nicht mehr den Simpl. betreten, noch Emmy im Mindesten nahetreten. Als ich zu Emmys Tisch zurückkam, war sie grade dabei, einen Zustand zu kriegen. Ich begleitete sie mit Keller zusammen nach Hause, und sie stieß schreckliche Drohungen gegen Elschen aus. Auch noch solche Geschichten! […]

Heut kam ein neuer Brief von Kätchen. Ihr geht es schlecht. Sie hat Schmerzen. Dazu kommt, dass sie auf der Straße gefallen ist und sich verletzt hat. Sie möchte sich wegen des Trippers behandeln lassen, hat aber gar kein Geld. Sie rechnet auf meine Hilfe. Sie hat furchtbar viel Pech gehabt in der Zeit, seit wir beisammen waren, auch eine Engagement-Aussicht ist ihr in die Binsen gegangen. Wie soll ich ihr nur helfen? Mir stehn schon wieder schauderhafte Dalles-Tage bevor. Die D.M.Z. hat sich natürlich nicht gemeldet, und da ich in der letzten Woche den Beitrag verbummelt habe, habe ich auch noch nicht gemahnt. Ich werde Rößler bitten, für Kätchen ein Geldstück zu lockern. Aber ich selbst muss endlich wieder arbeiten. Da sitze ich und schreibe das Tagebuch voll, und meine wichtigsten Sachen bleiben liegen. Vor allem muss ich endlich für die Schaubühne den Artikel über die Terwin schreiben!

München, Mittwoch, d. 10. Mai 1911
Die Angelegenheit Else Lasker-Schüler – Emmy spitzt sich dramatisch zu. Ich erhielt einen langen Brief von Elschen, in dem sie Emmy als »geiles kleines Nähmädchen« beschimpft, in deren Mund ihr »erlauchter« Name (an einer andern Stelle »die Majestät meines Namens« – immer dick unterstrichen) nichts zu tun habe, und worin sie schließlich erklärt, sie lasse sich das Betreten öffentlicher Lokale nicht verbieten. Ich hielt es für ratsam, diplomatisch zu sein, und schrieb einen langen vorsichtigen Antwortbrief, von dem ich auch noch eine Abschrift nahm, sodass mir wieder die Zeit, wo ich hätte arbeiten mögen, zum Teufel ging. Ich bat die Lasker, mir persönlich den Gefallen zu tun, den Simpl. zu meiden. Abends im Café kriegte ich dann einen weiteren albernen Brief, in dem u. a. stand, sie (Tino von Bagdad) habe in Berlin nur Emmy aus dem Café entfernt wissen wollen, um den einzigen Ort, wo man sich aufhalten könne, nicht verflachen und verhuren zu lassen. Im Übrigen: »Bei Philippi sehn wir uns wieder.« – Ich ging also mit in den Simpl., um bei eventuellem Krach Emmys Partei nehmen zu können. Aber Elschen kam nicht. Jedenfalls vermute ich, dass ihre Hysterie sie nicht ruhen lassen wird, bis nicht der Krach da war. Und wenn sie ihn nicht provoziert – Emmy ist auch nicht die Zahmste.

Nachmittags kam Rößler ins Café und dann zu mir zum Abendbrot. Auch Emmy erschien. Die beiden geilten sich aneinander auf, und nach dem Essen legte sich Rößler auf den Diwan, und es begann ein Piacere, zu dem ich sittsam das Gaslicht ausdrehte. Da ich merkte, dass Emmy sich ganz auszog, und ich so schon wie auf Kohlen stand, da die Gruppe Tat auf mich wartete, ließ ich die beiden bald allein. – Es ist seltsam, dass ich auf den alten Rößler nicht eine Spur eifersüchtig bin. Die ganze Geschichte gestern machte mir einen diebischen Spaß. Ich mußte über Emmys unbefangene Selbstverständlichkeit sehr lachen. Sie ist schon ein erotisches Genie. Sie will immer, und jeder Mann und jede Situation ist ihr recht. […]

Heut schreiben wir den 10. Mai. Mit Arbeiten und Korrespondenz bin ich ganz zurück. Mir graut, wenn ich mich meiner Pflichten erinnere.

München, Donnerstag, d. 11. Mai 1911.
Gestern abend, als ich mit Halbe und Genossen von der Kegelbahn aus zu Kathi Kobus kam, saß Elschen Lasker mit der Ichenhäuser richtig im Lokal. Emmy hatte sie vorher nicht bemerkt, bekam jetzt aber, als sie die Frau sah, wieder richtige Zustände der Todesangst, sodass wir schleunigst aufbrachen und in ziemlich großer Gesellschaft ins Stefanie gingen. Ich schrieb der Lasker von dort aus einen Brief, in dem ich ihr erklärte, ich sehe in ihrem Verhalten einen Akt der Geringschätzigkeit gegen mich und betrachte daher unsere freundschaftliche Beziehung als erledigt. […]

Das Problem der Erotik

[...] Ein Mensch kann die Nahrung eines Erlebens in sehr verschiedenen Töpfen kochen, schließlich wird doch alles vom selben Organismus verarbeitet und geht in den Blutumlauf eines unzerlegbaren Ganzen ein, und wenn hier auch ein Lebensbild entstanden sein mag, das fast alles Licht aus Vergnüglichkeit und heiterem Fertigwerden mit allem Übel empfängt, so konnte doch nicht alles Übel und gar aller Ernst und strenger Eifer immer im Schatten gehalten bleiben. Oft nämlich geschieht es auch, dass sich in einem bestimmten Gegenstand alle Elemente mischen, die sich sonst auf die getrennten Tätigkeitsgebiete des Geistes und des Kampfes verteilen. Um ein Beispiel zu nennen: das Problem der Erotik. Von den Beziehungen der Geschlechter war selbstverständlich in meinen unpolitischen Erinnerungen in vielen Zusammenhängen die Rede, wenn ich auch eigene Angelegenheiten dieser Art nur manchmal nebenbei gestreift habe. Aber die Formen des Liebeslebens, wie sie die künstlerische Boheme sorglos und um Theoreme unbekümmert in Genießen umsetzt, waren für mich zugleich in zahlreichen Auslassungen Vorwurf dichterischer Behandlung, im persönlichen Erleben Erprobung weltanschaulicher Grundsätze und im öffentlichen Werben Schulbeispiel für die Möglichkeit freiheitlicher Weltgestaltung.

Der einzige tiefgreifende Konflikt, den ich in den langen Jahren unserer Freundschaft mit Gustav Landauer hatte, betraf unsere weit auseinandergehende Auffassung über Ehe, Familie, geschlechtliche Ausschließlichkeit, Eifersucht und Promiskuität, ein Konflikt, der zwar das persönliche Verhältnis zwischen uns nicht lange trüben konnte, sachlich aber nie überbrückt wurde. Landauer sah in der ehelich unterbauten Familie die Voraussetzung der »Ordnung durch Bünde der Freiwilligkeit«, die nach seiner Definition Sinn der von uns beiden erstrebten anarchistischen Gesellschaft ist. Ich sah (und sehe) in der Ehe als einer gesellschaftlich geschützten Einrichtung die Wurzel persönlichkeitsunterbindenden Zwanges, in der Einschätzung des monogamen Lebens als Treue die Verfälschung sittlicher Grundbegriffe, in der Anerkennung der geschlechtlichen Eifersucht als berechtigte und zu Ansprüchen berechtigende Empfindung die Förderung schlimmster autoritärer Triebe und in der Gleichsetzung von Liebe und gegenseitiger Überwachung eine die Natur vergewaltigende, tief freiheitswidrige und reaktionären Interessen dienende Sklavenmoral. Wedekinds Fanfaren für eine neue Sexualmoral fanden daher schon sehr frühzeitig in meinem ursprünglichen Empfinden stärksten Widerhall, obwohl der Radikalismus seiner Ideen kaum an die letzten sozialen Folgerungen der Bejahung des polygamen Lebensrechtes auch der Frauen vortastete. Mehr noch als bei Wedekind fand ich meine Ansichten bei Karl Kraus in Wien bestätigt, in dessen Kreis freilich der revolutionäre Gedanke der Befreiung der Sexualität von jeder moralischen Norm in einer nicht immer vom Verhalten der gefeierten Individuen bestätigten Schwärmerei für die Genialität hetärischer Frauencharaktere verloren ging. Die allgemeinen Aufstellungen der Psychoanalytiker – Dr. Otto Gross – über das Wesen der Eifersucht und den Zwangscharakter der Vaterschaftsfamilie kamen meinen Ideen darüber ganz nahe, ohne sie indessen in ein Gesamtbild künftiger Gesellschaftsgestaltung einzuordnen. Für mich selbst gehörte die Befreiung der Persönlichkeit von den gewaltigen Bindungen des Liebeslebens von jeher als organischer Bestandteil in das Programm der Befreiung der Menschheit von jedem knechtischen Druck, und ich habe das Thema, das ich übrigens schon 1909 in einem »polemischen Schauspiel« dramatisch behandelt habe, in einem Thesenstück, »Die Freivermählten«, erörtert, um sichtbar zu machen, wie eng zusammengehörig in mancher Hinsicht der leidenschaftliche Kampf um neue Lebensgestaltung der ganzen künftigen Menschheit und die natürliche Haltung ihrer Zeit kulturell zuvorkommender Menschen in ihrer geselligen Fröhlichkeit sein können. […]

Wider die Zensur!

Wo die Kultur des Geistes frei, stark, um kein Reglement bekümmert Werte schafft, da weckt sie zugleich mit der Freude zukunftsfroher Menschen das Misstrauen aller, die in der Versteinung der Gewohnheiten die Gewähr für die Ungestörtheit ihrer Bequemlichkeit ehren. Das sind die Spießbürger, die (mögen sie politisch wählen, wen sie wollen) die Kerntruppe aller Reaktion bilden, weil sie sich in der Stagnation ihres eigenen Lebensinhaltes nur sicher fühlen, wenn auch außerhalb ihrer persönlichen Gehirnsphäre jede Emotion gebremst ist. Es lässt sich leider nicht in Abrede stellen, dass der dem Geiste widerstrebende Rumpf der Unkultur aus der gewaltigen Überzahl aller Mitmenschen besteht. Die einzige, aber furchtbare Waffe dieses Heeres gegen den Geist ist Indolenz und Passivität. Die völlige Teilnahmslosigkeit der meisten, die gänzliche Abwesenheit von Initiative, Produktivität und Kritik bei ihnen, die die letzte Ursache aller Regierung ist, hat sich unbewusst und ohne Ahnung von solchen Zusammenhängen das aktive Werkzeug gegen die vitalen Mächte schaffender Geistigkeit selbst geboren. Der dumpfe Hass der Bequemlichkeit gegen das Leben ist Behörde geworden. Das gähnende Maul träger Geschäftlichkeit schnaubt Paragrafen aus. […]

Am unerfreulichsten ist der Polizei das Phänomen der Kunst. Denn – auch hier ist sie von richtigem Instinkt geleitet – Kunst als individuellster Ausdruck seelischer Beweglichkeit duldet kein Reglementieren und widersetzt sich seiner Natur gemäß gegen den Zwang einer schematischen Ordnung.

Um diesen Widerstand zu beugen, hat sich die Polizei wenigstens gegen die Art Kunst, die zur Vermittlung an den Genießer fest organisierter Anstalten bedarf, eine Handhabe der Oberaufsicht geschaffen: die Zensur.

Durch die Hintertür der Verordnung, da ein Staatsgesetz ihr den Weg nicht freigab, hat sich die Polizei die Möglichkeit gesichert, Kunst zu verhindern. Den Vorwand aber, Theater, Dichter und kunstwilliges

Publikum zu schädigen, bietet ihr die Sittlichkeit, diese von Priestern eingeführte Institution, die der Kirche ihr Lebenselement, die Sünde, liefert. Damit trifft die Polizei die Kunst an ihrem wichtigsten Nerv, damit durchsticht sie ihr die Schlagader. Denn die Achse, um die alles Leben kreist, ist die Sinnlichkeit, und der stärkste Antrieb aller Kunst ist die Erotik. Das abstrakte Gehirn der Polizei aber ist unsinnlich, unerotisch, daher verfolgt sie alles, was vom Geschlechtlichen weiß, was das Geschlechtliche im Menschen bejaht, mit ihrem Hass.

Hoch die Moral!

O Welt, wie bist du so verderbt!
Die Unzucht wächst, die Tugend sterbt.
Ja, selbst die Kunst und Lit'ratur
sinnt allzeit auf Verderbnis nur.

Da war der Doktor Semerau.
Der schildert jeder jungen Frau
Geheimnis am Toilettentisch:
Man konfiszierte diesen Wisch.

Mit ihm jedoch in Kompanie
wirkt Herr de Bayros, ein Marquis.
Er zeichnete die Purpurschneck':
Man konfisziert' auch diesen Dreck.

»Denn (sagte sich der Staatsanwalt):
Was schert mich, ob was gut gemalt?
Ich weiß, es geht die Kunst nach Brot
und ebenso die Brunst nach Kot.

Wenn jeder hundert Mark bezahlt
(so sagte sich der Staatsanwalt)
für diese Teufelsschweinerei
's mit dem deutschen Volk vorbei.

Und außerdem und andrerseits
erhöht solch Werk den Sündenreiz.
Denn sagt nicht auch Professor Stuck,
dass er auf solche Künste spuck'?«

Drum müssen Doktor und Marquis
in das Gefängnis – hätt' man sie!
Den einen hat man bald gepackt,
des andern Geld wird eingesackt.

O deutscher Dichter, schreibe frisch,
doch ja nichts vom Toilettentisch –
Geheimnis jeder jungen Frau.
Denk an den Doktor Semerau!

O deutscher Maler, male froh!
Doch nie den Bauch und den Popo
von einem jungen forschen Weib.
Nein – mal sie ohne Unterleib!

Die Kunst sei tugendhaft und rein.
Wer's dennoch tut, der ist ein Schwein.
In München zeigt's sich wieder mal:
Hoch leb' die Staatsanwalts-Moral!

Anarchie

Anarchie bedeutet Herrschaftslosigkeit. Wer den Begriff mit keinem Gedanken verbinden kann, ehe er ihn nicht zur Zügellosigkeit umgedeutet hat, beweist damit, dass er mit den Empfindungsnerven eines Pferdes ausgerüstet ist.

Anarchie ist Freiheit von Zwang, Gewalt, Knechtung, Gesetz, Zentralisation, Staat. Die anarchische Gesellschaft setzt an deren Stelle: Freiwilligkeit, Verständigung, Vertrag, Konvention, Bündnis, Volk.

Aber die Menschen verlangen nach Herrschaft, weil sie in sich selbst keine Beherrschtheit haben. Sie küssen die Talare der Priester und die Stiefel der Fürsten, weil sie keine Selbstachtung haben und ihren Verehrungssinn nach außen produzieren müssen. Sie schreien nach Polizei, weil sie allein sich nicht schützen können gegen die Bestialität ihrer Instinkte. Wo ihr Zusammenleben gemeinsame Entschlüsse verlangt, da lassen sie sich vertreten (die deutsche Sprache ist sehr feinfühlig), weil sie den eigenen Entschlüssen zu trauen nicht den Mut haben. Das politische Leben der zivilisierten Völker erschöpft sich – um den Pferdevergleich wieder aufzunehmen – im Ersinnen immer vollkommenerer Zügel, Sättel, Deichseln, Kandaren und Peitschen. Nur darin unterscheidet sich der arbeitende Mensch vom arbeitenden Pferd, dass er selbst hilft, verbesserte Systeme seiner Fesselung zu erfinden und sich anzulegen. Doch gleichen sich beide im Zutrauen zu ihrem starken Eisenbeschlag und in der Verhinderung seiner Anwendung durch Scheuklappen.

Wissenschaftliche Läuterung hat die arbeitenden Menschen darüber aufgeklärt, dass die kapitalistische Verfassung sie des Ertrages ihrer Arbeit beraubt. Sie werden ausgebeutet und wissen das. Sie kennen auch den Weg, der zum Sozialismus leitet: die Überführung des Landes mithin aller Arbeitsmittel aus den Händen Privilegierter in den Besitz des Volkes. Sie kennen den Weg seit einem halben Jahrhundert, aber sie haben ihn bis heute mit keinem Fuße betreten. Das Mittel zur Abänderung als schlecht erkannter Zustände heißt immer Aktion. Aber die

Menschen unserer Zeit sind aktionsfaul. Um nichts tun zu müssen, haben sie die Theorie aufgestellt, dass sich die Geschichte nach materialistischen Notwendigkeiten entwickelt. Die Zeit funktioniert automatisch; die arbeitenden Menschen aber warten ab, bis es der Zeit gefällig sein wird. Inzwischen flicken und putzen sie ihr Geschirr, schimpfen und wählen. Diese Interimsbeschäftigung ist ihnen zur Gewohnheit geworden, zum Bedürfnis, zum Lebenszweck. Dass sie auf etwas warten, haben sie darüber vergessen. Weh dem, der sie erinnert! ...

Anarchie ist die Gesellschaft brüderlicher Menschen, deren Wirtschaftsbund Sozialismus heißt. Brüderliche Menschen gibt es. Wo sie beieinander sind, lebt Anarchie; denn einer Herrschaft bedürfen sie nicht. Was ihnen zu schaffen bleibt, ist Sozialismus. Die Aktion, die zum Sozialismus führt, heißt Arbeit. Wer nicht mitschaffen will, in brüderlicher Gemeinschaft sozialistische Arbeit zu verrichten, wer abwarten will, wie sich die Verhältnisse ohne sein Zutun entwickeln, der flicke und putze immerhin sein Geschirr, der schimpfe und wähle. Aber er nenne sich nicht Sozialist. Vor allem urteile er nicht über Anarchie. Denn die ist eine Angelegenheit der Herzen, und davon versteht er nichts.

Sei's in Jahren, sei's schon morgen

Sei's in Jahren, sei's schon morgen,
Dass das Glück sich wende:
Einmal nehmen Leid und Sorgen
Sicherlich ein Ende.

Mensch, vertraue deinem Wollen,
Wirk es aus zu Taten!
Ströme fließen, Wolken rollen,
Frucht entkeimt den Saaten.

Über Nöten und Gefahren
Wird die Freude thronen –
Sei's schon morgen, sei's in Jahren
Oder in Äonen.

Betrachtungen über den Staat

Bei Gott ist kein Ding unmöglich. Um das zu beweisen, schuf er den Staat. Das ist ein abstrakter Begriff mit konkreten Fähigkeiten. Ein Abstrakt, das befehlen, verbieten, richten und strafen kann. Ein bis an die Zähne bewaffnetes Abstrakt, dessen treuer Diener zu sein sich der Mensch zur Ehre anrechnet.

Der Staat ist Herr über Leben und Tod. Er darf tun, was kein Mensch tun darf – es sei denn als Werkzeug des Staates. Der Staat hat das Monopol für Vermögenskonfiskation und für Mord. Es maße sich niemand widerrechtlich staatliche Befugnisse an. Wer einen anderen einsperrt, wird wegen unbefugter Inanspruchnahme des Schutzmannsamtes zur Verantwortung gezogen. Wäre der Staat logisch, so bestrafte er den, der einen Nebenmenschen umbringt, wegen unbefugter Ausübung des Scharfrichteramtes. Der Staat drückt da aber ein Auge zu und sühnt nur den Mord, und zwar durch die gleiche Handlung, die er bestraft.

Friedrich Engels sagt: »Der Staat ist die Exekutive der Besitzenden.« Das ist richtig. Man könnte auch sagen: Die Besitzenden sind die Exekutive des Staates. Nur ist weder mit den Besitzenden noch mit der Exekutive Staat zu machen.

Der Staat lebt von den Armen, damit er für die Reichen leben kann. Der bayerische Dialekt kennt einen Ausdruck, der die Forderung des Staates nach Wort und Inhalt am klarsten zur Geltung bringt: stat sein! Wer ein nützliches Mitglied des Staates sein will, der halte die Norddeutsche Allgemeine Zeitung und das Maul.

Der Staat ist ein räumlich umgrenztes Moralgebiet. Was jenseits der Grenzen geschieht, ist eo ipso unmoralisch. »Du sollst nicht töten« (das Militär); »du sollst nicht begehren« (das Kapital); »richte nicht, auf dass du nicht gerichtet werdest« (die Justiz). – Es gibt Leute, die vom Staate verlangen, er solle sich von der Kirche trennen.

Es ist ein Aberglaube, dass aus Links-Wählern ein Rechtsstaat werden könnte. Die Theorien der Konservativen und der Anarchisten berühren sich in einem wichtigen Punkt. Beide bestreiten, dass man im

Staat ein notwendiges Übel zu erkennen habe. Nur finden die Konservativen, dass der Staat kein Übel, die Anarchisten, dass er nicht notwendig sei.

Der Staat verrät seinen Charakter schon im Wort selbst. Status bezeichnet etwas Feststehendes und Unverwandelbares. Wer den Staat – irgendeinen Staat – will, ist konservativ, mag er sich noch so rabiat gebärden.

Die wenigsten Leute wissen, wovon sich die oppositionellen Bewegungen in ihrer Stellung zum Staat voneinander unterscheiden. Vielleicht belehrt sie folgendes Gleichnis: Man stelle sich den Staat als einen Käfig vor, in dem die Vögel an Stangen festgebunden sind. Manche haben den Futternapf direkt vor dem Schnabel, die meisten müssen zusehen, wie die Begünstigten daraus fressen. Die Liberalen wünschen, dass man die armen Tiere losbinde, damit sie sich in dem engen Käfig um die paar Futternäpfe balgen können. Sie nennen das: laisser faire, laisser aller. Die Sozialdemokraten wollen alle Vögel auf einer einzigen Stange rings um einen mächtigen Futternapf festbinden und den Käfig entfernen. Die Anarchisten wünschen die Vögel losgebunden und den Käfig beseitigt zu sehen. Daher unsere Gemeingefährlichkeit.

Man übersetzt das Wort Staat am richtigsten, indem man die Daumen hinter die Hosenträger klemmt, O-Beine macht und mit fettiger Stimme mauschelt: Zustand!

Kain-Kalender 1913

Januar:

Der Reiche klappt den Pelz empor,
und mollig glüht das Ofenrohr.
Der Arme klebt, dass er nicht frier,
sein Fenster zu mit Packpapier.

Februar:

Im Fasching schaut der reiche Mann
sich gern ein armes Mädchen an.
Wie zärtlich oft die Liebe war,
wird im November offenbar.

März:

Im Jahre achtundvierzig schien
die neue Zeit hinaufzuziehn.
Ihr, meine Zeitgenossen, wisst,
dass heut noch nicht mal Vormärz ist.

April:

Wer Diplomate werden will,
nehm' sich ein Muster am April.
Aus heiterm Blau bricht der Orkan,
und niemand hat's nachher getan.

Mai:

Der Revoluzzer fühlt sich stark.
Der Reichen Vorschrift ist ihm Quark.
Er feiert stolz den ersten Mai.
(Doch fragt er erst die Polizei.)

Juni:

Mit Weib und Kind in die Natur
zur Heilungs-, Stärkungs-, Badekur.
Doch wer da wandert bettelarm,
Den fleppt der würdige Gendarm.

Juli:

Wie so ein Schwimmbad doch erfrischt,
wenn's glühend heiß vom Himmel zischt!
Dem Vaterland dient der Soldat,
kloppt Griffe noch bei dreißig Grad.

August:

Wie arg es zugeht auf der Welt,
wird auf Kongressen festgestellt.
Man trinkt, man tanzt, man redet froh,
und alles bleibt beim Status quo.

September:

Vorüber ist die Ferienzeit.
Der Lehrer hält den Stock bereit.
Ein Kind sah Berg und Wasserfall,
das andre nur den Schweinestall.

Oktober:

Zum Herbstmanöver rücken an
der Landwehr- und Reservemann.
Es drückt der Helm, es schmerzt das Bein.
Oh welche Lust, Soldat zu sein!

November:

Der Tag wird kurz. Die Kälte droht.
Da tun die warmen Kleider not.
Ach, wärmte doch der Pfandschein so
wie der versetzte Paletot!

Dezember:

Nun teilt der gute Nikolaus
die schönen Weihnachtsgaben aus.
Das arme Kind hat sie gemacht,
dem reichen werden sie gebracht.

Verbrecher und Gesellschaft

Die tiefe Verwahrlosung der Kultur unserer Zeit prägt sich am eindringlichsten in den Mitteln aus, mit denen die staatliche Gesellschaft ihre Einrichtungen nach innen und nach außen schützt. […]

Die Frankfurter Zeitung brachte in ihrem ersten Morgenblatt vom 3. August dieses Jahres (Nr. 213) einen Artikel von A. J. Storfer (Zürich), der überschrieben war: »Kastration und Sterilisation von kriminellen Geisteskranken in der Schweiz«. In dieser Abhandlung wird unverblümt der Vorschlag gemacht und begründet, man solle verbrecherisch veranlagte Personen durch Vernichtung ihrer sexuellen Potenz für sich und ihre Nachkommen von den Freuden des irdischen Daseins ausschließen. Gleichzeitig erfahren wir, dass dieses Verfahren in einer ganzen Reihe von amerikanischen Staaten längst eingeführt ist und dass man es seit einiger Zeit auch schon in mehreren Anstalten der Schweiz angewandt hat. Herr Storfer eifert nun dafür, dass man der Frage auch in Deutschland nähertreten möge, und ermuntert besonders die Juristen, dem Gegenstand, der bisher nur zur Kompetenz der Ärzte gehörte, erhöhte Aufmerksamkeit zuzuwenden. Die Redaktion der Frankfurter Zeitung schließt sich in einer Schlussbemerkung dieser Anregung freundlich an.

Die grauenvolle Tatsache, dass es bereits Länder gibt, in denen die Gesetzgeber die Scheußlichkeit einer körperlichen Verstümmelung in die Folterkammer ihrer staatlichen Gewaltmittel eingestellt haben, könnte als charakteristischer Rückfall unseres Jahrhunderts in die Zeit der Hexenprozesse hingenommen werden, und die betreffenden Staaten könnte man getrost der Verachtung der ganzen kultivierten Welt überlassen, träte uns die Mitteilung bloß als widerwärtiges Kuriosum entgegen. Wir erfahren aber die ekelhafte Infamie in der Form einer Propaganda zur Nacheiferung. Wir erfahren, dass die Domänen dieser neuen Justizschweinerei demokratische Republiken sind, die sich auf ihre freiheitliche Zivilisation besonders viel zugutetun, und wir erleben, dass der erste Posaunenstoß für die Einführung der Entsetzlichkeit bei uns nicht von der abgewirtschafteten Kaste feudalistischer Kraftmeier ausgeht, sondern von einem Blatt, das – manchmal mit Recht – als das kulturell führende unter den Tageszeitungen gilt. Es ist deshalb nötig, dem verruchten Plan polemisch entgegenzutreten, ehe das natürliche Begreifen seiner Verruchtheit durch eine liberal-demokratische Suggestion, er sei ein Triumph der Entwicklung, betäubt wird.

Natürlich wird die Humanität auch von den kastrierwütigen Staatsrettern bemüht. Sie wollen nämlich nicht etwa kastrieren und ihre Delinquenten zu äußerlich kenntlichen Eunuchen machen, sondern bloß »sterilisieren«, was als »dauernde Durchtrennung der die Fortpflanzungszellen von den Geschlechtsdrüsen nach außen leitenden Kanäle« definiert wird. Diese Operation, heißt es empfehlend, kann innerhalb von drei Minuten ausgeführt werden und »der Operierte kann sofort zu seiner Arbeit zurückkehren«. Herr Storfer berichtet: »Im Jahre 1907 nahm Indiana, der Heimatstaat von Dr. Sharp (dem Erfinder der Sterilisation), ein Gesetz an, demnach jede staatliche Anstalt für Verbrecher und Schwachsinnige zwei Chirurgen zugeteilt bekommt. Wenn nach dem Urteil der kompetenten Organe die Fortpflanzung irgendeines Insassen nicht wünschenswert und eine Besserung seines Zustandes durchaus unwahrscheinlich ist, wird die Sterilisation vorgenommen.« Welchen Eifer die »kompetenten Organe« von Anfang an entwickelten, ergibt sich aus der in befriedigtem Sperrdruck verkündeten Feststellung, dass in den ersten vier Jahren nach Annahme des Gesetzes nahezu 900 Männer, hauptsächlich Verbrecher, sterilisiert wurden.

Die große Zahl derer, deren Fortpflanzung »nicht wünschenswert« erscheint, erklärt sich leicht, wenn man die Aufzählung der Einzelfälle beachtet, die in unserem trauten Nachbarlande, der freien Schweiz, praktiziert wurden. Ich will von den Kindesmörderinnen absehen, von denen da die Rede ist. Denn ich gebe den Herren Kastratoren zu, dass eine Frau, die keine Kinder kriegen kann, ihre Kinder auch nicht morden wird, wenngleich mein Widerwille gegen den gewaltsamen Eingriff in den Körper dieser Frauen durch fremde Personen nicht geringer ist als gegen die Gewalttat, die sich die Mütter selbst zuschulden kommen ließen. Ich sehe die beiden Verbrechen nur in der Nuance unterschieden. Da wird aber auch von der »Kastration eines moralisch defekten

Dienstmädchens«, gesprochen, bei der »nicht nur die Fortpflanzung verhütet, sondern auch der sexuelle Faktor, der für ihre Lügenhaftigkeit und ihre Diebstähle offenbar mitbestimmend war, bis zu einem gewissen Maße ausgeschaltet werden« sollte. Erzählt also ein Mädel seiner Dienstherrschaft, es müsse seine Tante beerdigen helfen, während es in Wahrheit zum Schatz will, so kastriert man es. Einer geschiedenen Bankbeamtensgattin wurde die »suggestionskräftige Lügenhaftigkeit« wegsterilisiert, und ein fünfzehnjähriges Schulmädchen wurde entweibt, weil es sich schon seit Jahren sexuell betätigte und dabei der verführende Teil war. Die Tatsache früher starker Sinnlichkeit genügt also diesen Weltverbesserern schon zu einem Eingriff in die persönlichsten Rechte von Menschen und zur dauernden Unterbindung sinnlicher Regungen. Ich habe für das Verfahren kein anderes Wort als: viehisch! [...]

Man hat schon aus den angeführten Beispielen gesehen, wie weit der Begriff »Verbrechen« gedehnt werden kann und wie schon die ärztlichen Vorkämpfer der Idee Prostitution, hervorragende Sinnlichkeit, Lügenhaftigkeit und ähnliche Dinge als Eigenschaften beanspruchen, die die Verstümmelung der betreffenden Personen rechtfertigen. Wohin es führen wird, wenn die erstrebte »gesetzliche Grundlage« für die Verschneidung Tatsache wird, ist unberechenbar. Zweifelt irgendein Mensch, dass man sehr bald dahin gelangen wird, unbequeme Ansichten als vererbbare Eigenschaften imbeziller Naturen zu betrachten und zu behandeln? Sozialisten, Anarchisten, Atheisten, erotische Schriftsteller und Maler, Ehebrecherinnen und Kurtisanen, Majestätsbeleidiger, Trinker und Spieler sind bedroht, ohne Rücksicht darauf, ob sie für die Kultur der Menschheit dauernde Werte schaffen oder nicht. Von Homosexuellen gar nicht zu reden. Kennt doch schon der Bericht über die in der Schweiz bereits ausgeführten Operationen »die Kastration zweier Männer, deren Leben von einem pathologisch übermächtigen Sexualtrieb in einer sowohl für die Gesellschaft als für sie selbst äußerst ungünstigen Weise beherrscht war.«

Heutzutage wird man für Zeit eingesperrt, späterhin wird man für die Dauer des Lebens unglücklich gemacht werden. Wir, die wir das eine wie das andere als menschenunwürdig und dumm obendrein ablehnen, werden fortwährend gefragt: Wie soll sich denn nun die Gesellschaft gegen unsoziale Elemente schützen? Die Antwort ist sehr einfach: Indem sie menschliche soziale Einrichtungen schafft. Dass es ungeheures Elend gibt und dass solches Elend ewig Verbrechen zeugt, sieht jeder, der Augen hat. Deshalb ist die Propaganda für den Sozialismus auch etwas sehr andres, als der erklügelte Sport weltfremder Schwärmer. Aufklärung ist nötig über die Ursachen der sozialen Verrottung. Fast sämtliche Verbrechen, die begangen wurden, geschehen aus dem Antriebe der Not. Die Strafgesetze, nach denen wir uns richten müssen, schützen zum überwiegenden Teil den Besitzenden gegen die Gelüste des Armen. Freilich gibt es auch Vergehen gegen die Rechte des Nebenmenschen, die von andern Trieben als denen der Selbsterhaltung bestimmt werden. Ich glaube aber, dass in solchen Fällen eine Luft- oder Diätveränderung allemal mehr Nutzen stiften wird als eine verbitternde Internierung hinter vergitterten Fenstern. Vor allem sollten sich die Maßnahmen, die die Gesellschaft zu ihrem Schutze ergreift, niemals entfernen von den Eingebungen der Menschlichkeit. Verständigung führt weiter als Gewalt. Als ich es seinerzeit unternommen hatte, die sogenannten Verbrecher, den »Auswurf« und die »Hefe«, die Lumpen und Vagabunden in ihren Kaschemmen aufzusuchen und von Mensch zu Mensch mit ihnen über ihre Not und deren Ursachen zu sprechen, da fiel alles höhnend und schimpfend über mich und meine Kameraden her. Ich glaube aber immer noch, dass unser Verfahren zu besserem Ziele führen muss als Zuchthaus, Arbeitshaus und Gefängnis, zu besserem Ziele auch als »die dauernde Durchtrennung der die Fortpflanzungszellen von den Geschlechtsdrüsen nach außen leitenden Kanäle«.

Politisches Varieté

Politik ist die Kunst, Staatsgeschäfte zu besorgen. Kunst nicht im Sinne der werteschaffenden Kultur, sondern im Sinne der Artistik: denn in der Politik handelt es sich um Jonglieren, Balancieren, Seiltanzen, Sprünge machen. Politik also ist das Kunststück, Staatsgeschäfte zu besorgen. Die Berufsartisten dieser Spezies der Leichtathletik nennt man Diplomaten. Ihre Fertigkeit ist Begriffsverrenkung, Rechtsverdrehung, Verschwindenlassen offenkundiger Tatsachen und Herbeizaubern von Irrealitäten. Wer es im Durcheinanderwerfen scheinlogischer Seifenblasen zu besonderer Geschicklichkeit gebracht hat, wird von den Staatsbürgern als Staatsmann hoch gepriesen und erhält von seiner Direktion edelsteingeschmückte Orden. Die Stars der Diplomatie scheinen seit geraumer Zeit ausgestorben zu sein. Die das Handwerk heutzutage betreiben, beweisen in ihren Vorführungen so viel Ungeschick, dass das zahlende Publikum ihnen nachgerade auf die Schliche kommt. Man fängt an, die Hexerei zu bezweifeln, da den Hexenmeistern die Geschwindigkeit abhanden gekommen ist. Dilettanten drängen sich an den Zauberkasten, den Zuschauern gefällt die Gaukelei nicht mehr, sie wollen mitspielen und zeigen, wie man die Sache besser machen kann. Der geheimnisvolle Staatskarren hat die Gardinen zu weit zurückgeschoben. Die Zauberutensilien sind erkannt worden. Hinz und Kunz wollen selber zu jonglieren versuchen. Man musste den Wagen rot lackieren und aufs Firmenschild »Demokratie« malen.

Hinz und Kunz haben ihren Willen erreicht. Die Staatskunst ist auf die Dörfer gegangen. Die Märkte und Flecken wählen ihre Faxenmacher selbst und sehen befriedigt zu, wie die Auserwählten ihre teuren Porzellanteller auf der Nase balancieren, fallen lassen und entzwei schmeißen. Hinter der Bühne ist man bemüht, die Scherben zu kitten, damit das Varieté weiterspielen kann. Ein wenig Kritik hat das pro tempore zahlende Publikum allmählich gelernt. Darauf ist es aber noch nicht gekommen, dass die Teller und Glaskugeln, mit denen im politischen Bumstheater gearbeitet wird, seine Rechte und Interessen sind, dass der Gaul, auf dem die Diplomatie Hohe Schule reitet, sein Buckel, und das Seil, auf dem Politik getanzt wird, sein Lebensnerv ist. Es schaut gemächlich zu, wie die Staatsartisten der verschiedenen Länder um seine Knochen würfeln, und findet gar nichts dabei, dass zur Austragung ihrer Katzbalgereien sein Blut gezapft wird. Der politische Hokuspokus ist ein verdammt gefährliches Handwerk, nicht für die, die es treiben, sondern für die, mit denen es getrieben wird: Und das Objekt der Politik sind die Völker, sind die Nationen im Rahmen der von den Diplomaten gezogenen Landesgrenzen. Alle politische Aktion gilt der Übertölpelung, Überschreiung, Übervorteilung des nationalen Konkurrenz-Varietés.

Treten Sie ein, meine Herrschaften! Hier ist zu sehen der zweiundvierzig Jahre alte Wundervogel Deutschland! Das Fabelhafteste in seiner Art! Reicht mit ausgespannten Fittichen von der Maas bis an die Memel, und vom Kopf zu den Krallen von der Etsch bis an den Belt! Noch nicht dagewesen! Schlägt jede Konkurrenz! Balanciert in einer Klaue das stärkste aller stehenden Heere, mit Reservisten und Landwehr vier Millionen Mann! Dazu eine Riesen-Schlachtflotte: Panzer, Kreuzer, Torpedos und alles Zubehör! Kolossal! – In der andern Ihre Steuern, meine Verehrten! Ihre Abgaben an Nahrungs- und Genussmitteln, an Beleuchtung, Heizung, Kleidung, Vergnügen und einen kolossalen Bruchteil aller Ihrer Einnahmen! Schwingt gleichzeitig im Schnabel eine noch nie gesehene enorme neue Wehrvorlage nebst eben erfundener Steuerdeckung! Kommen Sie näher, meine Herrschaften! Einzig dastehend! Kinder und Militär ohne Charge zahlen die Hälfte!

Und nebenan:

Kikeriki! Entrez 'sieurs-dames! Hier ist zu sehen der berühmte, konkurrenzlose, wunderbare gallische Hahn! Der, wo die Franzosen das Fliegen gelehrt hat! Er verfügt über die stärkste Luftflotte der Welt! Er beherrscht die ruhmreiche, unbesiegbare gewaltige grrrrande armée! Er wird fliegen vor Ihren Augen à Berlin! Er wird anführen la grrrande Nation und wird zerstören von oben herunter mit Bomben und Granaten die Konkurrenz prussienne! Vive la Republique française! Entrez 'sieurs-dames! Kikeriki!

Das pro tempore Publikum östlich und westlich der Vogesen sperrt Mäuler und Ohren auf, schreit bravo! und zahlt. Zahlt, dass ihm das

Blut aus den Poren schwitzt, zahlt, dass es über dem Geldklimpern nicht hört, wie sich hinter den Kulissen der politischen Varietés östlich und westlich der Vogesen die Artisten untereinander prügeln. In jeder Bude haben sich Parteien gebildet. Die wissen schon kaum mehr, dass sie das Dach des Nachbarn in Brand stecken wollen, die möchten nur noch, jeder dem anderen, die Kosten aufladen.

Und die Harlekine und Clowns, die Akrobaten und Salonhumoristen überbrüllen einander und schreien ins Publikum hinein: Wählt! Ich bin der wahre Jakob! Wer mich wählt, soll gar nichts zahlen! Ich will nicht dich besteuern, lieber Wähler, sondern deinen Freund, deinen Nächsten, deinen Gutsherrn, deinen Taglöhner, deine Waschfrau, deinen Gastwirt, aber beileibe nicht dich! Und der Wähler hört's, ist ergriffen von der Weisheit seines Kandidaten und macht von seinem Recht Gebrauch – östlich der Vogesen und westlich.

Möchtet ihr nicht die politischen Gauklerbuden abbrechen, liebe Mitmenschen? Möchtet ihr nicht einsehen, dass euer Land da ist, wo ihr lebt und gedeiht, und nicht da, wo Bismarck Grenzlatten gebaut hat? Möchtet ihr nicht versuchen, für den Ertrag eurer Arbeit zu leben, statt damit Armeen zu füttern? Möchtet ihr nicht Verständigung anstreben zwischen euch und friedliche Gemeinschaft, statt für Kampf und Krieg Marktschreier zu dingen? Möchtet ihr nicht, liebe Mitmenschen, westlich und östlich der Vogesen, diesseits und jenseits der Meere, euch gegenseitig anschauen und euch fragen, ob ihr dazu Menschen seid, um allezeit als Statisten in einem Affentheater zu wirken? Möchtet ihr nicht, jeder bei sich selbst, einmal Umschau halten, ob denn im eigenen Lande alles im Rechten ist, statt euch gegenseitig anzufletschen und Böses zu tun? Weit, weit im asiatischen Osten haben sich, fast unbemerkt im Getöse des politischen Varieté-Krakeels, seltsame Wandlungen vollzogen. Über Nacht, möchte man sagen, hat die mächtige Mandschu-Dynastie aufgehört zu sein. Ein Riesenvolk hat Ordnung geschafft im eigenen Lande. Die Aufteilung Chinas, die unsere Lehrer uns mit prophetischem Blick vorausgesagt haben, vollzieht sich: nur anders, als unsere Lehrer sie sich vorstellten. China wird aufgeteilt unter den Chinesen. – Aber das ist weit, weit von hier, im asiatischen Osten. Wir werden ins Kino-Varieté gehen und uns den Film aufrollen lassen.

Lieb Vaterland

Die höchste Tugend eines edlen Mannes ist bekanntlich die Vaterlandsliebe. Wie weit das Vaterland zu lieben ist, ergibt sich ohne Schwierigkeit aus einem Blick auf die politische Landkarte. Seit der Einigung des Deutschen Reichs hat der Mecklenburger das Schwabenland, der Schlesier Schleswig-Holstein, der Sachse Ostpreußen und der Niederbayer Hinterpommern als sein Vaterland inbrünstig zu lieben. Bei Grenzverschiebungen weiß der Patriot, was er zu tun hat: Er wird sogleich seine Vaterlandsliebe den neuen politischen Verhältnissen loyal anpassen. Sollte einmal wieder ein Napoleon ins Land kommen und das halbe Deutschland seinem Reiche beifügen, dann ist es ein billiges Verlangen, wenn die deutschen Patrioten nunmehr aufgefordert werden, ihre Vaterlandsliebe fortab nach Frankreich zu dirigieren. Das muss doch eine Kleinigkeit sein, und wem's schwer fällt, dem wird schon nachgeholfen werden. Haben wir Deutschen nicht selbst gezeigt, wie man nachhilft? Wo gäbe es in Elsass-Lothringen noch Leute, die Frankreich als ihr Vaterland liebten? Nord-Schleswig weiß kaum mehr, wo Dänemark liegt, und die Polen gar haben sich in feiner Weise den Preußen assimiliert, dass sie ihren Besitz an Grund und Boden nur noch an deutsche Ansiedler verkaufen. Die preußische Regierung kommt ihnen dabei erdenklich weit entgegen. Fällt es einem Polen gar zu schwer, sich von seinem Besitz zu trennen, dann greift wohltätig das Gesetz ein, und der Staat führt mit väterlicher Hand das Grundstück in das Eigentum eines preußischen Eingebornen über. Viermal ist die Operation nun vollzogen (einmal bei einer polnischen Witwe) und die preußische Vaterlandsliebe ist den Enteigneten dadurch schon so weit in Leib und Seele eingedrungen, dass sie ihnen nachgerade aus allen Poren schwitzt. Ihre polnische Sprache, ihre Sitten und ihre Kultur wird man ihnen mit Gottes Hilfe auch bald abgewöhnt haben. Auf diese Weise sorgt Preußen auf das Zuverlässigste für eine zufriedene und wahrhaft glückliche und patriotische Bevölkerung in jenen Grenzländern, der jedes revolutionäre Trachten naturgemäß für alle Zeiten weltenfern bleiben muss. Wo heutzutage ein paar Polen sich noch auf ihrem ehemaligen Boden zusammenfinden, singen sie, wie ich erfahre, mit treudeutscher Begeisterung das Lied: Das Vaterland muss größer sein!

Das Abendmahl

Fuselsuff und faulen Fisch
Stellt man auf den Weihnachtstisch.
Am Geburtsfest des Herrn Christ
Schlemmt sogar der Asylist.
Her damit! Der Magen knurrt.
Bücklingsgift zur Christgeburt!
Durch die Gurgel das Methyl!
Festesjubel im Asyl.
In der holden Weihnachtszeit
Lebt die Freude, schweigt des Leid.
Gleiches Glück die Herzen fasst
Im Asyl und im Palast.
Doch am reichen Weihnachtstisch
Trinkt man Sekt zum Karpfenfisch.
Das ist bess'rer Weihnachtsfraß
Als Methyl zum Bücklingsaas.
Esst, ihr Armen, heut zuletzt
Wird ein Festmahl euch versetzt.
Morgen krümmt sich das Gedärm.
Übermorgen schweigt der Lärm.
Weil euch niemand was vererbt,
Hilft euch das Souper: Ihr sterbt.
Doch vor eurem Massengrab
Nimmt man die Zylinder ab.
Millionär und Fürstensuite
Machen Kondolenzvisite.

Idealistisches Manifest

Wer mit dem Blick auf zeitlose Weiten neue Moral, neue Gerechtigkeit, neue Menschlichkeit zum Inhalt seines Strebens macht, der weiß aus unzähligen Erfahrungen, dass er missverstanden wird. Es ist fast notwendiges Schicksal seiner Überredungskunst, selbst bei Menschen von Verstand, Kritik und gutem Willen Kopfschütteln und Achselzucken zu erregen. Denn jede Agitation, deren Absicht nicht zeitlich begrenzt ist, steigt unbekümmert und rücksichtslos über praktische Bedenklichkeiten hin. Für bürgerliche – das heißt gegenwartsbesorgte – Naturen ist das Ziel immer der nächste Schritt. Wer aufs Ideal steuert, »schießt über das Ziel hinaus«. Den Weg zu einem Ziele nicht in jeder Kurve kennen, das Werkzeug zu einem Kampfe nicht auf jede Gefahr erprobt haben, das bewirkt die Zweifel, das Warnen, das Bangemachen und selbst den gewalttätigen Widerstand gegen Tendenzen, gegen deren Ehrlichkeit gar nichts eingewandt wird. Aber wer im reinen Gefühl die Wahrheit weiß und in kluger Skepsis von ihr ablässt, den heiße ich einen Lumpen.

Hier ist mein idealer Zweck – da sehe ich das Mittel, ihn zu erfüllen: Was kümmert mich die Schamade der Vorsichtigen? Naturwissenschaftler, Volkswirtschafter, Historiker, Geografen, Politiker und Kaufleute sollen hundertmal recht haben – mein Gefühl, das seine Wege kennt, können sie nicht widerlegen. Ich will den Völkerfrieden, weil er mich gut dünkt. Ich weiß, er wird sein, wenn die Arbeit der Menschen nicht mehr für den Krieg steuert, wenn die Soldaten sich weigern, ihresgleichen zu töten, wenn der Wille der Völker auf Frieden aus ist. Ich will Sozialismus und Anarchie. Ich weiß sie möglich, wenn Arbeit und Verbrauch in gerechten Ausgleich gebracht sind, wenn Ordnung und Friedfertigkeit in den Menschen Leben gewonnen haben, wenn Autorität und Gehorsam, Herrschaft und Knechtschaft aus der Gewohnheit der Völker gewichen sind. Sie werden weichen, wenn allenthalben aus der Sehnsucht nach Freiheit der Wille zur Freiheit geworden ist. Ich will Kultur und Kunst Gemeingut der Völker wissen. Sie werden es sein, wenn der Geschmack der Besten sich allen mitgeteilt hat, wenn die Ethik der Massen sich zum Anstand geformt hat, wenn aus Zwang und Strafe Rechtlichkeit und Verständigung geworden ist.

Aber für den Frieden sind alle Vorbedingungen nicht erfüllt. Die Völker haben ein natürliches Expansionsbedürfnis und bedrohen die Grenzen der Nachbarn. Gehorsamsverweigerung, Generalstreik, Revolution ziehen entsetzliche Strafen nach sich. Der Gedanke, das Raubtier Mensch werde in Ordnung und Verständigung miteinander auskommen, der Geschmack der rohen Masse könne umgeformt werden, Freiheit werde jemals etwas anderes sein als eine schöne Phrase, ist absurd und kindlich. Schon die Formulierung deiner Ideale ist ein Beweis, wie unabwendbar und naturgewollt alle die Einrichtungen sind, die du bekämpfst. Bitte: Ich fordere nicht auf – ich bekenne. Und ich suche meine Gefühle, die mir Wahrheiten sind, in das Gefühl der Nebenmenschen zu verpflanzen. Verstandeskühle Einwendungen können richtig oder falsch sein – an der Erkenntnis dessen, was gut und recht ist, prallen sie ab.

Das also ist das Wesen der Agitation: auszusprechen, was subjektiv wahr ist, die Energie der anderen nach der Richtung zu beeinflussen, die zu erstreben ist. Was die stärkste Energie – weniger oder der Menge – wollen wird, das wird die Zukunft sein. Unmittelbare praktische Wirkungen gelten nicht allzu viel. Sie sind nur wertvoll als Symptome eines neuen Geistes, der unterirdisch im Werden ist. Der neue Geist aber entsteht heimlich und unbeobachtet, langsam und viel später, als sein Same gestreut ist. Wenn er zuerst in einem Gedanken, einer Tat, einem Kunstwerk oder einer Erkenntnis plötzlich aus dem Boden schießt, dann ist sein Ursprung längst nicht mehr zu entdecken, dann hat er gewirkt, als ob er selbstverständlich und ohne Rausch wäre.

Plötzlich ist eine neue Bewegung da, überraschend, scheinbar aus dem Nichts gestampft. Sie zieht Kreise, wächst, wirkt, aber ihre Herkunft ist verschollen. Aller Fortschritt ist diskreter Geburt, denn er stammt vom heiligen Geist, er stammt aus der Sehnsucht und der Bitternis vergangener Idealisten. Freilich sieht jeder Erfolg des Idealismus anders aus als seine Werbung. Was daraus eingeht in das Leben des Menschen, sind Anpassungen an geltende Verhältnisse, sind nichts weiter als Entwicklungsfaktoren. Gerade darum müssen die Forderungen an die Welt so schroff wie möglich gestellt werden, muss stets das denkbar Äußerste verlangt werden, ohne Rücksicht auf die Aussichten der Verwirklichung. Nur die ideale Forderung in ihrem weitesten Umfange schafft Fortschritte im engen Kreise. Die Utopie ist die Vorbedingung jeder Entwicklung.

Die Entwicklung hat mit dem Abrollen der Jahre nichts zu tun, nicht nur, weil uns die Irrealität der Zeit bewusst ist, sondern weil uns die Geschichte der Vergangenheit lehrt, dass die vorgeschrittene Jahreszahl keine Gewähr gibt für höhere Kultur und tieferen Menschenwert. Einsichten und Sitten entstehen und verschwinden mit dem Werden und Vergehen der Generationen. Nie wird die Zeit kommen, die keiner Revolution bedürfte. Dennoch wollen wir unser Weltbild gestalten nach dem Ideal der Vollkommenheit, und das können wir, wenn wir den Blick aufs Künftige, und das ist aufs Ewige, gerichtet halten. Und wir wollen uns freuen, wenn irgendwo aus dem Geschehen der Zeit eine Blüte treibt, in der wir verwandelt und verdünnt den Keim unserer Werbung erkennen.

Wir erleben seit einem halben Jahrhundert eine gewaltige soziale Bewegung. Die werktätige Menschheit, also die Sklaven und Entrechteten, haben sich auf ihren Anspruch besonnen, an den Lebenswerten teilzunehmen. Ja, sie haben begriffen, worauf ihre Versklavung beruht, und sie haben erkannt, dass die Ablösung des Kapitalismus Sozialismus heißen muss. Zwar kamen die Advokaten und Politiker, die Geschäftemacher und Demagogen und bemächtigten sich der Idee der Gerechtigkeit und der Befreiung, indem sie daraus ein Parteiprogramm machten. Zwar kam die Trägheit des Denkens und Handelns wieder über die Massen und der tiefste Fluch des Lebendigen, die Zufriedenheit. Aber ein Funke aus der heiligen Glut der Saint-Simon, Proudhon, Bakunin, Lassalle schwelt noch unter dem Schutt, und wir Lebenden dürfen nicht ruhen, ihn freizumachen und zu neuem, hellen Feuer anzublasen.

Aus der Schande tausendjähriger Entwürdigung als Kreatur der Männer ist das Weib erwacht. Es will Mensch sein, die Rechte und Anerkennung des Menschen haben. Dass die kämpfenden Frauen unserer Tage im Langen nach dem Gute der Freiheit vorbeigreifen und statt

Menschenrechte Männerrechte begehren, soll uns nicht verdrießen. Die Not und die Verstocktheit der Zeit hat den Frauen Männerpflichten auferlegt. Vielleicht schafft sich doch einmal die Einsicht Bahn, dass nun nicht die Assimilation ans andere Geschlecht, sondern die Befreiung von seiner Herrschaft – das ist die Freiheit des Weibes in Liebe und Mutterschaft – das Glück des Frauentums wäre. Sie müssen ihre Ziele weit setzen, die Frauen, die in den Kampf getreten sind. Die Neubildung aller gesellschaftlichen Formen auf dem Boden des Mutterrechts müssen sie verlangen. Wenn sie es dann einmal erreichen, dass kein Weib mehr ein anderes deswegen verachtet, weil es Mutter ist, dann müssen sie die Genugtuung fühlen, dass ihr Werben und Kämpfen nicht umsonst war, wie sie selbst Zeugnis dafür sein sollten, dass die herrlichen Frauen der Romantik nicht umsonst die Vorbilder freier, schöner Weiblichkeit waren.

Seit ganz Kurzem aber beobachten wir die ersten Atemzüge einer neuen Bewegung, die vielleicht berufen sein wird, das höchste anarchistische Ideal, die Selbstbestimmung des Menschen, sein stolzes Vertrauen auf die eigene Persönlichkeit zur Sehnsucht der gehorsambeherrschten Zeitgenossen zu machen. Zum ersten Male organisiert sich die Jugend gegen Autorität und Zwang, gegen Tradition und Erziehung, gegen Schule und Eltern. Die jungen Leute wollen die Hälse frei bekommen von den Umschnürungen der Verbote und des Drills. Sie wollen anerkannt werden als Menschen mit eigner Sehnsucht, mit eignem Leben, die nicht zu danken, sondern zu fordern haben. In schönem Radikalismus streben sie nach den größten Dingen: nach Wahrheit in Empfangen und Geben, nach Freiheit in Leben und Lernen, nach Raum zum Atmen und Werden. Was in der Zeitschrift der Jugend Der Anfang aus jungen Herzen nach Ausdruck drängt, das ist viel ungegorenes und manchmal bizarres Zeug, aber es ist die Sprache der Jugend, es ist das aufgeregte und den Freund der Zukünftigen heiß aufregende Bekennen heiliger, starker revolutionärer Inbrünste. Mögen Lehrer, Pfaffen und Eltern vor Entsetzen bersten, mögen sie sich mit Maulkörben bewaffnen und die Polizei herbeirufen, um das freie Wort im Munde der Jungen zu verstopfen, – es nützt nichts mehr. Der Gedanke ist stärker als das Wort, der Gedanke ist losgelassen, ihn hält nichts mehr auf. Das

Problem Väter und Söhne ist gelöst, die Jugend hat es gelöst. Sie schreitet dahin über den Jammer der Alten wie der Frühling über die Dürre des Winters. Die immer und immer bewährten »Erfahrungen« der Sechzig- und Siebzigjährigen sind um diese bereichert worden: dass die recht haben, die eine ganze Generation jünger sind, also um eine Generation Erfahrungen mehr haben. Der Kampf der Jungen ist angefacht. Er wird zum Siege führen, denn an Nachwuchs wird er nie Mangel haben, und die fröhliche Torheit, die das schöne Vorrecht der Jugend ist, wird allzeit seine gute Waffe sein.

Hier ist ein prächtiges Beispiel, wie idealistische Agitation wirkt, bis der Ursprung verwischt ist und bis plötzlich an einer Stelle, die niemand kannte, in einer Art, die niemand voraussah, ihr Segen aus der Erde quillt. Was haben die Alten nicht getan, um ihre Macht über die Jungen zu konservieren! Sie haben verboten und gestraft, geprügelt und gelogen, sie haben das Geheimnis der Menschwerdung vor den Kindern gehütet, als ob alles Seelenheil in Gefahr wäre, wenn der Junge weiß, wie das Mädel beschaffen ist. Und nun stellt sich die Jugend lachend vor ihnen auf und ruft ihnen ins Gesicht: Ihr braucht uns nichts zu erklären, denn wir sind längst so klug wie ihr. Ihr braucht uns nichts zu verbieten, denn wir tun doch, was wir für recht halten. Ihr braucht uns nichts zu befehlen, denn wir gehorchen euch nicht mehr. Wir Älteren haben das noch nicht gewagt, wie brünstig wir es auch gefühlt haben. Aber nun wollen wir uns ehrlich freuen, dass wir es bei den Jüngeren mit ansehen dürfen, und die nach uns kommen werden, wollen wir in einem Geiste aufwachsen lassen, der die Beherrschung in sich selbst hat und keine Beherrschung von außen mehr duldet.

Die Jugend, der Nachwuchs, die kommende Generation hat sich mündig erklärt. Das Alter ist nicht berechtigt, mit seinen überlebten, verknöcherten Prinzipien daran zu rütteln. Bei der Jugend ist alle Zukunft geborgen. Ihr wollen wir unsere Ideale anvertrauen. Haben wir die jungen Leute gewonnen, dann haben wir alles gewonnen: Freiheit und Kultur, Revolution und neue Menschheit. Die Jugend soll uns die Staaten zertrümmern und den Frieden aufbauen, sie soll Sozialismus und Kultur schaffen, sie soll die Erde dem Geiste und dem Menschenglück bewohnbar machen. Wir anderen müssen uns ja wohl begnügen, ihr in Dichtung und Werbung anfeuernd zuzurufen und zu gleichem Tun denen den Mund zu öffnen, in denen die geistigen Güter der Menschheit gespeichert sind.

Noch verträumen die Künstler und Kulturellen ihre Zeit in ästhetischen Zirkeln. Noch haben sie nicht begriffen, dass sie zum Volke gehören, in die Gemeinschaft aller, und dass ihr Werk erst Wert enthält, wenn es Resonanz findet im Herzen der Mitmenschen. Der Geist der Lebenden gehört an die Spitze und in die Gefolgschaft der rebellischen Jugend. Seien wir Agitatoren, bilden wir eine Jungmannschaft der Welt, auf dass auch unser Wort Keime lege zu neuem Geschehen und neuer Gestaltung! Verstopfen wir unsere Ohren vor den Unkenrufen träger Philister und vor den Rechenexempeln praktischer Nörgler! Rufen wir die Wahrheit unserer Ideale aus, unbekümmert um Erfahrungen und zweifelnde Erwägungen, – und wir werden eine Welt erleben, die auf Schönheit und Gemeinschaft und – fernab von Gott und Kirche – auf religiöser Inbrunst errichtet ist.

Hoffnung

Von meiner Hoffnung lass ich nicht,
Ich ließe denn mein Leben,
Dass einmal noch das Weltgericht
Ein Lächeln muss umschweben.

Und kann es nicht durch Gott geschehn,
Dass sich die Menschheit liebe.
So muss es mit dem Teufel gehn,
Dem sich die Welt verschriebe.

Der Teufel hol Gesetz und Zwang
Samt allen toten Lettern!
Er leih dem Geiste Mut und Drang,
Die Tafeln zu zerschmettern!

Am Anfang trennte Gottes Rat
Die Guten von den Bösen.
Am Ende steht die Menschentat,
Den Gottesbann zu lösen.

Stumm starrt der Weltengeist und friert,
Wo wild Begriffe toben.
Wenn einst das Wort die Tat gebiert,
Wird er uns lächelnd loben.

Fasching

Die Menschen sind die merkwürdigsten Leute unter der Sonne. Sie turnen in ungeheurer Geschäftigkeit umeinander her, weil einer dem andern das bisschen Futter nicht gönnt und weil jeder glaubt, sein Lebensglück hänge davon ab, ob er das Sechsfache statt nur das Doppelte von dem besitzt, was er zum Dasein braucht. Man drängt und schubst sich ja nicht, um einen Platz am gewaltigen Futternapf der Natur zu erwischen – Malthusianer gibt es seit langer Zeit nur noch unter den Professoren der zünftigen Nationalökonomie und in den Redaktionen liberaler Börsenblätter –, denn wenn man nur in friedlicher Ordnung heranträte, könnten alle weit mehr als sie begehren aus dem Vorrat bekommen, nein: Ein Klüngel Begnadeter mit robustem Stammbaum tanzt wie besessen um den Futternapf herum, stößt sich mit den Ellenbogen gegenseitig in die Rippen und schleudert Fäuste und Füße jedem gegen den Leib, der auch für sich und seine Kinder etwas abhaben möchte. Wollte eine gesittete und in vernünftiger Gemeinschaft wirkende Gesellschaft eine groteske Karnevalsmaskerade aufführen, sie brauchte nur, einen Staat mit den Ausdrucksformen seiner Klasseneinteilung in verständlichen Symbolen darzustellen. Die Bewohner Utopiens würden sich schieflachen.

Dass es Gegenwart gibt, dass der Tag und die Stunde ein Recht auf Fröhlichkeit, Unbesorgtheit, Versunkenheit hat, haben die meisten in der rasenden Balgerei um ein Phantom, das ihnen zukünftiges Heil scheint, vergessen. Sie wollen sammeln und häufen, und was sie sammeln und häufen sind dürftige Tagewerte, sind Papiere, Geld, Besitztum, die ein Brand, ein Erdbeben, ein Krieg, eine Revolution von heute auf morgen zerstören können. An die Verwertung seiner Schätze zur eigenen Freude denkt keiner mehr, keiner schürft auch nur zusammen, um die Macht, die der Besitz verleiht, von Person zu Person auszuüben, – das Raffen und Türmen, das Spekulieren und Hasten ist Selbstzweck geworden, und die Menschen wüten gegeneinander in einem blinden Taumel, in dem keiner mehr sich auf sich selbst besinnt.

Alles Persönliche, Eigene, Individuelle erstickt im Qualm trüber Geschäftserwägungen, jedes besondere Bedürfnis nach wesensadäquater Betätigung, nach Betonung singulärer Eigenschaften wird unter der Zwangsvorstellung praktischer Notwendigkeiten erwürgt, und der Verkehr der Menschen untereinander, ihre Verständigung und Geselligkeit, wird in einem Maße diszipliniert, paragrafiert und uniformiert, dass keine Unterscheidung des Sinns und der Art mehr möglich bleibt.

Ein Hexensabbat der Unvernunft, ein satanischer Fasching abstruser Verworrenheit – das ist die Zivilisation der Gegenwart, und am satanischsten, weil jeder sich müht, die gleiche Maske zu tragen, wie der Nachbar, sein manisches Irresein depressiv scheinen zu lassen, und weil deshalb die Tollheit und der Wahn nicht einmal bunt und aufgeregt aussieht, sondern trostlos eintönig und langweilig. Ein einziges Mal im Jahre nur, wenige kurze Wochen hindurch, kommen die Menschen da, wo sich noch etwas vorlutherischer Geist erhalten hat, zur Besinnung und Freude. Es ist, als ob im Karneval die Einsicht über sie käme, dass all ihr alltägliches Gehaben grauenvoll alberner Mummenschanz ist, und als ob das verschüttete Gefühl der selbstständigen Wesenheit jedes Einzelnen einmal wenigstens sich emporwühlen müsse, um tief Atem zu holen und dann wieder, am Aschermittwoch, zurückzusinken in den Alpdruckschlaf der unwahrscheinlichen Wirklichkeit.

Dieselben Leute, die sonst nicht weit genug abrücken können von denen, die in Kleidung, Haartracht oder Benehmen von den üblichen Konventionen abweichen, oder sich gar zu einer Weltanschauung bekennen, die von den demokratischen Vorschriften im Kern unterschieden ist – diese selben Leute kleiden sich plötzlich in bunte Lappen, putzen sich so originell zurecht, wie es ihnen nur möglich ist, und bewegen sich ungezwungen, lebendig, herzlich unter den gleichfalls verkleideten Nebenmenschen. Sie empfinden mit einem Male, dass sie, je singulärer ihre Erscheinung in der Menge wirkt, den übrigen Larven umso enger verbunden sind, und sie finden die ihnen im gewöhnlichen Leben ganz fremde Freiheit, übermütig zu sein, die Zwangsformen der Geschäftlichkeit beiseitezuschieben und öffentlich vor aller Augen menschliche Regungen einzugestehen.

Die Behörden selbst müssen die überall aufgepflanzten Verbotspfähle zurückstecken, um der Ausgelassenheit freiere Bahn zu schaffen, und wo sie es nicht tun, wo verknöcherter Beamteneifer mit Polizeistunden und Sittlichkeitsverordnungen auch noch im Getriebe der Faschingsfröhlichkeit herumfuhrwerkt, da hört man von den bravsten Bürgern kräftige Verwünschungen und erfrischende Bekenntnisse zu anarchischen Lebensformen. Sie vergessen, dass sie das ganze Jahr vor dem Fasching die Beaufsichtigung durch den Schutzmann selbst gewünscht haben, dass sie sie das ganze Jahr nach dem Fasching wieder wünschen werden und dass sie willig Steuern gezahlt haben für die Besoldung der Nüchternheit, die, verkörpert in Paragrafendrechslern, die vielleicht selbst ganz gern mit den andern trinken, tanzen und küssen möchten, auch in dem kurzen Zeitraum der pflichtentbundenen Freude mechanisch weiterfunktioniert.

Es ist verzweifelt schade, dass von dem Geiste des Karnevals, der recht eigentlich der Geist der Rebellion ist, so gar keine Spur über den Faschingsdienstag hinaus gerettet werden kann. Nachher wird die Rechnerei und Schacherei und all das verrückte Getue wieder losgehen. Aber dass es überhaupt eine Zeit gibt, in der die Vernunft der Lust stärker ist als der Unverstand der Pein, das ist Grund genug für den, der neue Unterlagen einer menschlichen Gemeinschaft sucht, beglückt zu sein und mitzutun. Nichtig ist alles Leben und eitel sind seine Freuden, sagen die Kirchenväter. Schön, aber trotzdem und gerade darum lasst uns »Ja!« sagen zu diesen Freuden und zu aller Farbe und zu aller Glut!

Demaskiert euer besseres Selbst, indem ihr euch in Masken und Narrenkleider hüllt! Seid keine moralischen Asketen, sondern unbefangene Genießer! Knausert nicht mit eurem Geld, sondern schmeißt einmal mit vollen Händen hinaus von dem, was übrig ist! Früh genug müsst ihr die Larven von den Gesichtern nehmen und wieder vor eure Seelen binden. Ein ganzes Jahr Aschermittwoch steht wieder vor der Tür, da werdet ihr weisen Harlekine wieder stumpfe Bürger, und unter der Musik misstönigen Maschinengerassels beginnt von Neuem die Trauermaskerade des Alltags.

Geschütteltes 3

Wird noch vom Dichterwert geschwätzt?
Oh nein! Jetzt wird das Schwert gewetzt.
Es wird sogar schon sehr gewetzt
und sich damit zur Wehr gesetzt.

Liegt einer fest in Rosenketten,
Kann er sich nicht durch Kosen retten.

Da wieder mal der Bundesrat
das Volk um etwas Rundes bat,
so hoff ich, dass die Hundesteuer
der Magistrat mir stunde heuer.

Ick spüre so ein Zittern in die Beene,
Da gieß ick mir 'n Bittern in die Zähne.

Die Künstlerin beritten drang
begeistert in den dritten Rang,
womit sie auch den zweiten Rang
ihr Beifall zu bereiten zwang.

Dem Onkel ist zum Sterben elend.
Da sieht man schon die Erben stehlend.

Wenn mein Hund zu bellen droht,
geb ich ihm Sardellenbrot.

Ritualmord

Was muss eigentlich geschehen, damit das Fischblut Europas einmal in Wallung gerate? Da sitzt vor den Geschworenen in Kiew ein armer Jude und soll sich wegen Mordes verantworten. Seine Gegner – voran ein russischer Staatsanwalt – behaupten, er habe einen Christenknaben umgebracht, um dessen Blut in Gemeinschaft mit seinen Glaubensgenossen in religiöser Zeremonie zu genießen. Diese Behauptung wird aufgestellt, obwohl der Aberglaube vom Ritualmord seit Hunderten von Jahren widerlegt ist, und findet, selbst in Deutschland, Verbreitung, obwohl es gerade im Falle Beilis evident ist, dass der ganze Prozess eine Zettelung »echt russischer Leute« ist, um Gelegenheit zu einem neuen Pogrom zu erhalten. Dies alles lässt unsere Zeitgenossen kalt. Sie werden es mit dem süßen Gruseln, das Sensationsangelegenheiten hervorruft, in den Zeitungen lesen, wie im Osten Europas Horden christlich-patriotischer Russen in den Städten von Haus zu Haus ziehen, die Juden herausholen und unter scheußlichen Martern zu Dutzenden ermorden werden, ohne die Kinder zu schonen und ohne die Frauen und Mädchen zu verschmähen. Sie werden in den nächsten Tagen ohne Emotionen erfahren, ob Beilis als schuldig verurteilt oder als unschuldig freigesprochen wird, und davon mit der Seelenruhe Kenntnis nehmen, die einen erfüllt, wenn beim Patiencelegen die Karten aufgehen oder nicht.*
Sie wundern sich, dass der Fall in Westeuropa überhaupt interessiert und geben den antisemitischen Blättern recht, die den Juden vorwerfen, sie machten eine Kiewer Lokalangelegenheit zur Sache des internationalen Judentums. Mit Verlaub: Der Beilisprozess ist in der Tat eine Sache des internationalen Judentums, da die scheußliche Beschuldigung des Ritualmordes jeden trifft, der dem Judentum angehört. Und der Prozess wäre ebenso eine Sache des internationalen Christentums, wenn an der Beschuldigung eine kleinste Spur Wahrheit wäre. Wem jüdisches Blut durch die Adern läuft, weiß, dass das nicht der Fall ist, weiß es mit der gleichen absoluten Sicherheit wie der Angeklagte und seine Ankläger. Deshalb ist es Pflicht aller, die wir Juden sind, uns in solchem Au-

genblick unserer Herkunft und unserer Zugehörigkeit zu erinnern und zu verlangen, dass die Anklage, gegen die sich Beilis verteidigen soll, gegen uns alle erhoben wird. In diesem Moment darf es keine orthodoxen und liberalen, keine getauften und ausgetretenen, keine europäischen und asiatischen Juden geben. In diesem Moment weiß ich mich mit jedem galizischen Pferdehändler solidarisch, wie sich Spinoza oder Heinrich Heine ihm solidarisch gewusst hätten. Die immer wiederkehrende Verleumdung der Juden als Christenmörder ist ein fester Bestandteil der Judenverfolgung überhaupt. Der Antisemitismus ist die schimpflichste und gemeinste Bewegung aller Zeiten. Aller Friede und alle Menschenwohlfahrt kann nur erreicht werden durch die Verbündung der Völker in gemeinsamen Bestrebungen.

Der Antisemitismus verhindert diese Entwicklung, da er systematisch ein Volk bekämpft, das, zwischen alle Völker verstreut, an der Kultur aller Völker den stärksten Anteil hat. Sein Kampf ist kein ehrliches Draufgehen mit sauberen Waffen, sondern ein schleichendes Verleumden. Der Antisemitismus ist der ehrloseste Kampf, der je geführt wurde.

* Der inzwischen erfolgte Freispruch ändert so wenig an den antisemitischen Ritualmordmärchen wie an den daraus gezogenen Rückschlüssen.

Entlarvung

Europa hat sich abgeschminkt.
Befreit von Rouge und Puder
steht eklig da das Luder
und faucht und stinkt.

Den Schnürleib sittlicher Kultur
warf sie zum Kunstkorsette.
Statt Rippen Bajonette
hält feil die Hur.

Europa, mach das Hemde zu!
Der Anblick deiner Nacktheit
ist Gift und Abgeschmacktheit.
Krepiere, du!

Das große Morden

Immer wieder überraschen einen die Mitmenschen – selbst solche, die die Bezirke geistiger Lebendigkeit bewohnen – mit ernsthaft gemeinten Gegengründen gegen die Forderungen der selbstverständlichsten Menschlichkeit. Immer wieder sagt man den Spruch auf, dass es doch wohl natürlich wäre, wenn die Menschen einander hülfen und versuchten, im Frieden nach innen und außen Gerechtigkeit zwischen Arbeit und Verbrauch zu schaffen, und immer wieder begegnet einem das überlegene mitleidsvolle Lächeln der Weltklugheit, die Krieg und Spionage, Ausbeutung und Unterdrückung als gottgewollte schöne und gute Notwendigkeit zu verteidigen weiß. Man schämt sich allmählich vor sich selbst, immer und immer wieder den moralischen Gemeinplatz aussprechen zu müssen, dass Krieg schlecht und hässlich, Friede gut, natürlich und notwendig ist. Aber wir wollen noch tausendmal die Gründe der anderen widerlegen, um vor der Nachwelt nicht in der lächerlichen Haltung solcher dazustehen, die vor der Dummheit und Herzenskälte resignieren und kapitulieren.

In diesem Zeitalter raffiniertester technischer Zivilisation gibt es für den Erfindungsgeist immer noch keine höheren Aufgaben als die Vervollkommnung der kriegerischen Mordinstrumente. Wessen Gewehre und Kanonen am weitesten schießen, am schnellsten laden, am sichersten treffen, der hat den Kranz. Das Scheußliche und das Groteske gehen Hand in Hand durchs zwanzigste Jahrhundert und rufen die Völker auf zur Bewunderung der Welt Vollkommenheit.

So sieht unsere Kultur heute aus: Hunderttausende junger arbeits- und zeugungsfähiger Männer werden aus ihrer Beschäftigung gerissen, in komisch-bunte Gleichtracht gekleidet, mit blanken Knöpfen, goldblechbeschlagenen, metallenen Kopfbedeckungen und nummerierten Achselbeschlägen. An der Seite hängt ihnen ein langes Messer, scharf geschliffen, zum Stechen so geeignet wie zum Hauen. Über die Schulter tragen sie ein Schießgewehr, aus dessen Lauf sie oftmals hintereinander Geschosse jagen können, geeignet, auf große Entfernung Menschen zu durchbohren, mit einer Durchschlagskraft, dass gleich zwei hintereinander davon getötet werden können. Der Griff der Waffen aber ist schwer und wuchtig. Er dient zum Zertrümmern von Menschenschädeln. Vor den Nabel ist diesen Leuten ein Täschchen gebunden, das noch viele Geschosse enthält, für den Fall, dass die im Gewehrlauf ihre Pflicht nicht erfüllt haben. Ihre Tätigkeit besteht im jahrelangen Einüben in die Benützung der bezeichneten Gegenstände für den Bedarfsfall. In den Höfen der Häuser, in denen sie zu Hunderten zusammen wohnen müssen, stehen aus Holz gefertigte, menschenähnliche Soldatenpuppen. Die Fantasie der Kriegseleven wird dazu geschult, in diesen Puppen lebendige Ebenbilder Gottes zu erblicken, und dann müssen sie darauf schießen. Außerdem aber werden sie erzogen, anderen Leuten, zu denen sie im gewöhnlichen Leben gar keine Beziehungen haben, blinden Gehorsam zu leisten. Um sie daran zu gewöhnen, werden ihnen Aufgaben gestellt, denen ein erkennbarer praktischer Sinn überhaupt nicht innewohnt. Zum Beispiel müssen sie oft, wenn sie in Gruppen angeordnet zum Gehen aufgefordert werden, alle gleichzeitig das Knie bis vor den Bauch hochheben, alsdann die Zehenspitze weit vorwärts schleudern und den Fuß mit lautem Klappen auf den Boden schlagen und so immer abwechselnd mit dem linken und dem rechten Bein verfahren. Den Vorgesetzten müssen sie besondere Ehren erweisen, wozu ihnen je nach der Situation das Gewehr, die Kopfbekleidung oder die Hosennaht behilflich ist. Aber ihr Gruß gilt nicht der Person des Vorgesetzten, sondern dessen Kleidern, die mit noch mehr Goldblech verziert sind als ihre eigenen.

Die Bezahlung dieser Dinge muss das Volk mit einem riesigen Prozentsatz seines Arbeitsertrages leisten, und so groß sind bereits die Anforderungen an die Steuerkraft der Menschen, dass seit Jahren kein Aufhören der Wirtschaftskrisen mehr ist, und die Folgen dieser Krisen sind Arbeitslosigkeit und Geburtenrückgang, aus denen wiederum verminderte Leistungsfähigkeit des Volkes und mithin – da die Forderungen des Militarismus sich nicht reduzieren, sondern ständig steigen – Erzeugung und Permanenz weiterer, immer ärgerer Krisen resultiert.

Der Wert dieser Opfer an Eigenwillen und Volkskraft wird sich jedoch erweisen, wenn eines Tages die Kriegsfahne entrollt wird. Dann wird der Begeisterung in allem Volk kein Ende sein. Dann wird sich dieses Bild entfalten: Zu denen, die gerade in den Kasernen zum Kriege gedrillt werden, treten noch die leistungsfähigen früheren Soldaten hinzu und die jungen Leute, die eigentlich noch auf ihre Schulung warten sollten. Junge Gatten und Väter werden aus dem Haus ihrer Hoffnungen geholt. Die Söhne müssen hinaus ins Feld der Ehre. Studenten, Lernende aller Berufe müssen ihre Entwicklung abbrechen, um am Kriege teilzunehmen, dessen Gründe sie nicht kennen und auch nicht erfahren, die auch mit ihren Interessen nichts zu tun haben. Nicht freiwillig gehen sie hinaus in Gefahr und Tod, sondern gezwungen und ohne Wahl. Weigerung wäre Tod.

Und nun kommt Bewegung in das Heer, dessen Gesamtstärke etliche Millionen Menschen beträgt. Die einzelnen Abteilungen suchen die Grenze des Landes zu erreichen, mit dessen Armee die Kämpfe zu führen sind. Im eigenen Lande schon herrscht Trauer und Verzweiflung. Die Mütter, die Frauen und Mädchen jammern den Männern und Söhnen nach. Die Saaten werden von Pferden und Menschen zerstampft, aller Handel, alle Produktion stockt, die Nahrungsmittel werden schlecht und unerschwinglich teuer, Krankheiten breiten sich aus, das Elend meldet sich überall.

Soll ich schildern, was weiter geschieht? Brauchte ich nicht Stunden und Stunden, um all das Grässliche aufzuzählen, das das Wesen des Krieges ausmacht? Denkt an die Schilderungen derer, die solche Heldenzüge mitgemacht haben. Denkt daran, dass Städte umzingelt und ausgehungert werden, wobei Hunderte und Hunderte Hungers sterben, denkt an den Sturm auf die Städte, wie sie in Brand geschossen werden und Kinder, Frauen, Greise, Kranke und Krüppel ihr Leben lassen müssen – fürs Vaterland! Denkt an die Eroberungen der Städte, wie die Soldaten, wochenlang keiner Schürze nah, sich mit geilen Nerven auf die fremden Frauen stürzen. Denkt an die innere Verwilderung des Einzelnen, der in ununterbrochener Angst um das eigene Leben täglich Sterbende und Leichen sieht, dem schon dadurch die Raubtierinstinkte wach werden und dem noch dazu stündlich gelehrt wird, dass das Umbringen von Menschen Tapferkeit sei. Und denkt an die Schlachten in den modernen Kriegen selbst! Wo ist da noch etwas von persönlichem

Heldenmut? Wie maschinell und untapfer wird heutzutage gekämpft! Aus verdeckten Gräben schießt man aus Kanonenläufen und Maschinengewehren auf die Stelle, wo man Feind vermutet, lässt Sprengstoff explodieren und wird selbst von Granatsplittern zerrissen, ohne zu sehen, woher der Mord geschieht. Der Kampf von Unsichtbaren gegen Unsichtbare – ist das nicht der furchtbarste Hohn auf alle Menschenwürde?

Aber unter den Lesern selbst dieser Zeilen sind genug, denen ich mit meinem leidenschaftlichen Hass gegen den Krieg kindlich und dumm vorkomme, solche, die gegen Einrichtungen und Gebräuche keinen Hass kennen, weil sie abgeklärt sind und das Leben zu beurteilen wissen. Sie sagen einfach, dass der Militärdrill eine gesunde Körperausbildung ist, und für die Einsicht, dass Körperübungen, die erzwungen und unter Abtötung der eigenen Willensbestimmung vorgenommen werden, niemals gesund sein können, haben sie kein Gefühl. Sie sagen, dass die Natur Seuchen über die Menschheit schicke, die mehr Opfer fordern als die blutigsten Kriege, und dass Kriege ebenso weise Maßnahmen der Natur seien wie Krankheiten, bestimmt, die von Blut und Kraft übermäßig strotzenden Völker wohltätig zur Ader zu lassen. Wie kommen denn diese Logiker dazu, jeden Fortschritt der Wissenschaft zu bejubeln, der die Bezwingung einer Epidemie bewirkt? Wer den Krieg mit solchen Argumenten verteidigt, hat kein Recht, die Zurückdrängung von Pest- und Choleraseuchen, die Erfindung von Serum, Salvarsan, Mesothorium als Siege der Menschheit zu feiern. Was den Menschen recht ist, sollte doch wohl dem lieben Gott billig sein. Entweder wollen wir die schicksalsgewollten Auskehrungen unter den Menschen willig tragen, dann ist der Kampf gegen die Bakterien eine Heuchelei, oder wir wollen uns gegen verheerendes Unglück schützen, dann müssen wir den Krieg verhüten wie jede andere Pest.

Aber die wirtschaftlichen Bedürfnisse der Völker bedingen Kriege. Wenn ein Land seine Leute nicht mehr füttern kann, muss es dem Nachbarn Äcker wegnehmen. Schwindel. Seit der Kapitalismus die Welt beherrscht, ist noch fast jeder Krieg vom Reichen gegen den Armen geführt worden. Der Große saugt dem Kleinen das Blut aus. Es ist mit den Staaten genauso wie mit den Einzelnen. Die Machtanhäufung wird von keinem Bedürfnis bestimmt, sondern ist Selbstzweck, wie die Ansammlung von Kapitalien, deren Ertrag niemandem zunutze kommt, für die modernen Geldmagnaten Selbstzweck ist. Die Machtanhäufung der Staaten aber, um derentwillen Kriege geführt werden, ist in Wahrheit Kapitalsanhäufung bei einzelnen Kapitalisten. Die anderen haben Leben, Habe, Arbeit, Hoffnung und Glück zum Opfer zu bringen wie die Kleinstaaten Selbständigkeit, Nationalbesitz und Volksart. Das Kreuz Christi aber, der Name Gottes, die Postulate der Gerechtigkeit und Sittlichkeit liefern allemal das Glockengeläute, unter dem die Kanonen zum Kriege geladen werden. […]

Tagebuch – August 1914

München, Montag/Dienstag, d. 3/4. August 1914
Es ist 1 Uhr nachts. Der Himmel ist klar und voll Sternen, aber über die Akademie ragt der Rand einer weißen, in dicken Schichten gehäuften Wolke, in der es unaufhörlich blitzt. Unheimlich grelle, lang sichtbare, in horizontaler Linie laufende Blitze.

Und es ist Krieg. Alles Fürchterliche ist entfesselt. Seit einer Woche ist die Welt verwandelt. Seit 3 Tagen rasen die Götter. Wie furchtbar sind diese Zeiten! Wie schrecklich nah ist uns allen der Tod!

Immer und immer hat mich der Gedanke an Krieg beschäftigt. Ich versuchte, mir ihn auszumalen mit seinen Schrecken, ich schrieb gegen ihn, weil ich seine Entsetzlichkeit zu fassen wähnte.

Jetzt ist er da. Ich sehe starke schöne Menschen einzeln und in Trupps in Kriegsbereitschaft die Straßen durchziehn. Ich drücke Dutzenden täglich zum Abschied die Hand, ich weiß nahe Freunde und Bekannte auf der Reise ins Feld oder bereit auszuziehn – Körting, Kutscher, Bötticher, v. Jacobi, beide Söhne von Max Halbe und viele mehr –, weiß, dass viele nicht zurückkehren werden, lese Depeschen und Nachrichten, die – jetzt schon, ehe noch die Katastrophe eingesetzt hat – einem das Herz aufschreien machen, ich sehe alles schaudervoll nahe und viel schlimmer noch in der Realität, als die theoretisierende Fantasie es ausdachte. Und – ich, der Anarchist, der Antimilitarist, der Feind der nationalen Phrase, der Antipatriot und hassende Kritiker der Rüstungsfurie, ich ertappe mich irgendwie ergriffen von dem allgemeinen Taumel, entfacht von zorniger Leidenschaft, wenn auch nicht gegen etwelche »Feinde«, aber erfüllt von dem glühend heißen Wunsch, dass »wir« uns vor ihnen retten! Nur: Wer sind sie – wer ist »wir«? – […]

Kriegslied

Sengen, brennen, schießen, stechen,
Schädel spalten, Rippen brechen,
spionieren, requirieren,
patrouillieren, exerzieren,
fluchen, bluten, hungern, frieren ...
So lebt der edle Kriegerstand,
die Flinte in der linken Hand,
das Messer in der rechten Hand –
mit Gott, mit Gott, mit Gott,
mit Gott für König und Vaterland.

Aus dem Bett von Lehm und Jauche
zur Attacke auf dem Bauche!
Trommelfeuer – Handgranaten –
Wunden – Leichen – Heldentaten –
bravo, tapfere Soldaten!
So lebt der edle Kriegerstand,
das Eisenkreuz am Preußenband,
die Tapferkeit am Bayernband,
mit Gott, mit Gott, mit Gott,
mit Gott für König und Vaterland.

Stillgestanden! Hoch die Beine!
Augen gradeaus, ihr Schweine!
Visitiert und schlecht befunden.
Keinen Urlaub. Angebunden.
Strafdienst extra sieben Stunden.
So lebt der edle Kriegerstand.
Jawohl, Herr Oberleutenant!
Und zu Befehl, Herr Leutenant!
Mit Gott, mit Gott, mit Gott,
mit Gott für König und Vaterland.

Vorwärts mit Tabak und Kümmel!
Bajonette. Schlachtgetümmel.
Vorwärts! Sterben oder Siegen!
Deutscher kennt kein Unterliegen.
Knochen splittern, Fetzen fliegen.
So lebt der edle Kriegerstand.
Der Schweiß tropft in den Grabenrand,
das Blut tropft in den Straßenrand,
mit Gott, mit Gott, mit Gott,
mit Gott für König und Vaterland.

Angeschossen – hochgeschmissen –
Bauch und Därme aufgerissen.
Rote Häuser – blauer Äther –
Teufel! Alle heiligen Väter! ...
Mutter! Mutter!! Sanitäter!!!
So stirbt der edle Kriegerstand,
in Stiefel, Maul und Ohren Sand
und auf das Grab drei Schippen Sand –
mit Gott, mit Gott, mit Gott,
mit Gott für König und Vaterland.

Brevier für Menschen

Tapferkeit

Nicht wer sich gezwungen in Gefahr begibt, ist tapfer, noch wer aus Übermut der Gefahr entgegenläuft, sondern nur, wer um seiner Erkenntnis willen auf sich nimmt, was die Pflicht des Gewissens fordert. Darum schweige das Lob gefahrvoller Taten, und es erhebe sich der Ruhm der aufrechten Gesinnung.

Die Tapferkeit des unbedingten Bekennens bedarf keiner Gefahren, so wenig sie sich von ihnen schrecken lässt. Wer aber Gefahren sucht der Ehren der Welt halber, ist tapfer aus Eitelkeit – das heißt, er ist scheintapfer; er spielt den Furchtlosen, weil er das Urteil der Mitwelt fürchtet. Der wahrhaft Tapfere fürchtet kein Urteil, es sei denn das des eigenen Gewissens.

Tapferkeit ist rücksichtsloses Rechttun, ist bedenkenlose Unterwerfung unter den Befehl der selbst erkannten Moral. Wer fremder Moral gehorcht, wer Befehlen folgt, die das eigene Bewusstsein von Gut und Böse verwirft, der ist nicht tapfer, mögen seine Werke immer denen gleichen, die die Welt als heldische Taten preist. Ohne den Antrieb des eigenen Herzens kämpfen, um nur Vorwürfe zu vermeiden und Strafen zu entgehen, heißt aus Feigheit tapfer sein, heißt Mutlosigkeit mit Mut umpanzern.

Der Todesmut, der alles wagt für die kleine Aussicht, das Leben zu retten, hat mit Tapferkeit nichts zu schaffen. Nicht um Lebens oder Sterbens willen ziemt es sich tapfer zu sein, sondern um des Geistes und der Menschheit willen.

Wenn einmal die Zeit gekommen sein wird – und sie muss kommen, sie steigt schon herauf, und die Welt ist schwanger mit ihr –, die Zeit, da der Kampf der Menschen um geistige Werte gehen und der Geist ihm die Waffen geben wird, dann erst kann die Tapferkeit zu ihrer wahren Geltung gelangen. Denn dann wird offenbar werden, dass der kämpfende Mensch nur tapfer ist, wenn die Sache, für die er kämpft, zugleich seine eigene Sache ist und die der Menschheit.

Selbstverantwortung

Zeitliche Ereignisse von umwälzender Kraft verlangen vom Einzelnen die strengste Reinigung des inneren Wesens. Denn sie bewirken das Sichtbarwerden zahlreicher persönlicher Eigenschaften, die den Mitmenschen, und oft einem selbst, bisher verborgen waren. Solche Erschütterungen zwingen jeden, seinen Platz aufzusuchen, wo er allein stehen mag oder mit wenigen oder angelehnt an die dichte Masse. Zu finden ist jeder unausweichlich, sorge er, dass er bei der großen Seelenschau der Menschheit in Ehren bestehe.

Die Verführung, Halt zu suchen bei den Zufriedenen, die sich leiten lassen, auf eigenes Urteil verzichten und Verantwortung scheuen, ist groß, weil der Wille, der die Ereignisse treibt, stark ist, weil seine Stimme die des Zweifels und der Abwehr übertönt, weil der Rhythmus des Geschehens werbende Kraft hat und schwache Gemüter zwingt, mitzugehen mit den führenden Mächten.

Aber es ist schwer, den Schritt zu hemmen, der einmal in Marsch ist, jeden Augenblick das klare Bewusstsein zu behalten, dass alles Geschehen flüssig ist und erst, wenn es vorüber ist, als unabänderlicher Vorgang der Weltgeschichte der Prüfung der Nachfahren unterliegt. Vor dieser Prüfung mit seinem Verhalten zu bestehen, darauf kommt es für jeden Einzelnen an.

Es ist nicht wahr, dass der Mensch nur ein Rädchen sei in der Maschine, die einmal im Gange ist, nicht fähig und nicht berufen, ihren Lauf zu beeinflussen. Die Geschichte ist das Produkt menschlicher Willenskräfte. Niemand hat seinen Willen auszuschalten, jeder hat ihn anzustrengen nach der Richtung, die sein Gewissen anweist. Wer nur dies Bewusstsein hat, ist – sei es als Helfer, sei es als Eigenkraft – wirkender Faktor der Geschichte. Das gilt zu allen Zeiten, es gilt in erhöhtem Maße in Epochen katastrophaler Ereignisse. Diese Epochen scheiden die Geister. Einmal werden sie erkannt werden, diejenigen, die sich klein machten und zu verkriechen suchten im Gewirr der Massen, um ja nicht aufzufallen, ja, sich nicht missliebig zu machen; diejenigen, die alle überschrien, nur sie seien die wahren Begreifer der Zeit, was sie früher gesagt und getan hätten, gelte nicht mehr, jetzt erst sähen sie den rechten Weg und wollten ihn vorangehen – und diejenigen, die das furchtbare Gewicht der Verantwortung empfanden, das die Zeit auf alle Schultern legte, und die Tun und Lassen abwogen unter dem einzigen Trachten, lauter befunden zu werden vor dem Gericht der Nachwelt.

Die Pflichten des Einzelnen bei umwälzenden Geschehnissen sind nicht auf Paragrafenschienen gezogen. Vorschriften zum Denken und Handeln liegen in keinen Schubfächern aufgesammelt. Nichts, was noch im Flusse ist, lässt sich mit einem Schema, einem Prinzip ins Gleiche stellen. Aber jede Tat, jeder Entschluss, jede neue Wendung im großen Geschehen stellt an die Selbstverantwortung der Persönlichkeit den ungeheuren Anspruch, ohne Nützlichkeiten zu besinnen und ohne auf ausgegebene Parolen zu horchen, das eigene Gewissen prüfend zu befragen, ob es vor Mit- und Nachwelt an all diesem teilhaben, ob es all dieses hinnehmen und rechtfertigen will.

Seine Antwort aber sei: Ja! Ja! oder Nein! Nein! Und was darüber ist, das ist vom Übel.

Vom Tode

Was wir Ehrfurcht vor dem Tode nennen, die Mischung von Schauder, Beklemmung, Wehmut und Jenseitsgefühl, die wir beim Hinsterben eines Mitmenschen empfinden, sollte uns deutlich bewusst sein als Ehrfurcht vor dem Leben.

Die Trauer um einen Toten ist die Bejahung seines Lebens, ist das Bekenntnis zum Diesseits als allein Erlebniswertem. Die Hoffnung auf ein Fortleben nach dem Tode ruht immer nur auf Glauben oder Spekulation. Keinem, der in der Überzeugung von Seelenwanderung, Wiedergeburt, Fortwirkung irgendwelcher Art Trost und Sicherheit findet, soll Skepsis oder gar Spott begegnen. Aber alle, die zu innerer Klarheit über ihren Verbleib nach dem Abscheiden gelangt sind – das gilt auch für die Gläubigen mit dem Kindertraum von Himmel und Paradies –, sollten sich erinnern, dass diese Klarheit ihr Glaube und daher ihr Eigentum ist, nur für sie gültig und als sichere Wahrheit nur von ihnen beansprucht und also nur auf sie selbst anwendbar.

Kriegszeiten, Epochen, in denen der Tod über alle Vorstellung Opfer empfängt, verführen viele zu leichtfertiger Einschätzung des Lebens. Sie beruhigen ihre Bedenken und ihr Grauen mit der Erinnerung an die eigene Zuversicht auf ein Weiterleben nach dem Tode. Sie begehen schweres Unrecht an denen, die ihrer Weisheit nicht glauben, die für sich zu keiner Lösung des düsteren Rätsels kommen konnten, die des natürlichen Ablaufs ihres Lebens bedurft hätten, um überlegen und ausgesöhnt die überstandene Welt mit einer neu beginnenden vertauschen zu mögen. Ja, der Trost der eigenen Seele wird Grausamkeit gegen die fremde, weil er das Mitgefühl am fremden Leid verdrängt und den Sterbenden eines Teils der Trauer beraubt, auf die er um seines Todes willen Anspruch hat.

Natürlich ist von keinem Menschen zu verlangen, er müsse dem Tode jedes andern Menschen nachtrauern. Das Sterben einer Person beschäftigt niemanden in höherem Maße, als es ihr Leben getan hat. So ist uns der Tod der meisten Menschen völlig gleichgültig. Aber wir sollten uns hüten vor einem summarischen Bedauern, wenn das Los eines gewaltsamen Endes viele zugleich trifft. Es ist eine Frivolität, zu klagen: Schrecklich! In der oder jener Schlacht sind wieder zehntausend Mann gefallen …, und dabei die Zahl der Leichen statt die Summe der zerstörten Schicksale zu meinen. Einmal Zehntausend ist leicht zu denken; der Fantasie wird dabei keine Aufgabe gestellt. Zehntausend mal eins aber ist ein Gedanke von furchtbarem Gewicht, denn er enthält die Vorstellung von zehntausend Einzelerlebnissen mit aller Qual jedes Betroffenen, mit allen Tränen und Klagen, die jedem der Zehntausend nachweinen – nicht der zehntausend Mann, sondern der zehntausend Männer. Hat uns das Leben dieser Menschen bekümmert und bewegt, so haben sie ein Anrecht darauf, mit allen Empfindungen, die das Ereignis des Todes erweckt, betrauert zu werden. Der Tod kann nicht korporativ erfasst werden. Daher kann keine Trauer aufrichtig sein, die ihren Schmerz an der Zahl weidet.

Je größer unsere Achtung vor dem Leben ist, je stärker unser eigener Lebenswille uns zwingt, den fremden Lebenswillen anzuerkennen, umso ehrfürchtiger werden wir das Phänomen des Todes begreifen: als Mahnung des irdischen Lebens, bis zu seiner Grenze lebendigen Geistes zu sein und die Aufgaben des Lebens zu erfüllen. Welche Aufgaben jenseits der Grenze gestellt sind, ist das Geheimnis, das der Tod dem Leben verborgen hält. Wer da glaubt, das Geheimnis des Jenseits enträtselt zu haben, der stört mit seinem Glauben vom Tode nicht das Diesseits, dessen Recht das Leben ist.

An dem kleinen Himmel
meiner Liebe

An dem kleinen Himmel meiner Liebe
Will – mich dünkt – ein neuer Stern erscheinen.
Werden nun die andern Sterne weinen
An dem kleinen Himmel meiner Liebe?

Freut euch, meine Sterne, leuchtet heller!
Strahlend steht am Himmel, unverrücklich,
Eures jeden Glanz und macht mich glücklich.
Freut euch, meine Sterne, leuchtet heller!

Kommt ein neuer Stern in eure Mitte,
Sollt ihr ihn das rechte Leuchten lehren.
Junge Glut wird euer Licht vermehren,
Kommt ein neuer Stern in eure Mitte.

An dem kleinen Himmel meiner Liebe
Ist ein Funkeln, Glitzern, Leuchten, Sprühen.
Denn ein neuer Stern beginnt zu glühen
An dem kleinen Himmel meiner Liebe.

Tagebuch – Frühling 1915

Waidmannslust, Freitag, d. 30. April 1915
Im Durcheinander dieser Tage musste ich die beglückende Nachricht von Tag zu Tag für mich behalten und durfte die süßeste Hoffnung diesen verschwiegenen Büchern nicht anvertrauen: Zenzl ist schwanger. Ich werde, wenn nicht wieder teuflische Finger mit meiner Seele rohen Unfug treiben, Vater sein. Es wäre grade die richtige Zeit dazu: Wir waren uns in der letzten Zeit aus vollen Herzen heraus ganz nahe gekommen. Zenzls Liebe zu mir wuchs von Tag zu Tag, und ihr Verhältnis zum Gatten klärte sich zum Bewusstsein, dass diese Beziehung zu Ende sei, und wie sie mir nun schreibt, ist kein Zweifel an meiner Vaterschaft, da sie seit einem ganzen Monat – seit der letzten Periode – nur mehr mit mir verkehrt habe. Darum waren ihre Briefe so unendlich zärtlich und werbend: weil sich in ihrem Leibe das vorbereitete, was unser Verständnis für alle Dauer und vielleicht für lange Generationen manifestieren soll. Wie ich mich auf das Kind freue! Mein Kind! – Und welche köstliche Kreuzung das geben wird: norddeutscher Jude und niederbayerischer Bauer in einem Individuum! Ob's ein Junge wird? Fast möchte ich mir lieber ein Mädel wünschen, das sie einem nicht um elender Staatshändel willen im besten Alter der Arbeits- und Zeugungskraft abschießen. [...]

München, Montag, d. 3. Mai 1915
Wieder zu Hause. Die Reise hat mir zwei Belehrungen gebracht. Erstens: Dass es wohlverstandener Familiensinn ist, wenn man einen Sohn, der seinen Vater seit mehr als 1½ Jahren nicht gesehen hat, wenn der im Sterben liegt, eilig herbeirufen darf, ohne ihm in mehr als einer Woche Gelegenheit zu geben, am Sterbelager des Vaters zu erscheinen, ohne den Vater von der Anwesenheit des Sohns zu benachrichtigen, ohne die Wiederabreise des Sohns in irgend versöhnlicher Form zu verhindern. Man will dem totgeweihten, unrettbar verlorenen Vater eine Aufregung ersparen, indem man es darauf ankommen lässt, seinen

Wunsch, den Sohn noch einmal zu sehen, wenn die Sterbestunde kommt, unerfüllt zu lassen. Damit der ohnehin Aufgegebene nicht ein paar Stunden früher sterbe, will man ihn vielleicht in dem Schmerz sterben lassen, seinen Kindern nicht allen Lebewohl sagen zu können. In mich aber hat man einen Stachel gesenkt, der bei der rechten Würdigung der an mir betätigten Geschwisterliebe bitter beißt. Ich werd's mir merken, wie man meine Stellung zum Vater bei denen wertet, die jede Rücksicht auf den Vater von mir stets rücksichtslos verlangt haben: dass ich grade noch gut genug bin, um zur Beerdigung zugelassen zu werden.

Die zweite Belehrung: Jennys Liebe zu mir ist tot. Der Anschluss ist verpasst. Wir haben gestern Entlobung gefeiert. Sie war sehr nett und geradezu lieb zu mir, aber Liebe war nicht mehr dabei. Meine Liebe zu ihr wird Bestand haben. Denn – das habe ich schmerzlich erfreut mir wieder bestätigen können – es gibt keine Liebe, deren sie nicht wert wäre. Ich verbarg alle Seelennot unter schlechten Witzen, erzählte ihr dann auch von Zenzl – eigentlich, um mir selbst den rettenden Hafen zu zeigen –, und sie begleitete mich abends zum Anhalter Bahnhof. Den »Entlobungskuss«, um den ich sie bat, verweigerte sie mir leider. So reiste ich mit einem bitter-trockenen Geschmack im Munde ab. Aber ich bin froh, dass die zahllosen Versuche, mich mit ihr in Verbindung zu setzen, endlich doch Erfolg hatten, dass sie selbst, nachdem sie von meiner Anwesenheit unterrichtet war, mit Mühe und viel Umständen die Begegnung herbeiführte, und dass ich ihre schönen, klugen, guten Augen sehn und ihre liebe Hand küssen durfte.

Nun wird also Zenzl mein nächstes Schicksal sein. Sie holte mich heut früh vom Bahnhof ab. Im Bett feierten wir Wiedersehen, und die leichte Schwellung ihres Leibes, die ich glücklich streicheln konnte, malte mir eine gute Zukunft in einem neuen Menschen, – in meinem Kinde!

Um noch des Krieges zu gedenken: Die Hausbesitzer haben geflaggt, kennen aber noch nicht die Ursache ihrer Begeisterung. Extrablätter melden, dass in Berlin »mit Genehmigung des Generalkommandos« geflaggt sei. Es soll sich um einen großen Erfolg in Galizien handeln. Näheres sei aber noch nicht einmal den amtlichen Stellen bekannt. Die

Leute sind aber sehr klug und faseln von 50 Kilometer Vorwärtsdringen, von vorläufig 12.000, nach andrer Lesart 110 und 112.000 und selbst 150.000 Gefangenen. Man wird die betreffende »Amtliche Verlautbarung« mit Haltung abwarten dürfen. [...]

München, Dienstag, d. 4. Mai 1915

Jeder Mensch begegnet mir mit der gemütvollen Frage: »Nun, ist Ihr Vater tot?« – und auf meine Antwort sehe ich Kondolenzgesichter und taktlose Enttäuschtheiten. Ziersch – ich war im Krokodil mit ihm, Henckell und Martens zusammen – erzählte, dass schon Wetten darüber abgeschlossen seien, ob ich nach Empfang der Erbschaft noch Anarchist bleiben werde. Wie primitiv müssen doch die Leute selbst organisiert sein, die andern die Primitivität zutrauen, die Weltanschauung nach jeweiligem Bedürfnis aus der pekuniären Situation abzuleiten.

In Galizien hat es also wirklich einen großen Sieg gegeben, indem – unter dem deutschen Generalobersten v. Mackensen – die russische Front zwischen der ungarischen Grenze und der Mündung des Dunajec in die Weichsel stellenweise »durchstoßen« und überall »eingedrückt« wurde. Da das Publikum, verbildet durch die gewöhnten Hindenburgischen Gefangenenaufzählungen, die Größe eines Sieges nach der Gefangenenzahl bemisst, ist es heute enttäuscht. Das Gerücht hatte gestern noch 240.000 Gefangene gemacht, die sich abends in allgemeiner Verständigung auf 130.000 reduzierten – Nonnenbruch, der alles zu wissen pflegt, hatte allerdings bloß von »mindestens 50–60.000« gehört. Jetzt ist der offizielle Bericht da, der bloß von 8.000 Gefangenen weiß. Wenn sich die aber im Laufe der nächsten Zeit auf 10, 12, 20.000 allmählich erhöhen sollten, dann wird die Begeisterung doch wieder Futter bekommen. [...]

München, Dienstag, d. 11. Mai 1915

Ich bin besorgt. Bedenkliche Anzeichen lassen befürchten, dass Zenzl das Kind nicht wird austragen können. Zu allen Sorgen, Nöten, Ängsten, Schmerzlichkeiten auch noch diese Enttäuschung – bald wird es zu viel sein, was mir aufgepackt wird. Bald werde auch ich keine Lust mehr haben am Leben und auf den Tod eines alten Mannes zu warten, der auch keine Lust mehr dran hat, aber sich wohl noch so oft wieder erholen wird, bis ich von seiner Hinterlassenschaft auch die geringste Freude nicht mehr haben kann. Ich fühle, dass meine Nerven wieder in einen erbärmlichen Zustand geraten, und sehe in wenigen Tagen schon wieder ärgste Geldnot voraus – ohne Aussicht auf Besserung. Ich werde wohl noch mit 50 Jahren um Taler schnorren gehn müssen.

Liest man jetzt Presseäußerungen des Auslands, dann kann es einem wohl vor der Zukunft grauen. Die Lusitania-Geschichte scheint dem deutschen Ansehen in der ganzen Welt den Rest gegeben zu haben. Und natürlich schreibt man weder auswärts noch hier die Schuld dem Kriege zu, der aus guten Menschen Mörder und Verbrecher macht, sondern in Amerika, Holland, der Schweiz und erst recht den »feindlichen« Ländern, den salles boches, den deutschen Barbaren, bei uns aber dem perfiden Albion. Eine Verständigung ist unmöglich, weil man hierzulande alles formale Kriegsrecht, ohne sich selbst dran zu halten, als anständig annimmt, anderwärts den Baby-Mord unabhängig vom Haager Übereinkommen beurteilt ... Italien scheint immer noch unschlüssig, ebenso Rumänien. Den Krieg selbst aber werden wir uns wohl als Dauerinstitution allmählich angewöhnen müssen. Und jeder führt ihn im Namen der wahren Kultur, der höchsten Sittlichkeit und des einzig rechtverstandenen Christentums.

München, Freitag, d. 14. Mai 1915.

Heute früh legte mir Zenzl neue erschütternde Beichten ab: über ihren Sohn, den sie mit 18 Jahren gebar, der jetzt – 12½jährig – bei seiner Großmutter in der Theresienstraße wohnt und den sie seit 7 Jahren nicht gesehn hat, weil es ihr zu schrecklich ist, ihn bei ihr fremden Leuten in schlechten Verhältnissen zu sehn. Über ihr Verhältnis zu Engler – und wie unglücklich sie in diesen 10 Jahren ist. Über ihre Krankheit – das ist das Schlimmste. Ihr Vater gab ihr auf dem Totenbett Maßregeln, dass sie ihre kleine Halbschwester nicht verlassen dürfe, drückte sie fest an sich und starb in diesem Augenblick. Seitdem leidet sie an einer Gebärmutterkrankheit, die, wie sie fürchtet – und wie ihr Gatte ihr gestern roh vorwarf – Gebärmutterkrebs zu sein scheint. Ich suchte es ihr auszureden, und ich hoffe wirklich, dass ihr Pessimismus nicht begründet ist. Außerdem versprach ich ihr, mich ihres Sohnes, sobald ich kann, anzunehmen. Vielleicht können wir ihn über kurz oder lang ganz zu uns nehmen. Die Pension bleibt in der alten Form bestehen. Trotzdem möchte ich sobald wie möglich mit Zenzl zusammenziehen und will versuchen, zum 1. Juli eine passende Wohnung zu finden. Zenzl selbst bemüht sich, mir von Bekannten – einem Kooperator Ammon und einer Lehrerin – Geld zu beschaffen. Die arme, gute und seelisch starke Frau verdient Glück und Liebe.

Gefährtin

Stille Glut nach wilden Bränden.
Stetig du nach hundert Frauen.
Lass mich deinen guten Händen
meine Tage anvertrauen.
Will von Kämpfen und von Plagen
unter deiner Pflege rasten,
und ich will getreulich tragen
auch die Hälfte deiner Lasten.
Hunderttausend sterben, leiden;
Menschen töten und vernichten. –
Pflicht und Liebe helf uns beiden,
Glück und Frieden aufzurichten.

Abrechnung

In deutscher Sprache, für deutsche Leser, aus deutschem Empfinden schreibe ich meine Abrechnung. Daher zitiere ich deutsche Sünden vor Gericht. Das Hemd sitzt näher als der Rock. Französische, englische, russische, serbische Kritiker mögen ermitteln, was ihre Führer und Oberen gefehlt und versehen haben, mit Anklagen gegen die »Feinde« sind wir übergenug gefüttert worden. Den Glorienschein deutscher Herrlichkeit, deutschen Edelsinns, deutscher Vortrefflichkeit und deutschen Rechts gilt es, endlich der Bedeutung einer täuschenden und verhimmelnden Rampenbestrahlung zu entrücken und unter das derbe, nicht bengalisch gefärbte Licht der Wahrheit zu nehmen. Bleibt dann für die unter ihm hüpfenden Manager des Krieges und für alle, die sich um sie drängten, um mitzuschinden, von der Sonne ihres Ruhms nur ein Strohkranz übrig – umso schlimmer für sie! Den Vorwurf, ich sei der Vogel, der sein eignes Nest beschmutzt, werde ich gemütsruhig tragen. Denn erstens finde ich es für einen gesitteten Vogel unschicklich, sich für solche Tätigkeit das Nachbarnest auszusuchen – und die Beobachtungen zweier Kriegsjahre haben mich in dieser Auffassung nur bestärkt –, zweitens aber könnte mich die Beschuldigung nicht treffen, weil sie an der Verwechslung von Ursache und Wirkung krankt. Wer sich der peinlichen Aufgabe unterzieht, eine Kloake aufzuräumen, um ihrer Reinigung vorzuarbeiten, wird nicht vermeiden können, dass sich unter seiner Beschäftigung üble Düfte erheben und ausbreiten. Es geht nicht an, für die Erregung des Gestanks ihn verantwortlich zu machen. [...]
Letzte Gerechtigkeit im Urteil über den Weltkrieg 1914–1916 mag hundert Jahre später dem leidenschaftlichen Forscher möglich sein, dem das von Generationen gesichtete Material mit allen seinen Quellen und dazu der Überblick über die politischen und kulturellen Folgen der Katastrophe zur Verfügung steht. Ich erstrebe mit meiner Beschuldigungsschrift nicht den Ruhm eines unparteiischen Geschichtsschreibers. Denn mir ist daran gelegen, auf die Resultate und Folgen des

Kriegs zu meinem Teil einzuwirken, damit nicht die Leute, aus deren ehrgeizigen oder selbstsüchtigen Interessen das ganze Unheil entstanden ist und deren ökonomische und politische Macht die Dauer des Schreckens und des Jammers ins Maß- und Sinnlose zu verlängern gewusst hat – damit diese Personen nicht auch noch als Architekten der deutschen Zukunft Unglück über Unglück zu häufen und als Krönung und Abschluss des zweiten Jahrtausends christlicher Zeitrechnung eine deutsch-militärische Schreckensherrschaft über die Zivilisation und Gesittung Europas aufzurichten befugt werden. Wenn aus der nun überstandenen Zeit der physischen und psychischen Mörderei und Verwüstung noch je etwas Gutes entstehen kann, dann nur dadurch, dass alle inzwischen gespeicherte Wut und Erbitterung sich in dem entschlussfesten Willen der Völker umsetzt, mit jedem Mittel und mit aller Leidenschaft des Gedankens und der Tat in internationalem Zusammenwirken Enkeln und Nachfahren eine Wiederholung der Schändlichkeit zu ersparen. Vielleicht musste erst die Summe aller Verbrechen und alles Wahnsinns auf die Menschheit niederprasseln, um als Menetekel den künftigen Geschlechtern die Blutschrift des Krieges bewusst zu machen. Soll aber der Krieg von 1914 die Wirkung einer Widerlegung und dauernden Verhinderung aller Kriege haben, dann müssen die Sünden und Fehler, die ihn möglich machten, schonungslos aufgedeckt werden. War diese Katastrophe nicht die letzte ihrer Art, dann ist die Menschheit jeder Sintflut wert, dann mögen Pest und Schwefel den Wahn von der göttlichen Sendung des Menschen zum Teufel jagen! [...]

Was mir den gegenwärtigen Zeitpunkt geeignet erscheinen lässt, um Überblick, Rückschau und Anklage zusammmenzufassen, ist Folgendes: Der Krieg ist, soweit er mit den Waffen ausgetragen wird, in seiner Unentschiedenheit entschieden. Mögen im Westen oder im Osten, am Balkan oder auf Kriegsschauplätzen, an die heute noch kein Mensch denkt, Angriffe vorgetragen oder abgewiesen werden – wer sich nicht in loyaler Demut oder in verbissener Verblendung von Hoffnungen und Wünschen täuschen lässt, hat erkennen gelernt, dass jede neue Offensive irgendeiner Partei zu keinem anderen Ergebnis führt als zu neuen Blutströmen, neuen Wüsten und neuen Frontgrenzen. In wessen Gebiet aber die Schlachten geschlagen werden, ist für den Ausgang des

Krieges ohne jede Bedeutung. Das wissen wir aus der Kriegsgeschichte aller vergangenen Jahrhunderte, wo unzählige Male der Sieger den Gegner im eignen Lande zu Boden warf, das wissen wir aus den Erfahrungen des gegenwärtigen Weltkriegs, wo sich nach jedem Vormarsch, nach jedem Ansturm bald diesseits, bald jenseits der Landesgrenzen die Mauer der Verteidigung unübersteigbar in den Weg des Angreifers stellte, ohne dass die Pläne der einen, die Befürchtungen der andern Seite je Wirklichkeit wurden, das wissen wir von allen militärischen Theoretikern, die übereinstimmend lehren, dass sich der Endsieg eines Krieges nicht aus der Besetzung noch so großer Landstrecken, sondern ausschließlich aus der Ausschaltung der feindlichen Heeresmacht als Krieg führenden Faktor bestimmt. [...]

Der Krieg ist organisierter Massenmord und schon deshalb schlechthin unsittlich. An dieser apodiktischen Beweisführung zerschellt jedes Argument, das noch je zur Rechtfertigung von Kriegen hat dienen sollen. Daran zerschellt in Sonderheit der gottergebene Fatalismus, der sich mit der bequemen Resignation genugtut: »Wir können's nicht ändern!« Die so sprechen, handeln am schmählichsten an der menschlichen Würde und an allen Gaben des eignen Herzens und Hirns. Denn sie verzichten kampflos auf jede Anwendung ihrer Fähigkeit, Einrichtungen und Veranstaltungen, die von Menschen geschaffen sind und benutzt werden, umzustoßen und durch neue zu ersetzen. Sie geben andern Menschen willenlos das Recht, kraft dieser Einrichtungen und Veranstaltungen nach Belieben zu schalten, sei es auch mit den Rechten und dem Leben jener Indolenten und Resignierten selbst. Diese Leute anerkennen zwar durchaus die abscheulichen Ausdrucksformen des Kriegs, sie versichern, dass ihr Gemüt mindestens im gleichen Maße von den Schrecknissen der Kämpfe erschüttert werde wie unseres, aber sie stemmen sich aus Leibeskräften gegen die Folgerung, dass nun eine Einigung erzielt werden müsse, das Verderben abzustellen und seine Wiederholung zu verhindern: »Wir können's nicht ändern!«

Das Schlechte nicht ändern können, heißt, das Gute nicht ernsthaft wollen. Und das ist der Vorwurf, der leider gerade den geistigen Menschen, den Künstlern und sogenannten Intellektuellen nicht erspart werden kann. Alles geistige und künstlerische Schaffen ist moralisches Tun, weil es auf die Wirkung ausgeht, den Sinn der Menschen auf das Gute, Schöne, Wesentliche und Wahre zu lenken. Wo aber dem Schaffenden selbst der Wille zum Guten fehlt, da kann sein Werk diese Wirkung nicht ausüben. Denn sein Werk bleibt ihm zu eigen in dem Maße, wie es seine Eigenschaften und seine Ziele reflektiert. So ist auch Leo Tolstois heftige Fehde gegen die Kunst zu verstehen, zu der er in der verklärten Einsicht seiner späten Jahre kam und die ihm so viel Spott und Missverstehn eintrug: Er sah sie ohne Zusammenhang mit den Kämpfen und Problemen des Menschengeschlechts und daher ohne einen Inhalt, der aus der Wirrnis und Verrottung der menschlichen Gefühls- und Gedankenwelt heraus- und hinaufführen könnte.

Weltgeschichte wird von geistigen Energien gemacht. Wer meint, an ihrem Laufe nichts ändern zu können, und deshalb den Krieg trotz seiner erkannten Furchtbarkeit Krieg sein lässt, der hat keine geistigen Energien, deren beste die Liebe ist. Wem aber die Liebe fehlt, der kann die Welt nicht mit fördernden Werten befruchten.

Das Ziel jeder Umwälzung ist selbstverständlich Utopie. Es hört aber auf, utopisch zu sein, sobald der bewusste Wille, es zu erreichen, in den Menschen Leben gewonnen hat. Ich lege den stärksten Wert darauf, Utopist zu sein. Denn das heißt, Zielen nachstreben, die im Gegenwärtigen noch keine Wurzeln haben, heißt also, Wurzeln legen für etwas anders, Höheres, Besseres, als wir haben. Ich bin kein »Realpolitiker«, will keiner sein und rede nicht zu solchen, die es sind. Realpolitik treiben, heißt, an Bestehendes anbauen, heißt, Verzicht leisten auf Abbruch und Erneuerung, heißt, das Dach flicken, wo der Unterbau morsch ist.

Möglich, wahrscheinlich ist, dass beim Verwirklichen der Ideale schwache Seelen realpolitisch mäßigend am Werk sein werden. Sicher ist, dass die künftige Gesellschaft anderes aussehen wird, als ich sie mir träume, oder doch, dass noch viele Revolutionen nötig sein werden, bis sie nach meinem Bilde dastehen wird. Aber wer aufwärts will, trachte nach dem Gipfel. Es sind immer Leute da, die von jeder Forderung Abstriche machen. Wer nicht das Höchste verlangt, wird nichts erreichen.

Barbaren

Sie streiten, wer Barbar sei unter ihnen,
und zum Beweise, dass stets nur die andern
vor aller Nachwelt solchen Ruf verdienen,
verwüsten sie mit schrecklichen Maschinen
Galipoli, Galizien, Serbien, Flandern,
Wolhynien und das Land der Beduinen.

Das Blut gerinnt. Es häufen sich die Leichen
im Elsass, in Tirol, in Frankreich, Polen.
Auf hoher See und in den Tropenreichen
ist Kampfgetöse, Mord, ist Sieg und Weichen.
Es wird gebrannt, geschändet und gestohlen,
und über Trümmern ragen Ruhmeszeichen.

Aus Wolken fetzt der Mord, vom Meeresgrunde,
und Kinder müssen sterben, Frauen, Greise.
Den Hunger ruft man sich, die Pest zum Bunde.
Der Mutter Träne und die Todeswunde
erhabnen Planes zu der Menschheit Preise
gibt von der Heldenzeit Europas Kunde.

Und jubelnd töten sie für ihren Zaren,
für ihren Kaiser, König, Präsidenten;
und starke Männer sinken hin in Scharen
und wissen, dass sie tapfere Streiter waren. –
Blut tropft und Jammer von den Firmamenten.
Und jeder schmäht die andern als Barbaren.

Frank Wedekinds Tod

[...] Im Laufe der Zeit, während ich längst die unterirdischen Verbindungen pflegte, von denen ich selbstverständlich auch vor den literarischen Freunden nichts laut werden ließ, fanden sich dann doch engere Zirkel zusammen, die gegeneinander kein Misstrauen mehr fühlten. Im Café Luitpold hatte sich ein Nachmittagskreis gebildet, der dort regelmäßig Frank Wedekind, Kurt Martens, Gustav Meyrink und häufig auch Heinrich Mann und mich zusammenführte. Hier wurden mit gedämpfter Stimme die Ereignisse besprochen und aus höheren Gesichtspunkten betrachtet als den an lauten Tischen beliebten. Meyrink gab dabei unseren realistischen Betrachtungen häufig etwas mystische Zutat bei. Mir erklärte er einmal, mir werde im Kriege bestimmt nichts Böses widerfahren, denn ich sei einer der ganz wenigen, die diesen Krieg nie gewollt und nie gebilligt und schon vorher gegen ihn geeifert hätten. Das mache mich immun gegen seine Gefahren. Aber vor einer Revolution solle ich mich in Acht nehmen. Die lebe in meinen Wünschen und würde mich im Guten wie im Schlimmen zu finden wissen. Ich verstehe nichts von Okkultismus; aber gewisse Tatsachen haben Meyrink, was meine Person anlangt, wohl recht gegeben.

Im Januar 1917 war Maximilian Harden in München. Wedekind rief mich telefonisch an, er gehe zu Harden ins Hotel, der ihm anheimgestellt habe, auch mich hinzurufen. Ich weiß nicht mehr genau, ob wir zu dritt beisammen waren oder ob noch der pazifistische Universitätsprofessor Ernst von Aster dabei war, mit dem ich während der Kriegszeit viel verkehrte. Jedenfalls war diese Zusammenkunft für mich deshalb von hoher Bedeutung, weil ich dabei von Wedekind Auffassungen begründet hörte, die, kulturell betont, seine Gedanken über Deutschlands Zukunftsgestaltung erkennen ließen und die ich in anderen Zusammenhängen einmal der Öffentlichkeit zugänglich machen möchte. Aufzeichnungen habe ich mir damals nicht gemacht, da sie ihrem Urheber zu jener Zeit noch hätten gefährlich werden können. Sie hätten nämlich jeden Zweifel darüber ausschließen müssen, welche Haltung Frank

Wedekind bei den späteren Vorgängen eingenommen hätte. Sein Standpunkt war meinem näher als selbst dem Hardens.

Leider hat der Tod die Erprobung seiner Erkenntnis verhindert. Die zweimal operierte Darmfistel machte ihm immer noch zu schaffen, und bei einer unserer letzten Zusammenkünfte erzählte er mir, er werde sich noch einmal operieren lassen. Er habe den Geheimrat Sauerbruch gefragt, ob sich die Schmerzen, die er häufig spüre, nicht beseitigen lassen, und die Antwort erhalten, diese Schmerzen seien an sich ungefährlich und könnten nur durch eine neue Operation behoben werden, die nicht notwendig und so riskant sei wie jede schwere Operation. Er wolle sich ihr aber doch unterziehen: »Ich habe doch keine Lust, als Krüppel herumzulaufen.« Eines Tages hörten wir dann, Wedekind liege in Nymphenburg in der Chirurgischen Klinik. Dann hieß es, die Operation sei vollzogen und gut gelungen, doch sei der Patient noch sehr schwach und dürfe keinen Besuch empfangen, und am 9. März 1918, als ich ahnungslos abends in den Bühnenklub kam, brachte man mir die niederschmetternde Nachricht entgegen, dass Wedekind tot sei.

In seiner letzten Lebenszeit war er weicher, menschlich zugänglicher geworden, als ich ihn früher je gekannt hatte. Er sprach über seine Häuslichkeit, erzählte Niedliches von seinen Kindern, erkundigte sich mit weniger zur Schau gestellter Förmlichkeit und mit mehr wahrer Beteiligung nach des anderen privatem Ergehen. Am 12. März fand auf dem herrlichen Münchener Waldfriedhof Frank Wedekinds Beerdigung statt. Über diese Beerdigung ist schon viel geschrieben und berichtet worden. Der Dichter, dem der Bildhauer Elkan das Symbol eines auf rollender Kugel balancierenden Pegasus aufs Grab gesetzt hat, hätte sie sich selbst nicht widerspruchsvoller, nicht seinem Wesen gemäßer veranstalten können. Das Tragische und das Groteske wogen einander auf. Eine riesige Beteiligung von weinenden Männern und Frauen und von taktlosen Neugierigen füllte die Einsegnungshalle und hörte den Trauerreden zu, deren eine die Neugierigen auf ihre Kosten kommen ließ und die Weinenden zum Lachen brachte. Ein Reporter, von Wedekind aus vermeintlichen Nützlichkeitsgründen in seiner Nähe geduldet – ach, er wollte ja immer den smarten Geschäftsmann spielen und posierte den Opportunisten um jeden Preis und wurde doch nur missbraucht und missdeutet –, sabbelte am Sarge Geschmacklosigkeiten, die einem die Haare in die Luft trieben, drängte sich dem Toten in eine Nähe, die der Lebende nicht ertragen hätte, und die Trauergemeinde trippelte von einem Fuß auf den anderen, und einer sagte halblaut: »Das kommt davon.« Endlich ging es von der Halle zum Grab. Der lange Zug zerriss, und der abgelöste Teil eilte nach, stürmte über den Friedhof, rannte spornstreichs zur Stätte, wo der Sarg gerade hinabgeseilt wurde. Aus dem Gefolge aber löste sich eine wirre Gestalt, suchte, Bilder zu stellen, sprach von Filmen und davon, dass er am nächsten Tage bei Frau Tilly Wedekind uns alle versammeln werde, denn er sei jetzt Kinoregisseur und wolle Wedekind durch eine Verfilmung aller seiner trauernden Freunde ein unvergängliches Denkmal setzen. Das war Heinrich Lautensack, der feine, begabte Dichter und Mitbegründer der Elf Scharfrichter. Ich versuchte, den aufgeregten Freund zu beruhigen, und zog ihn zur Seite, während August Weigert vor der offenen Gruft stand und meine Gedächtnisverse für Frank Wedekind sprach.

Aber in demselben Augenblick, in dem er schloss, riss sich Lautensack von meiner Hand, stürzte am Grabe nieder und rief zum Sarg hinab: »Frank Wedekind! Dein letzter Schüler – Lautensack!« Der Wahnsinn war ausgebrochen. Es war die erschütterndste Szene, die ich erlebt habe. Mir brachen die Tränen hervor, dass ich gestützt werden musste. Lautensack kam einige Tage danach ins Irrenhaus, wo er nur noch wenige Monate lebte.

Frau Tilly lud die Freunde ihres Gatten zu sich ein, und wir stellten gemeinsam die Grundsätze fest für die Herausgabe des Nachlasses. Ich fand dann keine Gelegenheit mehr, tätig an diesem Werk mitzuwirken. Denn im April 1918 wurde mir Zwangsaufenthalt in Traunstein angewiesen, wo ich unter ziemlich bitteren Bedingungen bleiben musste, bis im November andere Pflichten riefen.

Die Erde, die über die sterblichen Reste Frank Wedekinds rollte, sie begrub zugleich meines eigenen Lebens musische Leichtigkeit.

III.

DAS WORT GEBIERT DIE TAT

(1918–1924)

Kain-Flugblatt

Das Erscheinen der im Jahre 1911 von Erich Mühsam begründeten Monatsschrift Kain wurde Anfang Aug. 1914 unterbrochen, weil der Herausgeber unter dem geltenden Ausnahmerecht seine persönliche Sicherheit nicht nutzlos gefährden wollte, es aber als unmöglich erkannte, seine Überzeugungen zu verleugnen oder zu frisieren. Die Stunde ist gekommen, in der Rücksichten auf die persönliche Sicherheit nicht mehr maßgebend sein dürfen, in der ausgesprochen werden muss, was das Herz bewegt, in der das Schicksal der Menschen aus der Entschlossenheit ihres Willens zu bestimmen und zu gestalten ist.

Die Neuherausgabe der Zeitschrift Kain verzögert sich durch technische Widerstände. Bis sie überwunden sind, mögen in zwangloser Folge erscheinende Flugblätter an der Aufwiegelung der Gemüter arbeiten, die für die Erringung von Frieden, Freiheit und lebenswürdiger Zukunft erste Bedingung ist.

Die vorige Erklärung wurde am 5. November geschrieben. Inzwischen ist eine andere Welt geworden.

Die deutsche Revolution ist gegenwärtig. Die Aufgabe, Revolutionäre zu schaffen, ist überlebt. Die Revolution hat ihre Revolutionäre selbst gezeugt. Wer noch keiner geworden ist, mag sich in seiner vornehmen Überlegenheit bedeutend dünken – vor der Weltgeschichte, die an ihm vorbeirollt, ist er ein Gelächter.

Dem Kain entfalten sich neue Aufgaben. Für Menschlichkeit zu arbeiten, ist noch viel lohnender geworden, seit ihre Ansätze das Völkererlebnis erfasst haben, als vorher, wo wir vor nackter Gier und rohem Hochmut um menschliches Regen werben mussten.

Mit diesem Flugblatt tritt der Kain zu neuem Wirken an. Seinen Namen legt er nicht ab. Denn dem geächteten Bruder ist längst noch nicht sein Recht geworden. Das Kainszeichen der Armut und der Ausbeutung zeichnet noch die Stirn des Rebellen. Aber ein erstes Leuchten strahlt in seinen Augen. Die Befreiung hat begonnen. Der Weg liegt vor ihm: Durch Menschlichkeit zur Freiheit!

München, den 2. Nov. 1918

Tore der Freiheit auf – Feinde von gestern,
nehmt unsere Hände hin, Brüder und Schwestern!
Arbeiter, Bauersmann, Bürger, Soldat:
eigenes Schicksal will eigenen Rat,
glückliche Ernte will zeitige Saat. –
Nieder die Grenzen, die uns geschieden!
Völkerfreiheit wirke das Band
ewiger Freundschaft von Land zu Land, –
wirke der Völker ewigen Frieden!

(6. November 1918)

Zenzl Mühsam:
Brief an Martin Andersen Nexö

München, am 25. Nov. 18

Mein lieber Nexö, meine liebe Gretl!

Jetzt, mein lieber Nexö, sind wir Republikaner. Ja, mein teurer Freund, der Krieg ist aus, und ich will Ihnen jene Nacht schildern, die 22 Fürsten vom Throne stürzte. Wir Bayern oder vielmehr wir in der Hauptstadt München machten in der Nacht vom 7. auf den 8. November Bayern zur Republik.

München hat die Revolution in den Fluss gebracht. Nexö, es war herrlich, oh, das hätten Sie erleben sollen. Die Soldaten haben es gemacht. Es war für den Nachmittag des 7. Nov. eine Versammlung auf der Theresienwiese angekündigt zum Protest gegen die Nationalverteidigung. Die ganze Theresienwiese war voll Menschen, mindestens 200.000, die Stimmung war ganz ruhig, es sprachen Eisner, Auer usw. Die Soldaten wollten nicht mehr hören, haben die roten Fahnen entrollt, und ein Soldat war herrlich, er schwenkte die rote Fahne hoch und schön, verlasst eure Weiber für unsere Kameraden im Felde, Revolution, Friede. Soldaten, Kameraden, anschließen, zu den Kasernen, wir holen alle aus den Kasernen, und das Militärgefängnis wird gestürmt. Da kam Bewegung in die ungeheure Volksmasse. Wir wollten zu den Soldaten, denn das waren, wenn sie nicht siegten, die Hochverräter, aber da wir erst eine Kraftfahrerkolonne bewegen wollten mitzugehen, im Ausstellungspark waren die einquartiert, verloren wir die Soldaten und schlossen uns einem Arbeiterzug an. Der zog von der Theresienwiese aus am Bahnhof vorbei, über den Maximiliansplatz an der Residenz vorbei, ganz still, kein »Nieder mit dem König«, es sah traurig aus, ich hatte das Gefühl, es geht wieder wie damals, wo Sie bei uns waren. Der Erich, ich und zwei Russen, die der Erich vom Lager Traunstein her kannte, ein Arzt Dr. Munger und ein Chemiker Rischkiwitsch,

so am Ende der Maximilianstr. frug ich so einen Ordnungsmann, wo wir eigentlich hingehen, der sagte mir zum Maximilianskeller, irgendein Brauhaus. Dazu hatten wir keine Lust, und wir gingen von dem Zug weg und stiegen in die Linie 2, um zu sehen, ob an der Türkenkaserne nichts los ist, da ist die Leibgarde des Königs. Da war ein Lastauto mit Soldaten, die die Kaserne stürmen wollten. Wie wir hinkamen, wurde gerade mit Gasgranaten geworfen, im Ausgang, damit die Soldaten nicht in die Kaserne hineinkönnen und die Grenadiere nicht heraus. Es war aber sogenanntes Reizgas. Wir kamen gerade in diesem kritischen Moment, ich sprang auf das Verdeck des Autos, nahm die rote Fahne und schrie »Hoch der Friede und die Revolution«, die Soldaten kamen zurück, die Frl. Ohlemeyer holte ich dann auf den Wagen, das Frl. kennen Sie auch, und dann zogen wir Mühsam rauf, der eine wundervolle Rede an die Soldaten richtete, da stürmten die Soldaten aus der Kaserne, zerschlugen ihre Gewehre auf dem Pflaster, und mit Hurra verließen diejenigen die Kaserne, die ausbrechen konnten, es waren nämlich alle Soldaten in den Kasernen eingesperrt. Von der Grenadierkaserne zogen wir dann mit einem Lastauto, das voll Soldaten war, um die Kasernen am Oberwiesenfeld zu stürmen, es ist in der Nähe von uns, ich weiß nicht, ob Sie einmal an den Kasernen vorbeigingen. In der Feldartilleriekaserne wurden wir mit unseren roten Fahnen mit Jubel empfangen, es war schon dunkel, so halb acht Uhr, dann fuhren wir von einer Kaserne zur anderen. Alle Posten nahmen wir mit, und Mühsam wurde von den Soldaten zum Führer ausgerufen. Zum Schluss, so um 9 Uhr nachts, kamen wir in die Inf. II-Kaserne, hier sah die Geschichte drohend aus, es standen am Eingang bewaffnete Soldaten, und wie wir fragten, ob sie schießen wollten, gab der Offizier die Antwort: Wir tun nur unsere Pflicht. Da sprangen unsere Soldaten auf die Bewaffneten los, da aber liefen die Bewaffneten in den Kasernenhof, wir hinten nach, und da krachte es, die haben auf uns geschossen. Ich sowie viele Soldaten standen im Kasernenhof, ich habe es erlebt, wie es ist, wenn Kugeln um den Kopf fliegen. Mühsam benahm sich dabei gut, er redete einfach auf die Soldaten los, die geschossen hatten. Sie hörten dann auf, nur ein Junge von so 16 Jahren bekam einen Schulterschuss.
Dann hielt Mühsam eine Ansprache, vom rein menschlichen Stand-

punkt, und machte es den Soldaten klar, was sie getan haben, dass sie geschossen haben, es war ein Regiment, das drei Stunden vorher von Schweinfurt kam, und die Soldaten hatten keine Ahnung von dem, was sich in München abspielte. Die Soldaten vom II. Regt. gingen nicht mit uns, sie glaubten nicht daran. Also alle Kasernen bis auf die eine brachten wir mit. Dann ging ich mit dem russischen Arzt Dr. Munger heim.

Gewehre und Maschinengewehre holten sich in der Zwischenzeit unsere Soldaten, um sich zu verteidigen. Einen ernsten Sturm auf die Kaserne verhinderte Mühsam, indem er seine Soldaten zur Menschlichkeit mahnte, und die sich dann auch tadellos benahmen. Es wurde das Lastauto, wovon ich Ihnen eine Fotografie beilege, mit Munition versehen, und dann fuhr Mühsam mit den Soldaten zum Bahnhof, wo sie von einer ungeheuren Menschenmenge mit Jubel empfangen wurden, und Mühsam sprach dann am Bahnhof zu den Menschen. Er kam nachts um halb ein Uhr nach Hause und konnte keinen lauten Ton mehr reden. Das war die Nacht, die uns zu Republikanern machte. Der Feldwebel, der das Militärgefängnis zu bewachen hatte, wurde von den rebellischen Soldaten totgemacht, weil er sie mit Revolverschüssen empfangen hatte, wie sie ihre Kameraden befreien wollten, dann wurde ein Offizier erschossen, und ein Soldat kam durch eigene Unvorsichtigkeit ums Leben. Das sind die Opfer unserer Revolution. Nexö, ich bitte Sie jetzt als Republikanerin, arbeiten Sie mit uns an der Verständigung der Internationale. Jetzt sind wir frei von unseren Tyrannen, aber wie mir so scheint, unsere Sieger wollen uns jetzt knechten. Es muss ein großer Aufruf an die Völker Frankreichs und Englands gemacht werden, dass sie uns doch etwas besser behandeln sollen. Ich bitte Sie, mein teurer Freund Nexö, arbeiten Sie in diesem Sinne, unsere Soldaten sind durch all das Elend Menschen geworden, und der Militarismus wurde von uns selbst getötet. Das fällt weg, den deutschen Militarismus gibt es nicht mehr. Er ist tot, ganz tot. Bitte lieber Nexö, geben Sie mir bald Antwort, wie man bei Ihnen alles auffasst.

Ludwig Engler ist auf dem Rückzug und im Soldatenrat des II. Bay. Inf. Regt. Er war zum Schluss in der vordersten Linie aus Strafe. Jetzt habe ich Ihnen alles, was die ersten Tage waren, geschrieben. Mühsam ist im Arbeiterrat. Die ersten Tage arbeitete er im Kriegsministerium, er hatte die ersten Tage kaum zwei Stunden geschlafen. Ungefähr können Sie sich jetzt ein Bild machen von unserem Leben hier, und ich hoff, dass Sie mein Brief gesund und wohl erreicht und dass die Gretl sowie Ihre sämtlichen Kinder gesund sind, und grüße Sie alle tausendmal

als Eure Zenzl

Liebe Freunde, heute nur einen Gruß. Ich schreibe in den nächsten Tagen ausführlich, um Ihre Mitwirkung zur Neubelebung der Internationale in Anspruch zu nehmen.

Herzlichst Ihr Erich Mühsam

Studenten 1918

Es muss gesagt werden, dass die Stunde der Erhebung in Münchens geistigen Bezirken keinen erhobenen, keinen erhebenden Geist fand. Die Münchner Studentenschaft hat kläglich versagt. Den Geist und den Sinn der Revolution erfassten nur einzelne Begeisterte, im Ganzen hat die Münchener Universität den geschichtlichen Augenblick der größten Umwälzung, die Deutschland je erlebt hat, unbeteiligt an sich vorbeigehen lassen. Die dem Schicksal gewachsenen Studierenden beiderlei Geschlechts betrachteten das Geschehnis mit dem verdrossenen Achselzucken eines unzufriedenen Zuschauers. Der 7. November 1918, der Geburtstag des geläuterten Bayerns, der Tag, der die Augen der Soldaten und Arbeiter mit neuem Glanze füllte, war für die akademische Jugend Münchens eine peinliche Störung. Das sei festgestellt, bevor es vergessen oder abgeleugnet werden kann.

Bisher sah man in der Studentenschaft stets die Vorhut aller freiheitlichen Regungen und Hoffnungen. Die Jahre 1830 und 1848 galten uns immer als Ruhmesjahre der akademischen Jugend. Der 18. März kann nie genannt werden, ohne die Erinnerung an die Begeisterung der Berliner Studenten wachzurufen. Fritz Reuters »Festungstid« ist ein unvergängliches Denkmal studentischen Freiheitssehnens und studentischer Opferfreudigkeit. Wer die Erinnerungen Herzens oder Kropotkins liest, weiß, welchen ungeheuren Anteil die russischen Studenten an der Erweckung ihres Volkes hatten, und wer erst 1905 und dann 1917 als mitlebender Zeitgenosse den Ausbruch der russischen Volkswut, die Befreiung des russischen Volkes vom Zarismus gesehen hat, der denkt ergriffen der aufopfernden Arbeit der Jünglinge und Mädchen, die von den Hörsälen der Universitäten aus, ohne Rücksicht auf die eigene Freiheit, auf das eigene Leben, den Geist der Revolution ins Land geworfen hatten, der denkt der zahllosen studierenden Männer und Frauen, die für die Freiheit ihres Volkes jahrzehntelang in den Kerkern des Zaren, in den Bergwerken Sibiriens ihren Idealismus büßten, der hält erschüttert Totenschau unter den Hunderten russischer Studenten und

Studentinnen, die ihr Leben hingaben für die Revolution und für das, was sie als Glück ersehnten.

Die Revolution von 1918 war Alleingut der Soldaten und Arbeiter – wenigstens in München.

Die Akademiker standen blasiert und degoutiert im Hintergrunde. Dort wollen wir sie stehen lassen.

März

Der März ist der klassische Monat der Revolutionen. Wenn die Starre des Winters bricht, wenn die Keime der jungen Natur gewaltsam aus der Erde drängen, wenn die Sonne mit verstärktem Feuer dem Wachstum alles Werdenden Raum schafft, das Eis auftaut und die Bäche in reißenden Strömen aus ihren Ufern treibt, dann ist auch in den Herzen der Menschen die Bereitschaft am größten, Fesseln abzuwerfen, Befreiung zu schaffen von Druck und Starrheit.

Die Iden des März ließen im alten Rom die Verschwörung gegen die Tyrannei Julius Caesars reifen, der 18. März ist der Tag der Berliner Revolution von 1848 und der Pariser Kommune von 1871, der 12. März 1917 leitete in Rußland die ungeheure Bewegung ein, die den Zusammenbruch der alten Zarenmacht und darüber hinaus die Befreiung des Landes von der Gottesgeißel des Kapitalismus brachte und die Befreiung der Welt durch den Sozialismus und die Menschheitsverbrüderung bringen wird.

Zum ersten Male scheint Märzsonne auf das Deutschland der Revolution, auf das Deutschland, das banger Hoffnung voll das Fegefeuer der reaktionären Widerstände durchschreitet, die sich dem Willen zur Erneuerung, der Sehnsucht nach Freiheit, dem Bedürfnis nach Läuterung und Weltgemeinschaft in den Weg stellen. Da mag ein Rückblick in die Vergangenheit dem Ausblick in die Zukunft die Luft klären.

Deutschland ist das Land ohne Revolution. Abgesehen von den Bauernkriegen des späten Mittelalters hat keine Erhebung des deutschen Volkes Anspruch auf die Bezeichnung Revolution. 1848 blieb es beim Aufstand, und was seit dem November 1918 bei uns im Werke ist, soll sich als Revolution erst ausweisen. Bis jetzt haben wir nur die Nervenzuckungen einer gepeinigten Nation erlebt, die psychischen Auswirkungen eines physischen Zusammenbruchs, die Versuche einer Minderheit von Begeisterten und Entschlossenen, die Umwälzung herbeizuführen, deren Notwendigkeit offenbar ist, der sich jedoch das zwar kranke und faulige, aber massige Gefüge eines Interessenklüngels und seiner, von der Denkträgheit und Gefühlsarmut der Volksmehrheit umpanzerten, scheinrevolutionären Sachwalter entgegenstemmt. Noch glaubt uns die Mitwelt unsere Revolution nicht, und wir selbst haben Grund, vorerst an ihr zu zweifeln. Denn von einer veränderten Mentalität ist bei den Deutschen so gut wie nichts zu spüren. Die Selbstgerechtigkeit, die dem Volk von seinen Fürsten und Leitern aufsuggeriert war, um jede Kritik an den Führern am Eigenstolz der Geführten stumm zu machen, hat die kriegerische und moralische Niederlage Deutschlands überlebt. Die Dynastien sind beseitigt, aber ihr Hochmut, ihre Anmaßung, ihr Dünkel sind in ihren Nachfolgern mit derselben Unbescheidenheit wirksam, die dem Deutschland Wilhelms II. den Hass und den Widerwillen der ganzen übrigen Menschheit zugezogen hat. Die Mitschuldigen des Weltkriegs und seiner Methoden regieren noch heute das deutsche Volk, vertreten es vor dem Ausland und kompromittieren seine Ideale durch die Schaustellung ihrer eigenen Ideallosigkeit, durch ihr Schaukeln zwischen selbstzufriedenem Protzen mit dem deutschem Wesen, an dem noch einmal die Welt genesen soll, und würdelosem Wimmern um Barmherzigkeit. Man nennt diese den letzten Hohenzollern abgelauschte Unbeständigkeit, dies Herüberwechseln von Exaltiertheit zu Depression, von heroischer Pose zu masochistischer Unterwürfigkeit oder plumper Anbiederung »Realpolitik«.

Das unglückselige deutsche Volk aber ist in einem halben Jahrhundert auf Sieg gestimmter Militärerziehung zur Autoritätenbewunderung, verschärft durch die gleichzeitig ins Abenteuerliche gesteigerte Disziplinierung der Arbeiterschaft, zum blinden Vertrauen in die Entschlüsse ihrer professionellen Führer, an eine Einschätzung solcher »Realpolitik« gewöhnt worden, die es den Blick für politische Realitäten vollständig verlieren ließ. Es glaubt an die Unfehlbarkeit seiner Vertreter, zu deren Gunsten es fatalistisch auf jede eigene Initiative verzichtet hat, es vertraut der militärischen und sozialdemokratisch-gewerkschaftlichen Führung auch dann noch, wenn es von ihr bis zum Halse in den Sumpf des seelischen und materiellen Verderbens gegängelt worden ist, es baut in atheistischer Gottergebenheit auf das Walten historischer Notwendigkeiten, auf die »naturgewollte Entwicklung« der Weltgeschichte, die es schon selbsttätig aus der überlebten Epoche der kapitalistischen Gesellschaftsordnung in das Eldorado des Sozialismus hinüberleiten wird.

Als im November der den Deutschen nicht mehr entreißbare Sieg über die Weltkoalition als katastrophalste Niederlage aller Zeiten offenbar wurde, war bei uns alles reif zur Revolution – nur die Menschen nicht. Die ließen sich von dem gewaltigen Umschwung der Ereignisse ebenso überraschen, wie sie im August 1914 überrascht ihr Leben und ihre Zukunft den Weltausraubungsplänen der Kruppbeauftragten Hohenzollern, Wittelsbacher e tutti quanti zur Verfügung stellten. Sie begaben sich mit der Willenlosigkeit, die sie vor allen Völkern auszeichnet, auf den »Boden der Tatsachen«, und die sozialdemokratische Partei Bayerns produzierte am 8. November jene denkwürdige Erklärung, in der sie, die angebliche Erzieherin des Volkes zur Revolution, die erschreckte Versicherung abgab, dass sich das Ereignis »ohne unser Zutun« vollzogen habe. Am Tage darauf traten die Unterzeichner dieses Eingeständnisses in die revolutionäre Regierung ein und unterließen seitdem nichts, was dem Werk der Revolution schädlich sein konnte.

So unterscheidet sich die gegenwärtige Revolution von allen früheren dadurch, dass sie selbst schneller da war als der allgemeine Wille zu ihr. Ihr elementarer Ausbruch kam nicht aus der Erkenntnis der Unnahbarkeit der Zustände, die das reiche deutsche Volk zum Bettelpack gemacht hatten, sondern aus der Unhaltbarkeit dieser Zustände selbst. Nicht die Unerträglichkeit der im Kriegszustand gewagten Zumutungen an die »Opferfreudigkeit« des deutschen Volkes entfesselte den Aufstand, sondern das plötzliche Versagen des Programms derer, die die Zumutungen gestellt hatten, ihr Einbrechen in das Eis, unter das sie die Gegner hinabstoßen wollten, das Reißen des Seils, an dem sie das blindlings folgende Volk hinter sich herzogen. Das an Führung gewöhnte Deutschland war plötzlich ohne Führung, das Geleise, auf dem die Bahn fuhr, ging nicht weiter, die Wagen rasselten in den lehmigen Boden hinein und schlugen um, und die Fahrgäste waren zur Revolution gezwungen – sehr gegen ihren Wunsch. Sie setzten die Zugführer ab und schrien nach Wiederherstellung der alten Schienen, auf denen sie in »Ruhe und Ordnung« weiterfahren wollten, ohne zu bemerken, dass auf dem Morast kein Schienenstrang mehr haltbar ist und dass die

Wagen, in denen sie bisher über den Abgrund fuhren, zertrümmert sind. Macht nichts: Die »kleine Minderheit« derer, die einen neuen festen Boden bereiten wollen, die neue Gefährte bauen möchten, in denen für alle Platz ist, die neuen Zielen zustreben, statt die Reise ins gähnende Nichts hinein fortzusetzen, sind Verräter, Verbrecher, Verführer, gegen die die zerrüttete Vergangenheit des Militarismus und der Kriegsgewalt noch einmal mobil gemacht wird, die mit Feuer und Schwert mit Hindenburg und Noske ausgerottet werden müssen.

Eine Revolution dieser Art, wie die des bankrotten Deutschlands von 1918/19 hat die Welt noch nicht erlebt. Nach mehr als vier Monaten hat die Minderheit derer, die zur Tat schritten und von Anfang an die Träger der Idee und des Werkes waren, immer noch um das bisschen Aufklärung im Volk zu kämpfen, das genügen würde, um ohne jedes Opfer an Menschenleben die Rettung aus dem Chaos zu bringen, in dem die Verblendeten unablässig die Scherben ihrer zerschlagenen Götzenbilder sammeln, um doch noch zu leimen, was nie mehr geleimt werden kann.

Armes Volk! Märzluft weht über Deutschland, aber die deutschen Proletarier bewaffnen sich gegen diejenigen ihrer Brüder, die den Völkerfrühling endlich auch über diesem Volk sprießen sehen möchten.

Bruderkrieg! Proletarierkrieg! So schmerzlich wie die unsrige, erlebte ihn noch keine Revolution. Immer sonst war es der Krieg des Volkes gegen die Reaktion, der den Schrecken in die Befreiungskämpfe trug, jetzt ist es der Krieg des Volkes gegen die Revolution, die Niederlage auf Niederlage erlebt und dennoch siegen muss, weil sie nicht untergehen kann. In der großen Französischen Revolution gab es Schrecken und Grauen genug – das ist wahr, und viele der Besten des Volkes wurden Opfer ihrer Überzeugung. Nicht alle von ihnen starben wie Marat unter dem Dolch einer Aristokratin, die sich gegen den neuen Geist auflehnte – nein, viele mussten verbluten unter dem Fanatismus ihrer eignen Gefährten. Und doch: Ist Dantons, Desmoulins, Madame Rolands Tod dem Ende der Kämpfer vergleichbar, die in diesen Tagen wieder in Berlin ihres revolutionären Willens halber ohne Gericht, ohne Verhör, auf das generelle Verdikt eines entarteten Arbeiterführers hin von Arbeitsgenossen ermordet wurden? Die Opfer der Schreckensherrschaft in Paris fielen, weil ihre Richter in ihnen eine Gefahr für die Revolution erblickten. Die Opfer Noskes fallen, weil sie Revolutionäre, weil sie Sozialisten sind, und der sie schlachten lässt, um der am Kriege schuldigen kapitalistischen Bourgeoisie ihren mühelosen Rentenbezug zu retten, nennt sich selbst Sozialist und vermag darum Volksgenossen zur Weltschmach dieser Märzmorde zu verleiten. Nein – solche Revolution hat es noch nie gegeben. Selbst die schwächliche Revolte von 1848 sah das Volk einig, vor dem Aufstand und in ihm. [...]

Unsere Revolution kann nicht an der Geringfügigkeit ihrer Forderungen scheitern, aber sie kann aufgehalten werden, und dadurch umso blutigere Formen annehmen – durch die Nichtbereitschaft des Volks, sie zu vollenden. Die Forderungen der derzeitigen Revolution sind ungeheuer. Sie ergeben sich aus dem Zusammenbrechen aller gesellschaftlichen Bindungen und betreffen die Umgestaltung der Grundlagen der menschlichen Beziehungen.

Aber ihr zeitweises Niederhalten beschwört die Gefahr entsetzlicher Reaktion herauf. Ein Teilnehmer der Französischen Revolution, der Deutsche Justus Erich Pollmann, schreibt am 27. Dezember 1793 an seinen Vater: »Wenige Revolutionen sind bis jetzt noch vollendet worden, und aus der Nichtvollendung derselben entsprang größeres Übel als das, wo wider sie anfänglich ausbrachen«. Die Revolution, die wir jetzt durchleben, kann nicht unvollendet bleiben. Aber ihre Vollendung kann reibungslos und schön geschehen, wenn das Volk von dem Geiste der Solidarität und der Bewusstheit getragen wird, die den Märztagen 1848 die Weihe gab.

Trutzlied

Nennt uns nur höhnisch Weltbeglücker,
weil wir das Joch der Unterdrücker
nicht länger dulden und die Schmach.
Lacht nur der neuen Ideale,
leert auf die alten die Pokale –
    Wir geben nicht nach!

Legt nur die Stirn in ernste Falten,
schreckt auf im Bette ungehalten
und scheuert euch die Augen wach.
Flucht auf die unerwünschte Störung,
reißt's Fenster auf und schreit: Empörung!
    Wir geben nicht nach!

Setzt euch nur auf die Geldkassette,
dass Gott die arme Seele rette
aus Not, Gefahr und Ungemach, –
und ruft nach euren guten Geistern,
nach Polizei und Kerkermeistern –
    Wir geben nicht nach!

Dass den Verrat der Teufel hole,
langt nur die Repetierpistole
samt den Patronen aus dem Fach,
und schmückt den Hut mit der Kokarde
der geldsacktreuen weißen Garde –
    Wir geben nicht nach!

Lasst Volkes Blut in Strömen fließen,
lasst uns erhängen und erschießen,
setzt uns den roten Hahn aufs Dach.
Lasst Mörser und Haubitzen wüten,
um euer Diebesgut zu hüten –
    Wir geben nicht nach!

Lasst euer Höllenwerkzeug toben!
Die Sehnsucht selbst hat sich erhoben
des Volks, das seine Ketten brach.
Freiheit und Recht stehn auf der Schanze.
Sieg oder Tod – jetzt geht's ums Ganze! –
    Wir geben nicht nach!

Bayerns zweite Revolution

Bei dem grotesk unpünktlichen Erscheinen dieser »Wochenschrift«, für das der Herausgeber jede Verantwortung ablehnt, ist es kaum möglich, dem Bedürfnis der Leser nach aktuellem Lesestoff gerecht zu werden. Wesentliche Vorgänge im öffentlichen Geschehen müssen unberücksichtigt bleiben, andere sind, wenn ihre Behandlung hier endlich möglich wird, längst überholt.

Dass es nicht einmal gelang, die vorliegende Märznummer zum Revolutionstermin rechtzeitig herauszubringen, mögen die Freunde des Kain der Abhängigkeit zugutehalten, in der sich der Herausgeber leider dem technischen Veranstalter des Blattes gegenüber befindet. Die Versuche, die Zeitschrift trotz allem zu einem regelmäßig erscheinenden Organ der Kritik und des Appells zu machen, sollen mit allem Nachdruck fortgesetzt werden.

Ein eingehender Rückblick auf die Ereignisse der drei Wochen, die zwischen dem Erscheinungstermin der letzten Nummer und heute liegen, ist bei der Knappheit des noch verfügbaren Raumes nicht möglich. Die Wirksamkeit der deutschen »Volksvertretung« in Weimar und die Mordorgie, die ihre Willensvollstrecker unter den konsequenten sozialistischen Revolutionären in Berlin und im übrigen deutschen Reich gefeiert haben, muss unberücksichtigt bleiben. Ein paar Daten mögen einzig vom Verlauf und vom trüben Ende der zweiten Revolution in Bayern Rechenschaft geben.

Die Ermordung Kurt Eisners war auch von denen, die seine Politik ihrer Kompromisse wegen nicht billigen konnten, so stark als Schlag gegen die Revolution selbst empfunden worden, dass München im Augenblick, als das Ereignis bekannt wurde, in neuer leidenschaftlicher Erhebung aufstand. Eisner starb fünf Minuten von dem Parlamentsgebäude entfernt, in dem er seine am 7. November erkämpfte Macht in die Hände des Parlaments legen wollte, das die Liquidierung der Revolution als seine Aufgabe betrachtet. Er rettete mit seinem Tode die Revolution vor dem Versumpfen. Sein Untergang war seine letzte und größte revolutionäre Tat.

Die Schüsse, die wenige Minuten nach Eisners Ermordung im Landtag fielen, schreckten die Abgeordneten, die doch gerade jetzt als einzige souveräne Gewalt Bayerns infrage kamen, wie eine von Hunden gejagte Hammelherde auseinander.

Die Herren vertagten sich für unbestimmte Zeit, sie ließen das Land ohne Regierung, sie desertierten – und veranlassten dadurch die verachteten Räteorganisationen, die Gesetzgebungs- und Vollzugsgewalt in die Hand zu nehmen. Es geschah das zunächst Notwendige. Der Belagerungszustand wurde verhängt, die Presse, die die Mordatmosphäre geschaffen hatte, unter Zensur gestellt, die Bewaffnung der Arbeiterschaft angeordnet. Dann berief man – leider ohne vorher eine Neuwahl nach revolutionären Grundsätzen anzuordnen – den Landeskongress der Arbeiter-, Soldaten- und Bauernräte Bayerns zusammen.

Bayern war damit Räterepublik. Aber die Räte selbst merkten es nicht. Von außen her pfuschten Partei- und Gewerkschaftsbonzen in ihre Arbeit hinein. Der Wahn von der wahren demokratischen Gerechtigkeit des bürgerlichen Parlamentarismus saß so tief in den Köpfen dieser Revolutionsdelegierten, dass sie sich dem Votum etlicher sozialdemokratischer Ministeranwärter beiderlei Abtönung, die in Nürnberg und Bamberg mit klerikalen und kapitalistischen Interessenhütern paktiert hatten, willig unterwarfen und den Akt der Selbstkastrierung mit erhabener Gebärde vollzogen. [...] Die zweite bayerische Revolution scheint kaputt zu sein. Aber die verbündeten Industriellen, Sozialdemokraten und Börsianer mögen nicht glauben, damit sei die Revolution selbst erledigt. Gegen die hilft kein Landtag und kein Noske.

Baiern ist Räterepublik

PROLETARIER ALLER LÄNDER VEREINIGT EUCH!
Der Schlussappell des kommunistischen Manifestes ist der Schlachtruf der Internationale geworden.
Jetzt richten wir den Appell an das revolutionäre Volk des eigenen Landes:
Proletarier Baierns vereinigt euch!
Die Einigung der Proletarier kann nach dem herrlichen Beispiel des russischen Volkes nur auf einer Grundlage geschehen, auf der der *Räterepublik!*

BAIERN IST RÄTEREPUBLIK.
Ohne Rücksicht auf die Streitigkeiten ihrer Führer hat sich die werktätige Bevölkerung im Willen zusammengeschlossen, *den Sozialismus, den Kommunismus zu verwirklichen!*
Der Landtag ist fortgeschickt, das von ihm eingesetzte kleinbürgerlich-sozialistische Ministerium existiert nicht mehr.
Ein provisorischer Rat von Volksbeauftragten und ein provisorischer revolutionärer Zentralrat haben die Geschäfte des Landes vorläufig zu besorgen. Da kein einziger der kompromittierten Führer der Kriegssozialisten mehr in diesen Körperschaften sitzt, ist die Gewähr dafür gegeben, dass ihr Wirken ohne Rücksicht auf kapitalistische und bourgeoise Interessen der Herbeiführung der gerechten sozialistisch-kommunistischen Wirtschaft und der Sicherung der Revolution dienen wird.
Die Diktatur des Proletariats ist Tatsache!
Eine Rote Armee wird sofort gebildet!
Die Verbindung mit Russland und Ungarn wird sofort aufgenommen.
Eine Gemeinschaft zwischen dem sozialistischen Baiern und dem Kaiserdeutschland mit dem republikanischen Aushängeschild kann nicht mehr sein.
Ein Revolutionsgericht wird jeden Versuch revolutionärer Machenschaften rücksichtslos ahnden.

Die Lügenfreiheit der Presse hört auf. Die Sozialisierung des Zeitungswesens sichert die wahre Meinungsfreiheit des revolutionären Volkes.

Die neue Gewalt wird so schnell wie möglich Neuwahlen der Betriebsräte auf revolutionärer Grundlage anordnen, auf denen von unten herauf sich das Rätesystem aufbauen soll, das die Entscheidung über alle seine Angelegenheiten in die eigenen Hände des arbeitenden Volkes legt. Nur des arbeitenden Volkes! Die Kapitalisten werden von der Mitbestimmung an den Geschicken des Lands ausgeschlossen.

Aus dem Rätesystem wird die sozialistische Gesellschaft herauswachsen, die keinen arbeitslosen Wohlstand und keine Armut des Fleißigen mehr kennen wird. Im Bunde mit dem revolutionären Russland und Ungarn wird das neue Baiern *die revolutionäre Internationale* herstellen und *der Weltrevolution* die Wege ebnen.

Proletarier! Haltet Frieden miteinander! Es gibt nur einen Feind: die Reaktion, den Kapitalismus, die Ausbeutung und Bevorrechtung! Gegen diesen Feind müssen alle Kämpfer für Freiheit und Sozialismus geschlossen zusammenstehen.

An die Arbeit! Jeder auf seinen Posten!
Es lebe das freie baierische Volk!
Es lebe die Räterepublik!

Erich Mühsam

Sechs Tage im April

[...] An die Möglichkeit, dass etwa die KPD sich grundsätzlich ablehnend verhalten könne, dachte kein Mensch. Wir alle wussten, mit welcher Leidenschaftlichkeit das Münchener Proletariat Tag für Tag nach der Räterepublik rief, und so übersahen wir die Gefahr, die eine so willkürliche Form der Ausrufung, wie sie jetzt geplant war, in sich schloss. [...]

Zuerst sprach Genosse Schuhmann. Er erklärte zur grenzenlosen Überraschung sämtlicher Anwesenden, seine Partei protestiere gegen die Ausrufung der Räterepublik, die dieses Konventikel gar nicht beschließen dürfe, sondern die vom Rätekongress angenommen werden müsse. Ich übernahm es, ihm sowie den beiden andern Sprechern der Partei zu antworten. Zunächst setzte ich noch einmal die Gründe auseinander, die schleuniges Handeln verlangen, erinnerte daran, dass sich der Rätekongress als rückständige und willenlose Körperschaft erwiesen habe und dass der Zentralrat es sei, von dem jetzt die Initiative ausgehe, also durchaus die Instanz, die berufen sei, ein Provisorium zu schaffen, zu dem dann ein neuer, aufgrund revolutionärer Rätewahlen einzuberufener Kongress endgültig Stellung nehmen müsse. Als zweiter Redner der KPD behauptete Genosse Dietrich, die Massen seien gegen die Proklamation der Räterepublik. Er erregte damit das Gelächter der Versammlung, und ich erwiderte, dass diese Äußerung zeige, wie fremd er noch den Verhältnissen in Bayern gegenüberstehe, da seit Eisners Ermordung die Räterepublik die unausgesetzte laute Forderung des Proletariats sei, wobei ich auch an die drohende Demonstration gegen den Rätekongress am 28. Februar erinnerte. Dann erhielt »Genosse Niessen« das Wort, ebenfalls ein allen Anwesenden gänzlich Unbekannter, dessen Identität mit Eugen Leviné erst einige Tage später bekannt wurde. Seine Ausführungen waren weitaus ernster zu nehmen als die seiner Vorredner. Alle Argumente, die er ins Feld führte, richteten sich gegen ein Zusammenwirken mit den Sozialpatrioten. Er verwies auf die verräterische Haltung der Sozialdemokraten in Berlin, in

Hamburg, vor allem in Bremen, griff den anwesenden Minister Schneppenhorst und den Stadtkommandanten Dürr persönlich so scharf an, dass unter den Mehrheitlern großer Unwille entstand und Schneppenhorst selbst beinahe handgreiflich geworden wäre. Meine Antwort lautete dahin, dass ich das Misstrauen gegen die Mehrheitspartei vollkommen teile, dass es mir aber doch unzulässig erscheine, aus dem Verhalten dieser Partei in Norddeutschland ohne Weiteres Analogieschlüsse zu ziehen und Leute als Verräter zu bezeichnen, ehe sie bewiesen hätten, dass sie welche seien. Im Übrigen sei jedoch meine Meinung, dass, wenn jetzt ein neuer provisorischer Zentralrat und ein Rat der Volksbeauftragten bestimmt werden, das für das Proletariat keineswegs bindend sei. Ich wünschte, dass morgen, gleich nachdem das Ereignis bekanntgegeben sei, die Massen auf der Theresienwiese zusammenkämen, uns allesamt zum Teufel jagten und das Weitere aus eigenem Ermessen den Personen übertrügen, denen sie Vertrauen entgegenbrächten. Dass jedoch ein Zusammengehen aller Parteien und sozialistischen Richtungen durchaus dem Wunsch des Proletariats entspreche, müsse ich nach dem Beweise, den Ungarn zur Zeit für die Möglichkeit dieser Einigung biete, bestimmt annehmen. Darauf verließ die Deputation den Saal. [...]

Gegen neun Uhr kam ich endlich zu Hause an, musste jedoch schon um zwölf Uhr an einem der Hauptplätze Münchens sein, um zu sprechen. Meine eigene Begeisterung war schon durch den bisherigen Gang der Sache stark niedergedrückt worden. Als ich jetzt die Stimmung in der Münchener Bevölkerung beobachtete, ging sie in Pessimismus über. Wohl war das Leben bewegter als gewöhnlich, aber es lag eine gewisse Schwüle über der Atmosphäre, eine beängstigende Stille, die auf argwöhnisches Abwarten schließen ließ. Am Stachus bestieg ich eine Bank. Eine große Menschenmenge drängte sich um mich, aus der zunächst antisemitische Rufe laut wurden. Die Reaktion hatte schon die Witterung, dass das Proletariat uneinig geworden sei, und traute sich trotz der Standrechtsverkündigung vor. Unter der Menge bemerkte ich bald einen KPD-Genossen vom RAR, der meine Rede, lebhaft assistiert von den nationalen Studenten, dauernd durch Zwischenrufe unterbrach und die Menge aufforderte, dieser Räteregierung die Gefolgschaft zu verweigern. Die Festrede, die ich halten sollte, verwandelte sich in eine

Rechtfertigungsrede. Es traten Diskussionsredner gegen mich auf, nämlich der erwähnte RAR-Genosse und dann ein älterer Mann, der die Behauptung aufstellte, ich hätte während des Krieges Gedichte auf den deutschen Kaiser gemacht. Als ich den Verleumder aufforderte, Beweise zu erbringen, weigerte er sich. Ich verlangte dann, er solle sich legitimieren, was er erst unter dem Druck der Umstehenden tat. Dann nahm er alles zurück. Die ganze Situation war äußerst unerquicklich. Ein großer Teil der Umstehenden nahm zwar entschieden für mich Partei, geleitete mich dann zu einem Auto und bereitete mir bei der Abfahrt eine Ovation. Aber ich hatte das bittere Gefühl, mich in ein schlimmes und dummes Abenteuer eingelassen zu haben, wenngleich ich immer noch nicht einsah, worin mein eigener Fehler lag, und die ganze Schuld am Ausgleiten der Revolution dem Verhalten der KPD zuschob.

Am Nachmittag trat der neue provisorische Zentralrat im Landtagsgebäude zusammen. Die Diskussion drehte sich darum, wie die Einigkeit des Proletariats zu erreichen sei. Das Verhalten der KPD wurde allgemein damit erklärt, dass sie statt einer Rätediktatur, wie wir sie durch die Anberaumung der Neuwahl sämtlicher Räte raschestens herbeiführen wollten, die Diktatur ihrer Partei erstrebe und deshalb jede Aktion, die nicht ihrer Initiative entspränge, von vornherein zu sabotieren versuche. Während einzelne Redner rieten, die Partei links liegenzulassen und nötigenfalls auch gegen sie zu operieren, verlangte der RAR mit größter Entschiedenheit, dass eine Verständigung mit der KPD, koste es, was es wolle, herbeigeführt werden müsse, da wir einen Kampf gegen die besten Kräfte der Revolution unter keinen Umständen mitmachen könnten. Man wusste, dass zu gleicher Zeit in einem großen Saale eine öffentliche Versammlung der KPD stattfand, und ich erhielt den Auftrag, mit noch zwei Genossen vom RAR hinzufahren und zu verhandeln. Vor allen Dingen sollte ich die Bedingungen ermitteln, die die Partei stelle, um sich zu beteiligen. In der Erwartung, man werde die Ausschließung der Mehrheitler und Gewerkschaftsführer aus dem Zentralrat, die Neubenennung des Rats der Volksbeauftragten und vielleicht die sofortige Einberufung des Rätekongresses fordern, und in der festen Absicht, die Forderungen der Partei zu meinen eigenen zu machen, kam ich in der Versammlung an und ging, während Genosse Leviné sprach, aufs Podium. Kaum jedoch hatte die Menge mich bemerkt, als ein ungeheurer Lärm entstand. Ich hörte Rufe wie Verräter! Schuft! Volksbetrüger! etc. und wurde tätlich insultiert. Unter dem Schutz einiger Genossen, die nicht alle Besinnung verloren hatten, gelangte ich hinaus und entging der Gefahr, zerrissen zu werden. Einer meiner Begleiter wurde schwer misshandelt (übrigens selbst ein Mitglied der KPD). Dieser Vorfall machte einen niederschmetternden Eindruck auf mich, da ich mit einer solchen Stimmung im Proletariat überhaupt nicht gerechnet hatte. Es stellte sich nachher heraus, dass den Arbeitern eingeredet worden war, ich sei mit Schneppenhorst nach Nürnberg gefahren, um mit ihm das nordbayerische Militär gegen das Münchener Proletariat scharfzumachen.

So waren alle Versuche, mit den führenden KPD-Genossen auch nur zu einer Aussprache zu kommen, gescheitert. Sie waren am Nachmittag des 4. April, als ein Wort von ihnen genügte, um die ganze Aktion hinfällig zu machen, nicht erschienen, hatten am Abend drei völlig unbekannte Genossen entsandt, die für die Weigerung der Partei ein paar so unzutreffende Argumente ins Feld führten, dass niemand glaubte, dass sie damit den Willen der Massen ausdrückten, hatten in der entscheidenden Nachtsitzung zum 7. April Levien statt mit Forderungen mit Fragen vorgeschickt und hatten nun, als es schon völlig unmöglich war, etwas rückgängig zu machen, den besten Teil des Proletariats in wilden Hass gerade gegen die revolutionärsten Teilnehmer der Aktion versetzt. Ich war nach dem Empfang in der Versammlung nahe daran, alles hinzuwerfen, mich vollkommen zurückzuziehen und den Dingen ihren Lauf zu lassen. Die Freude an der Arbeit war mir gründlich vergällt. Schließlich siegte aber in mir die Erwägung, dass ich jetzt nicht fahnenflüchtig werden dürfe. Landauer, mit dem ich sonst in fast allen Dingen einiggig, stand der Kommunistischen Partei ganz anders gegenüber als ich. Ihn verband nicht mit ihr die lange gemeinsame Arbeit, und er glaubte nicht, dass hinter der Partei wirklich starke Schichten des revolutionären Proletariats ständen. Er nahm daher den Widerstand der Partei an und für sich nicht so schwer wie ich. […]

Worin unser Fehler bestanden hatte, als wir die überstürzte Proklamation der Räterepublik vornahmen, erkannte ich nach einem Besuch des

Genossen Axelrod bei mir. Er setzte mir auseinander, dass er der Ausrufung aus dem Grunde Widerstand entgegengesetzt haben würde, weil sie ohne die genügende unterirdische Vorbereitung im Lande ins Werk gesetzt wurde. Alle Persönlichkeiten hätten überall in Bereitschaft stehen, alle Proklamationen und Maßnahmen im Augenblick der Aktion fix und fertig sein, vor allem der militärische Schutz wirksam organisiert sein müssen. Erst dann hätten wir handeln dürfen – und es wäre auf die Formalitäten dabei nicht angekommen. Wären uns am 4. April diese Argumente entgegengehalten worden, dann halte ich es für gewiss, dass das Unglück nicht Ereignis geworden wäre. Auf die Frage, ob er denn jetzt rate, alles rückgängig zu machen und uns der Regierung Hoffmann auszuliefern, erklärte Genosse Axelrod das für unmöglich, verteidigte aber die ablehnende Haltung der Kommunisten. [...]

Die Arbeiterschaft hatte das Gefühl dafür, dass die Ursache der Verfahrenheit des öffentlichen Betriebs in der Uneinigkeit des Proletariats, in der Nichtanerkennung der Räterepublik durch die Kommunisten zu suchen war. So ergriffen die Betriebsräte von sich aus die Initiative zur Konsolidierung der Verhältnisse. Durch Plakate wurden zum 11. April (Freitag) Abend sämtliche Betriebsräte Münchens zur Versammlung in den Hofbräusaal zusammengerufen. Zugleich wurden die Führer aller sozialistischen Parteien sowie diejenigen Genossen eingeladen, die, ohne einer Partei anzugehören, an sichtbarer Stelle standen. »Fernbleiben wird als Schuldbekenntnis aufgefasst.«. Die Versammlung war überfüllt. [...]

Ich sprach dann noch einmal und erklärte, dass die Versammlung revolutionärer Betriebsräte als allein berechtigte Vertretung des Proletariats zu bestimmen habe, ob die gegenwärtige Räteregierung als Organ der proletarischen Diktatur anzusehen sei und das Vertrauen des Proletariats habe. Ich sprach dabei aus, dass die Verweigerung des Vertrauensvotums mir erwünscht sei, da dann die Bürde von uns revolutionären Regierungsmitgliedern genommen sei, unter diesen undankbaren Verhältnissen die Verantwortung zu tragen, und die Kommunisten gezwungen seien, verantwortlich mitzuwirken. Es sei im Fall der Misstrauenskundgebung gegen uns Aufgabe dieser Versammlung, sofort ein neues Provisorium zu schaffen und womöglich aus ihrer Mitte heraus

Genossen zu bestimmen, die die nächsten Maßnahmen zu veranlassen hätten. Sollte aber die Versammlung dem bestehenden Zentralrat ihr Vertrauen bekunden, so würden wir unsere Pflicht nach Kräften weiterhin erfüllen in dem Bewusstsein, dass der Vorwurf, wir seien die Vertreter einer »Scheinräterepublik«, ehrlicherweise dann nicht mehr erhoben werden könne. Alle anwesenden Mitglieder des Zentralrats erklärten, die Versammlung als souveräne Vertretung des Proletariats anzuerkennen und sich ihrem Beschluss bedingungslos zu fügen. Ein aus der Mitte der Betriebsräte eingebrachter Antrag, der bestehenden Räteregierung das Geschick des Landes weiterhin anzuvertrauen, wurde darauf mit überwältigender Mehrheit gegen ein paar Dutzend Stimmen angenommen. (Ich selbst stimmte dagegen). Levien erklärte auch nach der Vertrauenskundgebung, dass das Verhalten der KPD trotzdem das gleiche bleiben werde. [...]

Der Schlag wurde in der Nacht zum 13. April (Palmsonntag) ausgeführt, und zwar unter Leitung und auf Anstiften von Mehrheitssozialisten. Früh um vier Uhr wurde ich aus dem Bett heraus von Angehörigen der Republikanischen Schutztruppe, die uns kurz zuvor ihrer unbedingten Treue versichert hatte, verhaftet und zum Hauptbahnhof gebracht, wo sich im Laufe der Morgenstunden noch zwölf Genossen einfanden. Es waren Plakate angeschlagen, die im Namen der Kasernenräte den Sturz der Räteregierung verkündeten und die Regierung Hoffmann als allein rechtmäßig proklamierten. Einige Genossen, darunter der Volksbeauftragte Soldmann, waren aus dem Wittelsbacher Palais herausgeholt worden, wo sie in nächtlicher Arbeit ihre Pflicht taten. Mehrere außer mir, unter anderen Genosse Dr. Wadler, waren in ihren Wohnungen festgenommen. Der Rest war bei der Festnahme von Geiseln überrascht und verhaftet worden. Wir blieben bis mittags im Bahnhofsgebäude, in beständiger Erwartung eines Angriffs des Proletariats zu unserer Befreiung. Dann wurden wir in einem Extrazug unter starker militärischer Begleitung nach Nordbayern verschleppt.

Der Sturm auf den Bahnhof erfolgte einige Stunden nach unserer Abreise und führte zum vollen Erfolg der Arbeiter, die nun unter Leitung der KPD die Räteregierung neu errichteten. Den weiteren Verlauf habe ich nicht miterlebt und überlasse es daher andern, die ferneren Ereignisse, frei von einer Parteilichkeit, die nach der einen Seite mit Füßen tritt, nach der andern lobhudelt, zu schildern. Bemerken möchte ich, dass Landauer gleich nach der Auflösung des früheren Zentralrats eine Erklärung veröffentlichte, worin er die neue Sachlage begrüßte, die kommunistische Räteregierung anerkannte und sich ihr für alle verlangten Dienste zur Verfügung stellte. Die Kommunisten hatten in den zweieinhalb Wochen ihrer Herrschaft mit ganz ähnlichen Schwierigkeiten zu kämpfen wie in den sechs Tagen vorher wir, nur dass ihre Arbeit nicht mehr von den Auerochsen, sondern von den Unabhängigen sabotiert wurde. Ihr großes Verdienst war, dass sie in kurzer Zeit eine schlagkräftige Rote Armee aufzustellen vermochten. Der Zwang, alle Kräfte auf die militärische Verteidigung der Räterepublik zu konzentrieren, entschuldigt völlig, dass die diktatorische Niederzwingung des Kapitalismus auch unter ihrem Regime kein rascheres Tempo annehmen konnte als unter unserm. Die vielen Missgriffe in der Auswahl der Personen, denen höchst verantwortliche Aufgaben übertragen wurden und die dem Verrat auch jetzt noch allerorts Zugang verschafften, sind dem Mangel an revolutionärer Erfahrung und der Plötzlichkeit zuzuschreiben, mit der alle Maßnahmen ergriffen werden mussten. Ich weiß zu gut, welcher Anteil an allen Übelständen während der zweiten Räterepublik unserem übereilten Handeln am 4. und 6. April zufällt, als dass ich als Ankläger gegen die kommunistischen Genossen auftreten möchte.

Der Zweck dieser Aufklärung war der, unser Verhalten psychologisch zu erklären, uns gegen den ruchlosen Vorwurf zu verteidigen, als hätten wir, speziell Landauer und ich, gegen die dieser Angriff gemünzt ist, aus Literateneitelkeit ein im Kaffeehaus ausgehecktes Abenteuer verwirklichen wollen, und darzutun, dass wir unter einem von außen einwirkenden Zwang gehandelt haben. Dass unser Handeln fehlerhaft war, habe ich zugegeben.

Tagebuch – Mai 1919

Zuchthaus Ebrach, Dienstag, d. 6. Mai 1919
Landauer tot. Ich will und kann es nicht für möglich halten und muss es doch glauben. Nur ein kleines Restchen Hoffnung, dass es vielleicht doch nicht wahr sei, ist noch da, und an das klammere ich mich. Die Meldung – im ›Bamberger Volksblatt‹ – lautet: »Landauer fiel in Pasing den Regierungstruppen in die Hände und wurde sicherem Vernehmen nach bei seiner Einlieferung von der Menge getötet.« Gelyncht also – wie Rosa Luxemburg von einer durch Lügen und verleumderische Verhetzung fanatisierte und mordgierig gemachte Soldateska schnöde ermordet. Es ist so furchtbar – so grauenvoll; mein Freund und Führer, mein Lehrer und Genosse. – Und ich sitze da, eingekerkert von denselben Verbrechern, die seinen Tod verschuldet haben, und kann nicht helfen, niemanden trösten, nicht zu seinem Begräbnis gehen, kein Wort des Gedächtnisses für ihn sprechen. Und niemand – auch von denen nicht, die jetzt erbittert sind gegen seine Mörder –, niemand weiß, welch ein Geist hier zerstört ward. […]

Der Gefangene

Ich hab's mein Lebtag nicht gelernt,
mich fremdem Zwang zu fügen.
Jetzt haben sie mich einkasernt,
von Heim und Weib und Werk entfernt.
Doch ob sie mich erschlügen:
 Sich fügen, heißt lügen!

Ich soll? Ich muss? – Doch will ich nicht
nach jener Herrn Vergnügen.
Ich tu nicht, was ein Fronvogt spricht.
Rebellen kennen bess're Pflicht,
als sich ins Joch zu fügen.
 Sich fügen, heißt lügen!

Der Staat, der mir die Freiheit nahm,
der folgt, mich zu betrügen,
mir in den Kerker ohne Scham.
Ich soll dem Paragrafenkram
mich noch in Fesseln fügen.
 Sich fügen, heißt lügen!

Stellt doch den Frevler an die Wand!
So kann's euch wohl genügen.
Denn eher dorre meine Hand,
eh ich in Sklavenunverstand
der Geißel mich sollt fügen.
    Sich fügen, heißt lügen!

Doch bricht die Kette einst entzwei,
darf ich in vollen Zügen
die Sonne atmen – Tyrannei!
dann ruf ich's in das Volk: Sei frei!
Verlern es, dich zu fügen!
    Sich fügen, heißt lügen!

Das Standgericht

Mühsam: Ich bin immer für die Räterepublik gewesen, nicht aber für diese halbseidene bürgerlich-demokratische Republik. Nach Eisners Ermordung und dem Attentat auf Auer war der Landtag auseinandergelaufen, war desertiert; er überließ jedem, der die Regierung übernehmen wollte, die Regierungsgewalt. Die Regierung übernahmen diejenigen, die die Arbeit geleistet hatten, die Räte. So kam es, dass die ganze gesetzgebende und vollziehende Gewalt in den Händen der Räte lag. – Bayern war schon damals Räterepublik, war es ohne Landtag und ohne Ministerium, nur dass dieser Rätekongress sich seiner Macht nicht bewusst war und Angst vor der eigenen Machtvollkommenheit hatte. Zum Übrigen wurde dieser Rätekongress von außen, von Parteileitungen dirigiert. Der Rätekongress hatte damals in Wirklichkeit die souveräne Gewalt über Bayern in Händen – und ich stellte damals den Antrag auf Ausrufung der Räterepublik.

Nun kam in den letzten Tagen des Rätekongresses – ohne Einverständnis seines radikalen Flügels – ein Kompromiss zustande zwischen den Mitgliedern der Mehrheitspartei und den außenstehenden Gruppen, wonach der Landtag zu einer einmaligen Tagung einberufen werden sollte, um ein vom Rätekongress aufgestelltes Ministerium zu bestätigen. Schneppenhorst wurde damals einstimmig abgelehnt, Jaffé einstimmig angenommen. Nachdem der Rätekongress auseinandergegangen war, warfen die Parteien, die keinerlei Legitimität besaßen, diese Vereinbarung um, setzten Schneppenhorst wieder ein, der vom Kongress einstimmig abgelehnt worden war, und schalten den einstimmig gewählten Jaffé wieder aus.

Ich stelle fest, dass die Regierung Hoffmann, so wie sie heute ist, nicht das Produkt des Vertrages ist, der mit dem Rätekongress abgeschlossen worden war – sondern ein unabhängig von irgendwelchen legitimen Faktoren durch Putsche zustande gekommenes Kabinett, das keine Ähnlichkeit hatte mit dem vom Rätekongress geforderten, einzig legitimen Kabinett. Der Landtag hat durch seine damalige Flucht gezeigt, dass er selbst verzichtet und sich keinen Gefahren aussetzt, im Gegensatz zum Kongress, auf den auch Attentate verübt wurden.

Vorsitzender: Ist damals jemand zu Tode gekommen im Kongress?

Mühsam: Mir wurden zwei Revolver vorgehalten, als ich hinausgeschleift wurde.

Vorsitzender: Aber den Erschossenen im Landtag wurde gar nicht erst gesagt, sie sollen die Hände hochhalten; sie wurden einfach niedergeschossen. Insofern besteht also doch ein kleiner Unterschied.

Mühsam: Die Schüsse im Landtag waren einfach die Reflexbewegung auf die Mordtat, auf die Revolution. Ich betone: Die Regierung Hoffmann ist durchaus nicht legitim.
Der Hochverrat, dessen ich mich schuldig bekenne, ist am 7. November 1918 vollzogen worden; die Revolution ist bisher keineswegs abgeschlossen. Unter den bisherigen Regierungen gebe ich keiner das Recht zu sagen, wir sind die rechtmäßige Regierung. – Wenn ich die Stimmung der Massen als ein Moment des Rechts geltend machen kann, so darf ich sagen, dass die Regierung Hoffmann in den Massen selbst nicht einen Tag als die rechtmäßige Regierung anerkannt worden ist.
Die Regierung selbst hatte sich bereit erklärt, den Landtag, dieses Gebilde, das erst Selbstmord begangen hatte und dann wieder im galvanisierten Zustand auftauchte ...

Vorsitzender: *(unterbrechend)* Sie können das auch kürzer sagen: der Landtag, der auseinandergegangen war.

Mühsam: Das ist nicht das Richtige: der auseinandergelaufen war ... Nachdem also der Landtag fort und nicht wieder eingesetzt worden war, hatte er bei seiner Zusammenrufung im März nur die Aufgabe, Diktaturvollmacht an ein bestimmtes Ministerium auszuteilen und dann wieder zu verschwinden, sich nach Hause zur Gattin zu flüchten. Ich behaupte, dieses Ministerium konnte nur arbeiten, wenn es sich stützte auf die Kommissariate, die unter dem Rätesystem geschaffen wurden.

Zudem stelle ich fest, dass die Fortsetzung der Landtagswahlen auf den 12. Januar erfolgt ist, als Konsequenz der einzigen bewaffneten Demonstration der Pioniere, die die Ansetzung der Landtagswahlen erpresst haben.

Die Vernehmung geht über auf die Sitzung vom 4. April im Ministerium des Äußeren und im Kriegsministerium.

Mühsam: Ich begegnete Landauer, Niekisch und anderen vor dem Wittelsbacher Palais. Sie forderten mich auf, mit ihnen mitzukommen in das Ministerium des Äußeren. Es handle sich um die Ausrufung der bayrischen Räterepublik. Ich hielt das zunächst für einen Scherz. Man setzte mir aber auseinander, dass das Proletariat das verlange. Die Einberufung des Landtags sei eine Herausforderung, die mit revolutionären Maßnahmen beantwortet werden müsse. Im Ministerium waren Wadler, Levien, Niekisch, Schneppenhorst und viele andere anwesend.

Vorsitzender: Schneppenhorst sagt, es sei eine sehr fragwürdige Gesellschaft gewesen.

Mühsam: Das ist bezeichnend für den Charakter des Herrn Schneppenhorst.

Vorsitzender: Er hat sich geäußert, dass an jenen Sitzungen auch Damen teilgenommen haben, die keinen besonders guten Eindruck machten.

Mühsam: Ich glaube nicht, dass es schmeichelhaft ist für Damen, auf Schneppenhorst einen guten Eindruck zu machen.
(fortfahrend) In der Sitzung wurde die Einigung des Proletariats verlangt. Die Kommunisten lehnten die Beteiligung ab.

Vorsitzender: Es wurde doch eine Ministerliste vorgelesen?

Mühsam: Die Namen wurden durchgesprochen. Minister Segitz sagte, er könnte sich nicht endgültig äußern, müsste erst seine Partei befragen, erklärte aber: Meine Sympathie habt ihr.

Vorsitzender: Er stellt das in Abrede. Er erklärt, dass er gesagt habe, München sei doch nicht Bayern. Ebenso behauptet Schneppenhorst, dass er sich in ähnlichem Sinn ausgesprochen habe und dass Sie gegen ihn Opposition machten.

Mühsam: Das ist ungefähr das Gegenteil von dem, was wahr ist. Im Übrigen habe ich gegen Schneppenhorst Anklage wegen Meineids erhoben. Schneppenhorst ist der bayrische Noske. Ich hatte gegen seine Ernennung zum Volksbeauftragten protestiert. Er wollte aber durchaus Minister werden.

Vorsitzender: Man wird den Minister Schneppenhorst ja als Zeuge hören.

Mühsam: Aber hoffentlich nicht unter Eid. – Landauer legte mir dar, dass Einigkeit nötig sei. Ich erklärte mich deshalb einverstanden, dass er auf die Ministerliste komme. Ich hielt es für selbstverständlich, dass nach Ausrufung der Räterepublik unsere Mandate in die Hände der Massen zurückgegeben werden müssten. Ich selbst habe mich geweigert, einen nach außen sichtbaren Posten anzunehmen, solange nicht die Einigung der ganzen Arbeiterschaft vollzogen sei.

Die unter Anklage stehende Unterzeichnung von Proklamationen, Funksprüchen usw. gibt der Angeklagte zu.

Zeugenverhör: Walter Löwenfeld, Rechtspraktikant

Löwenfeld: Ich halte Mühsam für einen absolut ehrlichen und anständigen Menschen, dessen Ansichten allerdings außerordentlich verworren sind. Von Haus aus würde er wohl keiner Fliege etwas zuleide tun. Wenn er trotzdem zu einem Hetzer ausgeartet ist, so lag das in den ungeheuerlichen Verhältnissen jener Zeit. Es war unerhört, dass Leute wie Mühsam, die nach meiner Meinung schwere Psychopathen sind und politisch überhaupt nicht ernst genommen werden können, eine führende Rolle einnehmen konnten. Bei seiner früheren politischen Betätigung wurde er nie ernst genommen, man lachte ihn einfach aus. Erst durch die durch den Krieg geschaffenen Verhältnisse war es möglich, dass dieser Mann eine große suggestive Kraft auf die Massen ausgeübt hat. Mühsam hat zweifellos eine Reihe von Reden gehalten, die vom Standpunkt jedes vernünftigen Menschen aus fanatisch und unsinnig waren. Ich habe auch den Eindruck gehabt, dass er von den bedeutenden Kommunistenführern keineswegs ernst genommen wurde, sondern dass sie ihn als Werkzeug gebraucht haben. Er ist ein Hysteriker und wirkt manchmal auch direkt unfreiwillig komisch.

Mühsam: Der Herr Zeuge hat sich hier als psychiatrischer Sachverständiger versucht. Es ist natürlich nicht angenehm, an den Kopf geworfen zu bekommen, dass man nicht normal sei. Ich bitte den Vorsitzenden, aus den Akten festzustellen, ob in irgendeinem Verfahren gegen mich Zweifel an meiner Zurechnungsfähigkeit oder meiner geistigen Potenz laut geworden sind.

Vorsitzender: Nein.

Löwenfeld: Ich habe das »geistig nicht normal« in dem Sinne gemeint, dass bei Mühsam die Hemmungen fehlen und dass er seinem Temperament in einer Weise die Zügel schießen lässt, dass man von einem nervösen hysterischen Einschlag sprechen kann. Ich halte das nicht für ein belastendes Moment, sondern im Gegenteil für ein entlastendes Moment für Mühsam.

Mühsam: Das ist es ja gerade, was ich fürchte.
(Heiterkeit)

Löwenfeld: Er ist ein ehrlicher Fanatiker.

Mühsam: Mir liegt daran, das Charakterbild dieses Zeugen festzustellen, wie er das meine festzustellen versucht hat.

Vorsitzender: Dazu sind die Zeugen nicht da.

Mühsam: Der Zeuge hat auch von Verworrenheit meiner Ansichten gesprochen. Ich möchte ihn fragen, welche Ansichten von mir kennt er? Beruht nicht vielmehr die Verworrenheit vielleicht auf seiner Auffassungsfähigkeit? Der Zeuge behauptet, ich sei in Volksversammlungen vor dem Kriege nie ernst genommen worden. Ich stelle fest, dass ich vor dem Kriege in Volksversammlungen sehr häufig verprügelt worden bin.

(Heiterkeit)

Ich möchte wissen, ob daraus, dass ich meinen Ansichten konsequent geblieben bin, nicht der Rückschluss zu ziehen ist, dass sich meine Ansichten als richtig bestätigt haben?

Silvester 1919

Auf den Kehricht, Jahr des Jammers!
Jahr der Fäulnis, auf den Mist! –
das des fluchgeschwungnen Hammers
stumpfer Block gewesen ist.
In das Dungloch der Historie,
wo den Glanz der Talmiglorie
ewigen Abscheus Rost zerfrisst!

Aus den Grüften tiefster Nöte
leuchtend stieg empor das Jahr,
das dem Volk die Morgenröte
nach des Schiffbruchs Ängsten war.
Menschen, jubelnd mit Gesängen,
fluteten in frohem Drängen
zu der Freiheit Hochaltar.

Ach, der Freiheit rotes Laken
war gestohlenes Ornat.
Hinter holden Worten staken
Meuchelmord und Volksverrat.
Fromme Sehnsucht brach in Stücke.
Aus den Trümmern hob in Tücke
neu sich der geborstne Staat.

Neunzehnhundertneunzehn, scheide!
Wenig Liebe folgt dir nur.
Ungezählte falsche Eide
zeichnen deine Daseinsspur.
Doch aus Grabgebeinen knöchern
und aus dumpfen Kerkerlöchern
dröhnt dir nach ein wahrer Schwur:

Auf den Kehricht, Jahr der Schande!
Und das neue trete vor!
Aber keine Festgirlande
schmücke ihm das Einfahrtstor.
Eh wir wieder Fahnen schwenken,
lasst uns erst an Rache denken.
Dann das rote Tuch empor!

Tagebuch – März 1920

Ansbach, Montag, d. 15. März 1920
Ich weiß noch nicht, ob ich heute werde zum Arbeiten die innere Ruhe finden. Es ist morgens. Eben kam die Zeitung. In Berlin ist der gegenrevolutionäre Umsturz da – natürlich erfolgreich. Reichskanzler: Generallandschaftsdirektor Kapp, Reichswehrminister: General v. Lüttwitz. Die Sache ist von der Marinebrigade mit Baltikumtruppen zusammen gemacht worden. Die entgegengeschickten Reichswehrtruppen haben natürlich sofort fraternisiert, ebenso die zum Schutz der Regierungsgebäude in der Wilhelmstraße und Umgebung postierten Truppen. So ist die Geschichte ganz unblutig verlaufen. Die Reichsregierung ist flüchtig, erlässt von auswärts (vermutlich Weimar) einen Aufruf zum Generalstreik. Reizend: die Arbeiter sollen streiken, damit nicht Lüttwitz, sondern wieder Noske auf sie schießen lässt. […] Immerhin: das Chaos steht vor der Tür. Und das Chaos brauchen wir, um der Revolution durchzuhelfen. Dass ich mich doch jetzt mit jemandem aussprechen könnte!

Rechtfertigung

Ich hab euch wenig schmachtende Psalmen gesungen,
noch predigt' ich euch wie der Pfarrer im frommen Vereine,
Genossen der Arbeit!
Doch ist euch mein Lied durch die Haut in die Seelen gedrungen,
dann tat ich das Meine.

Mein Sang tönt nicht nach letzter ästhetischer Mode.
Nie hat er die Reime von Herzen und Schmerzen vermieden,
Genossen des Schicksals!
Doch siedet er euch das Blut auf dem Marsche zum Tode,
so bin ich zufrieden.

Virtuosen und Troubadoure, lasst lispelnd schalmeien.
Ich weiß es: Euch flattert kein Haar bei dem sanften Geraune,
Genossen der Kampfstatt!
Ihr lauscht auf den Schall, der euch weckt, die Welt zu befreien,
darum blas ich Posaune.

Wirft mich literarischer Tross zum rostigen Eisen, –
ich hab euch entflammt, und so trotz ich der kritischen Säure,
Genossen der Zukunft!
Ihr Jugend! Ihr Jüngsten! Euch blas ich zum Sturme die Weise. –
So bleib ich der Eure!

Tagebuch – August 1921

Niederschönenfeld, Donnerstag, d. 11. August 1921
[...] August Sandtner erzählt, aus Russland zurückgekehrte Genossen berichteten, dass am Kreml die Bilder der gefallenen und gefangenen bekannten Revolutionäre aus aller Welt außen an einer Mauer verewigt seien, und unter den Deutschen sei da auch neben den Bildern Liebknechts, Luxemburgs, Landauers etc. das meinige angebracht, da kein Unterschied der Richtung hervortrete. Wie unangenehm für unsere Patentkommunisten hier, wenn sie es erfahren. Sie werden sich gewiss beeilen, an Lenin zu berichten, dass ich inzwischen für konterrevolutionäres Verhalten boykottiert werden musste. Wenn diese guten Leute nur einmal begreifen wollten, wie albern sie das macht, was sie für ihren Charakter halten!

Zur Judenfrage

Eigentlich ist es gar nicht meine Sache, mich mit einem Gegenstand zu beschäftigen, der seit Langem Monopol der Antisemiten und der Zionisten ist. Wir andern Europäer, ob arischen oder semitischen Stammes, sind, wie mir scheint, darüber einig, dass eine »Judenfrage« allenfalls rassenpsychologisch oder biologisch, bestenfalls kulturhistorisch interessant sein mag, mit den Geschehnissen der Gegenwart aber kaum etwas zu schaffen hat, es sei denn, dass ihre Aufrollung durch die Antisemiten dazu beiträgt, den Tiefstand des Kulturniveaus noch sinnfälliger zu machen. Der Zionismus dagegen wäre für den zu aktiver Beteiligung an der Zeitgeschichte Entschlossenen nur dann als Problem von ernsthaftester Bedeutung anzusehen, wenn er minder betont als Lösung einer »Judenfrage« in Erscheinung träte. Sonderten sich aus allen Weltgegenden Juden aus, um in Palästina oder sonst wo eine Gemeinschaft in Arbeit und Austausch zu schaffen, die sozialistisch-kommunistisch unter Ignorierung des kapitalistischen Weltmarkts neue Gesellschaftspraktiken lebendig vorführte, so leisteten sie dem nach Erlösung durstenden Weltproletariat den ungeheuren Dienst des Beispiels, einen Dienst, wie ihn bis jetzt nur die Russen den Völkern geleistet haben: sie gäben dem Bolschewismus einen Stützpunkt im Orient, der den Aufbau der kommunistischen Gesellschaft in Russland ungemein fördern könnte, und ihr Verdienst wäre unermesslich. Dass es lauter Juden wären, die die Menschheit mit diesem Werk bereicherten, würde den historischen Ruhm des Judentums gewaltig mehren – eine »Judenfrage« würde aber dadurch nicht gelöst sein. Ganz uninteressant wird der Zionismus jedoch, wenn er sich darauf beschränkt, Juden aus allen Ländern zu sammeln, die sich durch antisemitische Schikanen bedrängt fühlen, um mit ihnen einen neuen Staat zu den übrigen Staaten zu gründen: mit kapitalistischer Wirtschaft, Ausbeutungsrechten, Privatbesitz an Produktionsmitteln, bourgeoisem Parlamentsgeschwätz, proletarischem Elend. Dergleichen Bestrebungen gehören ins Gebiet reformistischer Vereinssimpelei; sie können bestenfalls zu karitativen

Linderungen privater Nöte führen. Eine Weltfrage wird dadurch nicht gelöst.

Mich hätte also alles in der Welt nicht zu einem Eingreifen in die Diskussion über die Judenfrage bewegen können, wäre ich nicht persönlich öffentlich angegriffen worden. Bekanntlich haben die Antisemiten die Gepflogenheit, für alles, was grade bei der »öffentlichen Meinung« unbeliebt ist, die Juden verantwortlich zu machen. Und bekanntlich gibt es immer tapfere Juden, die dieser antisemitischen Gepflogenheit Nahrung geben, indem sie beflissen von denjenigen ihrer Stammesgenossen, die das grade bei der öffentlichen Meinung Unbeliebte tun oder vertreten, öffentlich »abrücken«. Als ob einen Juden etwas anginge, was der andre denkt, fordert oder tut! Ich habe mich – wobei mein Judentum völlig außer dem Spiel ist – seit zwanzig Jahren dem proletarischen Befreiungskampf verbunden, und zwar während dieser ganzen zwanzig Jahre in offener Gegnerschaft gegen den sozialdemokratischen Reformismus, als kommunistischer Revolutionär. Dabei gab es keine Ämter und Pöstchen, wohl aber viel Anfeindung, Verfolgung und Verzicht. Ich habe den Klassenkampf in seiner schroffsten Form vertreten in Reden, Schriften – und vor Strafrichtern. Dieser Klassenkampf scheidet die besitzende und ausbeutende Minderheit in glatter Linie von der besitzlosen, ausgebeuteten, arbeitenden Mehrheit. Juden und Arier gibt es auf beiden Seiten; eine Scheidung nach Rassen, Konfessionen, Stammbäumen findet in der sozialen Gliederung der Gesellschaft nicht statt. Jedes Individuum – Christ, Jude oder Heide – stellt sich nach Tradition, Lebenshaltung, Interesse oder Gewissensentscheidung in das eine oder ins andre Lager. Die Mahnung eines reichen Juden an andre Juden, die es mit den Armen halten: Hallo! Ihr gehört zu uns! Wir Juden müssen einig sein! Ihr kompromittiert uns! – ist fauler Zauber. »Wir Juden« haben so viel und so wenig miteinander zu schaffen wie »wir Deutsche«, »wir Franzosen«, »wir Fahrgäste im selben Omnibus«! In den Angelegenheiten des sozialen Lebens gibt es nur zwei Gruppen: die Kapitalisten mit allem Drum und Dran von interessierten oder gedankenlosen Parteigängern und die Proletarier mit denen, die sich auf Tod und Leben um des revolutionären Ideals willen dem Proletariat vermählt haben. [...]

So viel zur Einleitung. Eines Tages ging mir aus München ein angestrichener Artikel der Münchner Neuesten Nachrichten vom vierzehnten September 1920 zu, überschrieben: »Die Judenfrage«. Ich bin auf besagtes Stinnes-Organ nicht abonniert und entnahm nun aus diesem Artikel, dass man sich dort unter dem Strich schon längere Zeit darüber unterhalte, was die besitzgesegneten Juden angesichts »der zersetzenden Revolutionspropaganda von Kommunisten und Bolschewisten jüdischer Abstammung« tun sollen. Und da rückt nun Herr Kommerzienrat Sigmund Fraenkel mit einem Brief heraus, den er schon am sechsten April 1919 geschrieben hat, in der Hoffnung, er werde die an der Ausrufung der bayrischen Räterepublik beteiligten, im Vordergrunde sichtbaren Juden, deswegen, weil sie Juden wären und weil ein Jude zu ihnen spräche, von ihrem Beginnen zurückhalten können. Er kam zu spät. Als er in der Frühe des siebenten April seinen Appell der Zeitung bringen wollte, hatten unsre Rotgardisten die Inseratenplantage bereits gesperrt und die Redakteure, ohne nach Stammesunterschieden zu forschen – in Ferien geschickt.

Herr Kommerzienrat Sigmund Fraenkel glaubte jedoch nach fast anderthalb Jahren noch eine segensvolle Tat zu tun, wenn er seinen »Offenen Brief an die Herren Erich Mühsam, Dr. Wadler, Dr. Otto Neurath, Ernst Toller und Gustav Landauer« zum Heile des Judentums den Münchner Neuesten Nachrichten anvertraute, trotzdem von seinen Adressaten längst einer des Landes verwiesen ist, zwei in Festungen sitzen, einer im Zuchthaus leidet und einer – der beste – entsetzlich hingeschlachtet worden ist. […]

Ich habe dem Herrn am 24. September aus der Festungshaftanstalt Ansbach die folgende Antwort gegeben:

Ich bin Jude und werde Jude bleiben, solange ich lebe, habe mein Judentum nie verleugnet und bin nicht einmal aus der jüdischen Religionsgemeinschaft ausgetreten (weil ich dadurch doch nicht aufhören würde, Jude zu sein, und es mir völlig gleichgültig ist, unter welcher Rubrik ich in den Standesregistern des derzeitigen Staats eingetragen bin). Dass ich Jude bin, betrachte ich weder als einen Vorzug noch als einen

Mangel; es gehört einfach zu meiner Wesenheit wie mein roter Bart, mein Körpergewicht oder meine Interessenveranlagung. Mir scheint also, wir können aus unsrer Polemik den »Stolz« aufs Judentum, der den antisemitischen Anspruch auf seine Verachtung rechtfertigt, wie das Glaubensbekenntnis, das die höchst private Einstellung jedes Einzelnen zur Metaphysik berührt, getrost ausscheiden. Was übrig bleibt, ist die Frage, ob Juden als Angehörige einer vielfach missachteten Minderheit grundsätzlich gehalten sein sollen, der Solidarität mit ihren Stammesgenossen wegen auf Bekenntnis und Betätigung ihrer Anschauungen zu verzichten – wenigstens wenn diese Anschauungen noch nicht offiziell gebilligt sind. Mit dieser Fragestellung habe ich meine Antwort schon gegeben: Ich finde nicht, dass Zugehörigkeit zum Judentum zur Charakterlosigkeit verpflichte. Auch hat Spinoza es nicht gefunden, ebenso wenig Karl Marx und Heinrich Heine. [...] Ich bin mit Ihnen vollkommen einig in der Anerkennung des von Ihnen zitierten jüdischen Postulats: »Fördert den Frieden und das Wohlergehen der Volker, in deren Mitte ihr weilet!« Das ist ein prachtvolles Motto der Internationalität; mit ihm halten es wir Sozialisten, Kommunisten, Bolschewisten, Anarchisten alle, ob wir Juden sind oder nicht. Dass aber die Verteilung antisemitischer Flugblätter auf den Straßen, das Hassgeschrei belfernder Judenfresser, die Pogromhetze teutonischer Heldlinge uns davon zurückschrecken müsste, Frieden und Wohlergehen mit den Mitteln zu fördern, die wir – leider im Gegensatz zu Ihrer persönlichen Meinung – für die allein tauglichen halten, das kann ich doch nicht einsehen.

Der Antisemitismus ist stets ein Symptom reaktionärer Hochkonjunktur. Wäre uns der Sieg beschieden gewesen, so wären wir mit der Reaktion bestimmt fertiggeworden, und das Judentum hätte dabei nur zufrieden sein können (sofern es nicht materiell mitbetroffen worden wäre). Zurzeit – also da längst das von Ihnen gepriesene bayrische Wirtschaftsleben alle seine Prinzipien wieder entwickeln kann – ist das Hakenkreuz schon nahezu zur Kokarde der Wohlanständigkeit avanciert.

Sie sehen, dass der Antisemitismus auch ohne uns fünf Juden, die Sie aus Zehntausenden herausangeln, Material genug findet, um seine trüben Geschäftchen zu treiben. Aber ich bin der Ansicht, dass es dem

Judentum selbst mehr zur Ehre gereicht, wenn ihm Idealisten und Märtyrer wie Rosa Luxemburg, Leo Jogisches, Gustav Landauer oder Eugen Leviné zum Vorwurf gemacht werden, als wenn sich die antisemitischen Materialsammler auf ihre täglichen Denunziationen von jüdischen Wucherern und Schiebern beschränken müssen.

Dies war es, was ich dem Verteidiger des Judentums gegen seine entarteten Söhne zu sagen hatte.

Das schwarze Schmachlied

Strömt herbei, Besatzerheere,
braun und rot und gelb und schwarz,
dass das Deutschtum sich vermehre
von dem Allgäu bis zum Harz.

Schwarz-weiß-rote Jungfernhemden
wehen stolz von jedem Dach,
grüßen euch, ihr dunklen Fremden
sei willkommen, schwarze Schmach!

Lasst ihr Jungfraun euch begatten,
Beine breit, ihr Ehefraun,
und gebäret uns Mulatten
möglichst schokoladenbraun.

Kommt nach Preußen, kommt nach Bayern,
lang entwöhnt schon der Kultur
sehnen sich nach schwarzen Freiern
Gattin, Tante, Amme und Hur.

Schwarze, Rote, Braune, Gelbe,
Negervolk aus aller Welt,
kommt doch über Rhein und Elbe,
kommt nach Niederschönenfeld!

Strömt herbei in schwarzer Masse,
und schießt los mit lautem Krach:
säubert die Germanenrasse,
sei willkommen, schwarze Schmach!

Tagebuch – Oktober 1922

Niederschönenfeld, Donnerstag, d. 19. Oktober 1922
[...] In Bayern gedeihen Zustände, die allmählich ans Traumhafte streifen. Die Nationalsozialisten lässt der Ruhm der italienischen Faschistenhorden nicht schlafen, und sie gehen nun auf fröhliche Abenteuer aus. Herr Hitler streift mit seinen stark bewaffneten Banden im bayerischen Oberland herum und wirbt Anhänger für Pogrome und gegen die brandrote Lerchenfeld-Gürtner-Regierung. Kürzlich hat er mit 180 Jüngern ein reguläres Kriegsbiwak auf dem Rosenheimer Marktplatz aufgeschlagen, von keiner Polizei, von keiner Regierung in seinem patriotischen Tun gestört. Jetzt hat er aber sein Hauptstück geliefert. Zu einem in Coburg einberufenen »Deutschen Tag« berief er alle seine Mannen, die in gratis eingelegtem Extrazug (!) mit Gummiknüppeln und anderen Schlagwaffen versehen und unter den Klängen der »Wacht am Rhein« und verwandter Lieder (»Schmeißt die dreckige Judenbande, schmeißt sie aus dem deutschen Lande, jagt sie nach Jerusalem!«) ihre Reise antraten. Auf dem Bahnhof in Nürnberg ging der Krach schon los gegen die Reisenden des dort haltenden Schnellzuges Berlin–München. In Coburg selbst aber ging's hoch auf. Man verprügelte mit den mitgebrachten Instrumenten friedliche Passanten und drohte den höflich mahnenden Behörden, wenn man sie störe, werde man ein Judenpogrom inszenieren. Und die bayerischen Behörden störten denn auch Herrn Hitler nicht weiter. Im Gegenteil. Nach späteren Berichten von offiziösen Stellen haben sogar Hitlerleute zusammen mit blauer Polizei Arbeiteransammlungen im Sturm gesprengt. Man erteilt diesen Demonstranten also schon behördliche Rechte und Aufgaben. [...]

In der Zelle

Scheu glitt ein Tag vorbei – wie gestern heut.
Ein leerer rascher Tropfen sank ins Jahr.
Und wenn sich aus der Nacht geballtem Nichts
der letzte Schatten in den Morgen streut –
du freust dich kaum am kalten Kuss des Lichts.
Und morgen wird es sein, wie's heut und gestern war.

Gefängnis: Leben ohne Gegenwart,
ganz ausgefüllt von der Vergangenheit
und von der Hoffnung ihrer Wiederkehr.
Du fragst nicht, ob du weich ruhst oder hart,
ob deine Schüssel voll ist oder leer.
Betrogen um den Augenblick verrinnt die Zeit.

Du wirst nicht älter, und du bleibst nicht jung.
Gewöhnung weckt dich, bettet dich zur Ruh.
Dein Fragewort heißt niemals: Wie? – Nur: Wann?
Doch Wann ist Zukunft, Wann ist Forderung.
Weh dir, wenn dich Gewöhnung töten kann.
Verlern das Warten nicht. Bleib immer du! Bleib du!

Tagebuch – August 1923

Niederschönenfeld, Dienstag d. 14. August 1923
[...] Vorgestern Abend gab es schon wieder eine antisemitische Demonstration vor der Festung: die selbstredend wieder keinerlei Störung durch die bewaffneten Kräfte der Verwaltung erfuhr. Die Heldenhaftigkeit dieser Teutonen, Gefangene, die im fünften Jahr wegen ihrer Überzeugung wider alles Gesetz gemartert werden, um ihrer Gesinnung willen zu provozieren, wohl wissend, dass sie sich nicht wehren können, ist uns doch schon verboten, auch nur unsere Lieder zu singen, wenn draußen die Abgeschmacktheiten der hakenkreuzlerischen Burschensänger ertönen – diese teutsche Tapferkeit wird hier im Hause respektiert, während man es unseren Frauen und Kindern verbietet, nach dem Besuch hereinzuwinken, ist es ja den Sauber'schen Kindern passiert, dass sie, weil sie ihrem gefangenen Vater zugewinkt hatten, bloß eine Stunde bleiben durften. Bleibt eine unserer Frauen dort auf der Straße stehen, wo die Rassenretter ungestört schimpfen, drohen, höhnen und singen dürfen, dann tritt sogleich der Grüne in Aktion und verjagt sie. Die Lieder der Demonstranten aber – vorgestern beschränkten sie ihre »Aktion« auf Singen – werden andächtig bis zu Ende angehört. Immerhin lernen dadurch auch wir die poetische Tiefe dessen kennen, was diese Art Deutschtum in Begeisterung versetzt. Im letzten Ständchen erscholl es schmetternd: »Schmeißt sie raus, die Judenbande, aus dem deutschen Vaterland, und wir wollen und wir brauchen keine Judenrepublik. – «

Das Volk der Denker

Du armes Volk! Von aller Welt betrogen,
Besiegt im Kampf, im Sehnen selbst besiegt,
Sinnst du, das Hirn mit Wissen vollgesogen,
Der Frage nach, woran dein Unglück liegt.
Und schon gelingt dir trefflich zu erklären,
Warum bei so beschaffner Produktion
Des einen Teil der Schweiß ist und die Schwären,
Des andern Teil Theater, Sport und Spon.
Materialistisch weißt du zu begründen
Der Wirtschaftsform Naturnotwendigkeit
Und widerlegt den Wahn von Schuld und Sünden
Als Narrenglauben der Vergangenheit.
Wie scheint der Mahner dir naiv und komisch,
Der an die Seele pocht: Wach auf! Hab Kraft!
Du rechnest, wann historisch-ökonomisch
Die Stunde reift aufgrund der Wissenschaft.
Du lachst des Spruchs, Tat wachse nur aus Wollen,
Der manchmal noch in wirren Köpfen spukt.
Du siehst am Faden die Entwicklung rollen,
Erkennst dich selbst als deiner Zeit Produkt.
Du lerntest längst, nach Phasen zu begreifen
Den Aufstieg der Geschichte und Kultur,
Und lehnst es ab, in Träumerei zu schweifen:
Kleinbürger-Utopien hemmen nur.
Du kennst die Welt, durchdenkst sie dialektisch;
Empirisch ist dein Tun, dein Sinn real!
Sind deine Kinder skrofulös und hektisch –
Du weißt Bescheid, so wirkt das Kapital.

Und stehn sie hungrig vor des Reichen Türen,
Der dich – Rebell! – vertrieb aus der Fabrik,
Du senkst den Kopf in Bücher und Broschüren
Zum Studium der sozialen Republik.
Und liest: Die Erde gäbe allen reichlich,
Gehörte sie nur allen; – und du liest:
Der schnöden Gegenwart folgt unausweichlich
Die Zukunft, die ein freies Volk genießt.
Die Zukunft kommt! Von selbst und ungerufen!
In stolzem Trost schwelgt deine Fantasie.
Nur eine Serie von Entwicklungsstufen
Steht noch davor. – So lehrt's die Theorie.
Du liest und lernst, den Rücken krumm gebogen,
Durchwühlst du Heft um Heft und Band um Band.
O armes Volk! Von aller Welt betrogen,
Betrügst du selbst dich um dein Sehnsuchtsland.

Tagebuch – Juli 1924

Niederschönenfeld, Montag, d. 7. Juli 1924

Ich bin sehr nervös. Gehen unsere Hoffnungen wieder zu Bruch, dann fürchte ich, wird es ebenso mit mir selber zu Bruch gehen. Nicht weil meine gute Meinung von der endlich doch triumphierenden Gerechtigkeit im Staat enttäuscht wäre – diese gute Meinung hat niemals bestanden –, sondern weil der Körper schlechterdings nicht mehr mittun will. Ich fühle allmählich einen Kräfteverfall, der mich sehr bedenklich stimmt, und es häufen sich die scheußlichen Alpträume, die mit irgendeinem Angst- und Verzweiflungszustand in Schreien und Luftmangel enden. Solche qualvollen Zustände hatte ich hintereinander in den beiden letzten Nächten. Gestern früh wachte ich, über Treppen gehetzt, durch mein eigenes Schreien – das ich deutlich hören kann – auf, und heute früh hatte ich die sonderbare Einbildung, ich brächte die Blätter eines – wenn ich mich nicht täusche – handschriftlich geschriebenen und mit Zahlenrechnungen gefüllten großen Buches nicht auseinander und geriet dadurch in Wut, Angst, Verzweiflung, bis ich unter den furchtbaren Anstrengungen, die zusammenklebenden Seiten voneinander zu lösen, ins Wimmern, Stöhnen, Keuchen und Schreien kam, das ich stark hörte. Ich erwachte aber durch ein Geräusch draußen auf dem Gang, und dann traten zwei Aufseher bei mir ein, um zu sehen, was mir fehle. Da ich in der letzten Zelle des Ganges wohne, habe ich so laut gebrüllt, dass die Wachthabenden es durch die geschlossene Tür an den zehn Zellen des Ganges vorbei bis zu ihrem Platz zwischen den Gittern hörten. […]

Herbstmorgen im Kerker

Wenn morgens über Gras und Moor
sich weißlich-trüb der Nebel bauscht,
unfroher Wind mit müdem Stoß
im dürren Laub des Herbstes rauscht;
wenn eiterig der fahle Tau
von welken Blütenresten tränt,
des Äthers dichtverquollenes Grau
dem neuen Tag entgegengähnt –
und du, gefangen Jahr um Jahr,
gräbst deinen Blick in Dunst und Nichts:
Da wühlt die Hand dir wohl im Haar,
und hinter deinen Augen sticht's.
Du starrst und suchst gedankenleer
nach etwas, was du einst gedacht,
bis endlich, wie aus Fernen, schwer
das Wissen um dein Selbst erwacht.
Du musterst kalt das Eisennetz,
das dich in deinen Kerker bannt;
in dir erhebt sich das Gesetz,
zu dem dein Wille sich ermannt:
Treu sein dem Werk und treu der Pflicht,
der Liebe treu, die nach dir bangt;
treu sein dir selbst, ob Nacht – ob Licht,
dem Leben treu, das dich verlangt! ...

Aus jedem Morgen wird ein Tag,
und wie die Sonne einmal doch
durch Dunst und Schleier drängen mag,
so bleibt auch dir die Hoffnung noch. –
Im Nebel dort schläft Zukunftsland.
Du drehst den Kopf zurück und blickst
an der gekalkten Zellenwand
zu deines Weibes Bild. Und nickst.

Tagebuch – Dezember 1924

Sonnabend 20. Dez. 24
Vormittag, zehn Uhr dreißig. Frei!

IV.
MEINE PFLICHT HEISST: GEGENWART

(1925–1932)

Verlauf des 21. Dezember 1924

Bericht der Polizei-Inspektion Kreuzberg vom 22.12.1924

[...] Für die Aufrechterhaltung der Ordnung am Anhalter Bahnhof selbst wurden ab 6.30 Uhr zunächst ein starker Revierzug (zusammengestellt aus den Ostrevieren der Inspektion) und zehn Reiter auf dem Bahnhofsgelände bereitgestellt. [...] Inzwischen marschierten aus den verschiedenen Stadtteilen geschlossene Kommunistentrupps mit roten Fahnen auf den Anhalter Bahnhof zu, die beim Betreten des Bannkreises aufgelöst wurden, jedoch nunmehr in losen Massen ihrem Ziele zustrebten und auf dem Askanischen Platz sich zusammenballten. Als die Bahnhofsverwaltung sich von der Unhaltbarkeit ihrer Maßnahmen überzeugt hatte, richtete sie an die Polizei das Ersuchen, das ganze Bahnhofsgelände außerhalb der Sperre zu räumen. Hierbei setzte der erste Widerstand der Massen ein. Aufreizende Reden wurden gehalten, Rufe wie »Bluthunde« usw. ertönten, revolutionäre Lieder wurden gesungen. Infolgedessen musste hier zuerst von dem Polizeiknüppel Gebrauch gemacht werden. Die Räumung wurde jedoch durchgeführt.

Inzwischen gestaltete sich auf dem Askanischen Platz in der Nähe des Hotels Excelsior gegen 7.45 Uhr nachmittags die Lage kritisch. Die Menge – gegen 5.000 Personen –, die sich hier in kurzer Zeit angesammelt hatte, nahm eine teilweise drohende Haltung ein und sang revolutionäre Lieder. Daraufhin wurde von einem Lkw, der gegenüber dem Haupteingang des Anhalter Bahnhofs aufgestellt war, ein Maschinengewehr mit dem Erfolg in Anschlag gebracht, dass die aggressive Menge sich etwas löste und sich in die Königgrätzer Straße nach der Hedemannstraße zurückzog. Bemerkt wird hierbei, dass das Maschinengewehr nur demonstrativ aufgestellt war. Ein Patronengurt war nicht eingeschoben. Ebenso sah sich eine Gruppe, die bedrängt wurde, gezwungen, aus demonstrativen Gründen zum Schuss fertigzumachen. Dieses Zeichen der Machtmittel des Staates erfüllte auch auf die aufrührerische Menge den gewollten Zweck. [...] Im Anschluss daran wurde durch Beamte zu Fuß und zu Pferde die dortige Gegend gesäubert. Bei dieser Säuberung musste ebenfalls vom Polizeiknüppel Gebrauch gemacht werden; einzelne Beamte wurden sogar gezwungen, sich der auf ihre Person gemachten Angriffe mit der Hiebwaffe zu erwehren. Aufseiten der Kommunisten trugen hierbei einzelne Leute nicht erhebliche Verletzungen davon. Beamte sind, soweit bisher bekannt, nicht zu Schaden gekommen. Als der Zug eintraf, mit dem Mühsam ankam, strömten die innerhalb der Bahnhofssperre vorher zusammengeströmten und mit Bahnsteigkarten versehenen Kommunisten zusammen und hoben ihn auf ihre Schultern. Aus den Wartesälen kamen auch noch Kommunisten dazu, die nunmehr versuchten, unter Vorantragung des Mühsam geschlossen aus dem Bahnhofsportal heraus zu dem vor dem Hotel Excelsior haltenden Kraftwagen zu gelangen. Mühsam selbst hielt hierbei eine rote Fahne in der Hand, die er hin- und herschwenkte. Aus politischen Gründen wurde es unterlassen, den Mühsam aufs Neue festzunehmen, was wohl anscheinend aus parteitaktischen Gründen von der KPD beabsichtigt war. Die Inspektion begnügte sich damit, die hinter den Trägern sich in Bewegung setzende Menge zurückzuhalten, und als ihr dies nicht gutwillig gelang, die Demonstranten mit dem Polizeiknüppel auseinanderzusprengen. Als Mühsam in dem Wagen saß und nach dem Blücherplatz zufuhr, versuchte die Menge, innerhalb des Bannkreises in geschlossenem Zuge zu folgen, was verhindert wurde. [...]

Die Pflicht

Jüngst war der Tod bei mir zu Gast ...
Unsichtbar stand er und hat still
und prüfend meinen Puls gefasst,
als fragt er, ob ich folgen will.
Da ward mein Körper schwebend leicht,
und in mir ward es licht und rein.
Ich spürte: Wenn das Leben weicht,
muss Seligkeit und Süße sein.
Willkommner Tod, du schreckst mich nicht;
in deiner Obhut ist es gut,
wo Geist und Leib von aller Pflicht
von Kerkerqual und Ängsten ruht ...
Von aller Pflicht? Stirbt denn mit mir
der Krieg, das Unrecht und die Not?
Des Armen Sucht, des Reichen Gier –
sind sie mit meinem Ende tot?
Ich schwur den Kampf. Darf ich ihn flieh'n?
Noch leb ich – wohlig oder hart.
Kein Tod soll mich der Pflicht entzieh'n –
und meine Pflicht heißt: Gegenwart!

»Auf zwei Gäulen«

[...] Selbst in der mehr als fünfeinhalbjährigen bayerischen Gefangenschaft, die mir die Muße zu solcher Arbeit viel leichter gewährt hätte als zu großen literarischen Unternehmungen anderer Art, zu denen ich dank der Behinderungen durch den Strafvollzug die Konzentration nicht fand – selbst in Niederschönenfeld konnte ich mich nicht dazu entschließen, Memoiren zu schreiben. Dazu brachte gerade dort jeder Tag zu heftige Erregungen und seelische Erschütterungen; dazu stand auch der Aufenthalt in der Festung in zu enger Verbindung mit den Vorgängen, die mich hineingebracht hatten und die immerhin den bewegtesten Teil meiner Erlebnisse ausmachen. Die Erlebnisse, die ich zu Memoiren sortieren sollte, waren noch brausende Gegenwart, die Gegenwart aber lässt sich nicht in Erinnerungen zerlegen.

Die Arena des politischen Kampfes, des Meinungskampfes, hat mich bisher nicht freigegeben, wird mich auch nie freigeben, solange nicht Ziele erreicht sind, die nicht die Ziele der Leser dieser Bekenntnisse sind. Politische Memoiren denke ich somit in absehbarer Zeit nicht zu schreiben. Vielleicht werde ich einmal im Rollstühlchen sitzen, müde, runzlig und resigniert – dann mag meinetwegen auch auf dem Gebiet des sozialen Geschehens der erzählende Schriftsteller den Agitator, Propagandisten und auf öffentliches Wirken bedachten Menschen ablösen. Die Frage erhebt sich: Lässt sich Leben und Schicksal eines in verschiedenen Bezirken geistiger Regsamkeit tätigen Individuums im Ausschnitt betrachten? Kann ich den Teil meiner Daseinsbemühungen, der um Wandlung von Welt und Gesellschaft geht, herausnehmen aus meinen Erinnerungen und Rückschau halten nur auf Begebenheiten, die außerhalb des politischen Kampfplatzes geschahen? Ich glaube, das wird möglich sein. Gerade meine Vergangenheit lief viele Jahre auf zwei getrennten Geleisen, und wenn die Schienen auch manchmal einander eng berührten oder selbst schnitten, so war ich doch streng bedacht, die Züge, deren einen ich als Passagier benutzte, deren andern ich die Weichen zu stellen strebte, nicht aneinanderfahren zu lassen.

Ich galt ja wohl lange Zeit als »Prototyp eines Kaffeehausliteraten«, und doch war es für niemanden ein Geheimnis, dass ich in Arbeiterzirkeln verkehrte, mit Zettelverteilung und Hauspropaganda Kleinarbeit tat, an Gruppenabenden Vorträge und in öffentlichen Versammlungen Agitationsreden hielt. Ich stand als Angeklagter in politischen Prozessen vor dem Strafrichter, und jeder wusste, dass ich im Privatleben unter Künstlern zigeunerte, in Kabaretts lustige Gedichte, Schüttelreime und allerlei Bosheiten vortrug, mich in Berlin, München, Zürich, Genf, Florenz, Paris, Wien herumtrieb, in fidelen Ateliers, ein Mädel auf dem Schoß, schlechte Witze riss, mit den zeitlosen Schwärmern der Boheme, wie dem prachtvollen Friedrich von Schennis, ganze Nächte durchzechte und mit vielen berühmten Leuten, die ich – nicht immer bloß für mich – anpumpte, befreundet war.

»Sie reiten stehend auf zwei Gäulen«, sagte mir einmal Frank Wedekind, »die nach verschiedenen Richtungen streben; sie werden Ihnen die Beine auseinanderreißen.« – »Wenn ich einen laufen lasse«, erwiderte ich, »verliere ich die Balance und breche mir das Genick.«

Heute stimmt das Bild nicht mehr. Krieg, Revolution, Gefängnis, nahes Mitleben schwerer Schicksale, tiefgehende Veränderungen der Umwelt, daneben auch wohl das Nachlassen der physischen Elastizität, wachsende Neigung zur Regelmäßigkeit und die Schaffung eines eigenen Hausstandes haben meinem Lebensritt das Zirkusmäßige abgewöhnt.

Wenn mich mein Gefühl nicht täuscht, sitze ich nun fest im Sattel, wenn auch gerade auf dem Pferd, von dem Wedekind mich gern befreit gesehen hätte; das andere, das geflügelte, führe ich neben mir an der Trense und lasse mich nur in Feierstunden von ihm tragen. Ihr Futter aber erhalten beide aus derselben Krippe.

Ich blicke zurück. Hinter mir liegt das Kaffeehaus, die Boheme, der ungefegte Ballsaal des sorglosen Lebensspiels: Erinnerung – schöne, frohe, liebenswerte Erinnerung; aber keine Sehnsucht nach dem Vergangenen; keine Spur eines Zurückverlangens nach jenen Freuden und Gefahren des Zigeunertums. Das ist vorbei; das liegt hinter mir – endgültig. So wäre denn wohl nichts mehr dagegen einzuwenden, in diesem Teil meiner Vergangenheit, von dem der Gegenwart kaum etwas mehr gehört, zu graben. Ein paar hübsche Anekdoten werden dabei jedenfalls zutage kommen, ein paar Lichter werden auf die Charakterbilder von Menschen fallen, die ihrer Zeit von ihrem Geiste gaben; ein paar Persönlichkeiten, zu Unrecht vergessen oder verkannt, werden aus dem Schatten gehoben werden. Vielleicht lohnt es wirklich, im Gedächtnis zu wühlen und einige Kleinigkeiten zusammenzutragen, von denen dies und jenes späterhin einmal einem fleißigen Seminaristen als Beitrag zu seiner literarhistorischen Doktordissertation dienen mag.

Unpolitische Erinnerungen eines politischen Menschen! Aber warum soll ein Ackerbauer nicht, ehe das Korn schnittreif ist, die Blumen holen aus seinem herbstelnden Garten? Die Arbeit auf dem Felde wird darum doch getan.

Ich soll Memoiren schreiben? Ich werde euch, meine Freunde, hin und wieder ein paar Blumen aus dem Garten holen. Aber ich habe, wenn auch die Fünfzig bald da sind, auf meinem Ackerfelde noch viel zu tun.

Die Wacht im Bürgerbräu

Denkt ihr noch der heiligen Stunde?
Deutsche Männer, stark und treu,
reichen sich zum ewigen Bunde
Herz und Faust im Bürgerbräu.
Auf gen Norden! Auf gen Norden!
Rette Deutschland, Bajuwar!
Kühn umringten Hitlers Horden
Lossow, Ludendorff und Kahr.
Manche Träne tropfte – plenk! –
In des Maßkrugs Schaumgetränk.

Herrlich ward das Volk erneuert,
hat der »Trommler« dunnemals
selber nicht getrommelfeuert
in die Decke des Lokals.
Urgewaltig hat's geklungen:
Juden raus! Und Hitler hoch!
Wo die Kugel eingedrungen,
Zeigt der Wirt noch heut das Loch.
Auf gen Norden! – doch beim Marsch
fiel dann alles auf den – Bauch.

Jahre sind ins Land geflossen,
grau ward jener Einschussfleck,
und des heiligen Bunds Genossen
schmeißen aufeinander Dreck.
Ja, im Bürgerbräu, oh Schande!
Schmach, die man kaum fassen kann! –
Wagt sich vor die Hitlerbande
Selbst der Doktor Stresemann!
Kam von Norden hergereist,
preisend den Locarno-Geist.

Aber seht, noch bietet Bayern
Trutz der Judenrepublik.
Adolf treibt mit Nieder-Schreiern
Siegreich völk´sche Politik …
Grölend hat der Hitler-Rowdy
Deutschlands Ehr' gewahrt aufs Neu:
Dieses war die zweite Gaudi
Drunt' in Münchens Bürgerbräu. –
Eine Träne kullert – plenk! –
In des Maßkrugs Schaumgetränk.

Brief an Carl-Georg v. Maaßen

Mein lieber C. G.!

Deine Beschwerde über meine Saumseligkeit ist mehr als berechtigt. Die Entschuldigungen kennst du aus eignem Erleben: Man will schreiben und tut's nicht. [...] Vielleicht lässt du aber als weitere Entschuldigung gelten, dass ich fast 4 Wochen lang krank war und in dieser Zeit zumeist zu Bett lag. Es war eine Grippe, kombiniert mit Nervenzusammenbruch und völliger Erschöpfung aller Kräfte. Das war ja keine Überraschung. Nach den vielen Jahren Malträtierung im Kittchen habe ich bis jetzt keine Stunde wirkliche Erholung gehabt. Dazu die ewige finanzielle Misere und die Behinderung der Arbeit durch die Notwendigkeit, von Tag zu Tag die nötigen Groschen aufzutreiben zum Leben. Zu diesem Behuf muss ich aktuelle Gedichte für die Welt am Montag machen (wozu ich mich des Namens unsres Foxterriers – Promenadenmischung – »Jolly« bediene), muss dem kommunistischen Witzblatt Der Knüppel regelmäßig Beiträge liefern, und was dergleichen fader Ulk mehr ist. Daneben geht, den weitaus größten Teil meiner Zeit ohne Bezahlung verschlingend, die Tätigkeit für die politischen Gefangenen und Verfolgten. Bei mir geht es oft zu wie in einer Rechtsanwaltskanzlei. Ich soll aller Welt helfen und kann mir selbst nicht helfen. Ich bin nämlich bei den Organisationen überall ziemlich unten durch. Der KPD stehe ich ebenso negativ gegenüber wie früher der Sozialdemokratie, auch aus denselben Gründen: Sie machen furchtbar viel revolutionäres Geräusch, und es ist gar nichts dahinter. Man wählt, statt zu handeln. Man versorgt Funktionäre, statt die Stimmen von unten auch nur zu hören, geschweige auf sie zu hören. Die herrschenden Gewalten wissen, wie ungefährlich die Kommunisten bei uns schon sind, da aber der Esel, der unter der Löwenhaut steckt, brüllt, um gefährlich zu scheinen, tun sie, als ob er es wäre, und die Zuchthäuser füllen sich mit Arbeitern, während Monarchisten jeder Art plein pouvoir haben, nach Belieben ungesetzlich zu handeln. Da die nämlich gefährlich sind, ohne mit hölzernen Kastagnetten zu klappern, hütet man sich, sich an ihnen die Finger zu verbrennen. Kommt hinzu, dass die deutschen Richter zu 95 % selbst Monarchisten und Arbeiterfeinde sind. Sie glauben an die Rückkehr früherer Herrlichkeiten und wollen einmal im Personalakt den Nachweis zur Hand haben, dass sie auch, als das noch verpönt schien, dem alten Regime die »Treue« bewahrt haben. Daraus erklärt sich auch die tolle Jurisdiktion zugunsten der rausgeschmissenen und desertierten Potentaten, die von den Gerichten Aufwertung aller ihrer Ressourcen zu 100 % zugesprochen kriegen, während das Volk im tiefsten Elend steckt und die Kleinrentner, Kriegsanleihezeichner etc. um das Letzte geplündert worden sind, und selbst Mündelgeld höchstens bis 25 % aufgewertet wird. Die Halbheiten von 1918/19 rächen sich. Dich interessieren ja wohl die politischen Angelegenheiten nicht sonderlich, und so will ich dich mit langen Expektorationen über meine Ansichten nicht plagen. Jedenfalls sind diese Ansichten so, dass sie in keiner der zahllosen linksradikalen Bewegungen freien Entfaltungsraum fänden, und ich finde auch die Zeitschriften nicht, in denen ich freiweg losziehn könnte. So bleibt meine Arbeit ganz unbefriedigend: Ich bringe nur Sachen los, deren Thema von andern Leuten gestellt wird. Für das, was zu sagen ich für notwendig halte, gibt es kein Organ. Jeder – die Anarchisten kaum weniger als die übrigen – hat sein abgestempeltes, doktrinäres Programm, und man ketzert für die Linken, wenn man in diesem und jenem Punkt mit den Kommunisten zusammengeht, bei den Kommunisten, wenn man die russische Staatspolitik als maßgebend für die deutsche Revolutionspolitik ablehnt. Mein ganzes Streben ist demnach, wieder ein eignes Blatt zu bekommen, worin ich den Klosettdeckel nach allen Seiten hin niedersausen lassen kann. Aber kein Teufel hat Geld: Die Dawes-Pakte präsentieren jetzt die Rechnung (und die Locarno-Rechnung wird noch ganz anders aussehn). Die links gerichteten Verleger, die für meine Bücher allein infrage kommen, verkrachen massenweise. Ich sitze mit fertigen Manuskripten da, die mir veralten, da kein Verlag das Geld hat, sie zu drucken. Daneben noch viel Ärger, Intrigen, Schweinereien, und wenn Zenzl nicht wäre mit ihrer seelischen Kraft und Tapferkeit, könnte ich manchmal einfach den Mut verlieren. Allerdings gibt es auch wieder erfreuliche Dinge. Vorgestern erschien bei uns eine Arbeiterfrau und überbrachte im Auftrag einer Anzahl von Arbeitern des Wedding, wo ich besonders populär bin, zu Weihnachten und zum einjährigen Gedenktag meiner Befreiung aus dem Käfig 1 Ente mit Gemüse und für Zenzl Seidenstoff zu einem Kleid. So was tröstet einen über zahllose Infamien der hohen Führerschaft weg, der es längst nicht mehr passt, dass mir die Betriebsproleten mehr Vertrauen entgegenbringen als ihnen, die mit allen Händen zur »linken« Seite der Sozialdemokratie hinüberwinken und allmählich die letzten Spuren ihrer spartakistischen Vergangenheit versauen.

Du große Güte, jetzt kommt Besuch. Ich muss unterbrechen.

Das war gegen ½ 5. Jetzt ist's bald ¾ 9; aber ich weiß nicht, wie ich den Weihnachtsabend besser herumbringen soll, als mit der Fortsetzung des Briefs an dich. Wir haben keinen Tannenbaum; wir haben uns nicht gegenseitig beschenkt. Dies Fest ist inhaltslos geworden, wenn unter 4 Millionen Menschen in Groß-Berlin weit über eine halbe Million überhaupt verhindert ist, sich einen frohen Tag draus zu machen. Hundertundfünfzigtausend voll Erwerbslose, ungerechnet die ständige Kundschaft der Obdachlosenasyle, ungerechnet die Kriegskrüppel, die im kalten Dreck am Straßenrand betteln und bestenfalls die Drehorgel leiern: Was ich bin und was ich habe, dank ich dir, mein Vaterland. Dazu eine Viertelmillion auf Kurzarbeit Gestellte, die wöchentlich mit 10–12 Mk. ihre Familien füttern sollen, unzählige alte Leute, denen die Inflationshyänen der Großindustrie ihr letztes bisschen Erspartes gestohlen haben, – und daneben der ekelhafte Protzbetrieb, der heute viel weniger von den Finanz-Schnallen vom Kurfürstendamm als von Hakenkreuzottern mit kanariengelb gefärbten Bubiköpfen und Ludendorffschönen mit knallroten dicken, glasringumgürteten Walkürenarmen bestritten wird: die dazu gehörigen schwarzweißrot-bebänderten Morphinisten oder auch jüdischen Defraudantenphysiognomien – par nobile fratrum: nicht die Rasse sondern die Kasse verbrüdert sie – sind noch übler. Verwahrlosung aller kulturellen Werte, ungeistiger Zynismus, Verluderung aller Begriffe von Anstand, Recht, Innerlichkeit; Plumpheit und Undifferenziertheit im Erotischen wie in allen Gesellschaftsbeziehungen, Verrohtheit des Geschmacks und der Manieren,

Witzlosigkeit, Korruption, Unzuverlässigkeit, Gier, Neid, Infamie in jeglicher Gestalt: Das sind die Ablagerungen des kriegerischen Stahlbads, da die reinigende Revolution ausblieb und statt ihrer die schmutzigste Karikatur des alten Plunders im neuen Mantel sich hochschwang. Aber diese Erscheinungen, verbunden mit der Universalpleite des ganzen Lands und Volks; der hoffnungslosen Dummheit der diversen Obrigkeiten – zwischen deren Trikoloren ich die Hand nicht umdrehe – und der scheinbar apathischen Verzweiflung aller derer, die sich einen Rest von Empfindung und Urteil gerettet haben, – das sind Symptome nahen Untergangs in Stumpfheit und völliger Verwilderung: oder aber – und das ist mein Streben und der Inhalt meines Denkens und Wollens – die Gase explodieren noch rechtzeitig, und aus dem Inferno der Verwüstung und der Raserei hebt sich eine lebenswerte Welt. Dies meine Weihnachtsgedanken, lieber C. G., und mein Wunsch für's neue Jahr! Dein

Erich Mühsam

Kein Hüsung

Zweihunderttausend Leute zählt
Man ohne Wohnung in Berlin,
Die alle nur die Frage quält:
Ob, wie, wohin und wann sie ziehn.
Bei Schlummermüttern, bei der Braut,
Im Stall, im Schrebergarten
Zu viert, zu sechst, zu zehnt verstaut –
So hausen sie und warten.
Sie sind gemeldet allesamt
Und registriert beim Wohnungsamt.

Sie haben ihren Wohnungsschein
Und müssen in die Palme gehn,
Wenn auch in Groß-Berlin allein
Dreitausend Leerquartiere stehn.
Die kriegt nur, wer sie zahlen kann,
Doch wer in Höhlen nächtigt,
Den kommt das meistens sauer an,
Ist er auch wohnberechtigt,
Und wenn er noch so laut verdammt
Das einsichtsvolle Wohnungsamt.

Zweihunderttausend wohnungslos!
Das hohe Amt zählt hin und her.
Die haben ein Als-Ob-Dach bloß,
Dreitausend Bleiben bleiben leer! ...
Man fragt sich sinnend: Was gerät
Durch Massenelend Gutes?
Vielleicht die Promiskuität
Der Jugend! – Ei, was tut es?:
Die Liebe von Zigeunern stammt –
Lang lebe unser Wohnungsamt!

Mitteilung

Am 1. Oktober diesen Jahres werde ich eine neue Zeitschrift erscheinen lassen, die vorerst monatlich, falls sich die materielle Möglichkeit dazu ergeben sollte, später in kürzeren Abständen herauskommen soll. Sie wird Fanal heißen.

Schon vor dem Kriege gab ich in München ein Monatsblatt heraus: Kain. Zeitschrift für Menschlichkeit. Es erschien vom April 1911 bis zum Kriegsausbruch. Eine zweite Folge der Zeitschrift in andrer Aufmachung erlebte in der Revolutionszeit vom November 1918 bis zu meiner Verhaftung im April 1919 neun Nummern. Meine Absicht ist, Fanal in technischer Hinsicht dem Vorkriegs-Kain anzupassen; das Blatt wird also Broschürenform haben und nur Beiträge vom Herausgeber selbst enthalten.

Eine Begründung für das in solchen Fällen übliche »Bedürfnis« nach der Zeitschrift kann ich mir mit der kurzen Versicherung ersparen, dass dieses Bedürfnis tatsächlich bei mir vorhanden ist, es beim Leser von Nummer zu Nummer zu wecken, betrachte ich als eine meiner Aufgaben.

Fanal soll ein Organ der sozialen Revolution sein. Es soll helfen, die Revolution vorzubereiten und ihr Richtung, Sinn und Ziel zu geben. Der Herausgeber bekennt sich als Anarchist, ohne sich indessen überall mit Ideologie und Taktik der Mehrzahl der deutschen Anarchisten einverstanden zu erklären. So wenig die Grundlagen einer Erkenntnis durch die Ereignisse der Umwelt erschüttert werden können, so wenig darf sich die Erkenntnis selbst gegen ihre Bereicherung durch geschichtliche und ökonomische Erfahrungen absperren. [...]

Meine besondere Stellung zu den bestehenden proletarischen Organisationen, die mich, obwohl ich das Organisationsprinzip durchaus bejahe, zur Zeit in keiner von ihnen Platz finden lässt, hat mich bis jetzt auch verhindert, meine Ansichten und Vorschläge in der Form theoretischer Darstellung oder anschließend an Tagesereignisse in praktischer Anwendung öffentlich zur Kenntnis zu bringen. Das soll in Fanal nachgeholt werden. Wer mir zutraut, dass ich zu den Ereignissen und Problemen der Zeit Gedanken zu äußern habe, die der Äußerung wert sind, sei eingeladen, meine Zeitschrift Fanal durch Abonnement und Verbreitung zu unterstützen.

Charlottenburg, im August 1926

Erich Mühsam

Staatsverneinung

Das Problem des Staates ist ein Problem der Macht. Menschen, einzelne oder in Gruppen verbundene, denen die Erringung der gesellschaftlichen Macht über die Mitmenschen gelungen ist, bedürfen eines zentralen Machtapparates, um die Unterworfenen auf Dauer in ihrer ökonomischen Abhängigkeit zu halten. Es gibt keine andere Unterwerfung von Menschen unter die Macht anderer als ihre Fesselung in wirtschaftliche Hörigkeit. Das politische Zwangsinstrument dieser wirtschaftlichen Fesselung ist der Staat.

Die Staatsform, um die unter den jeweiligen Inhabern und Anwärtern der gesellschaftlichen Exekutivgewalt ein aufgeregtes und verwirrendes Geschrei tost, ist in Hinsicht der Funktion des Staates als Vollstreckungsorgan der ökonomischen Ausbeutung ohne alle Bedeutung. Mag das despotische Sultanat eines absoluten Herrschers, die konstitutionell eingeschränkte Monarchie, die faschistische Diktatur, die republikanische Demokratie oder die Oligarchie eines Parteivorstands ein Land regieren – jede dieser Methoden erweist sich schon durch ihre zentralistische Struktur als dem Volksganzen übergeordnet, demnach als vom Volksganzen losgelöst, mithin als dem Volksganzen feindlich. Zentralismus bedeutet nichts anderes als Direktion von oben nach unten, Herrschaft der Verwaltung über Verwaltete, Befehlsgewalt der Schalterbeamten, Entmündigung der gesellschaftsbildenden Masse, Bürokratismus. Jedes zentralistische Gebilde kann nur als Machtapparat bestehen; Macht in gesellschaftlichem Sinne ist immer ökonomische Unterdrückung; also ist Staatsmacht in allen ihren Formen ihrer Ausdrucksmöglichkeiten stets der Rechtsvorwand einer Klasse zur Beherrschung und Ausbeutung der andern Klasse.

Staat und Obrigkeit sind Synonyme; daher kann es keine anderen Staaten geben als Obrigkeitsstaaten. Staat und Klassengesellschaft sind Synonyme; daher kann es keine anderen Staaten geben als Klassenstaaten. Staat und Zentralismus sind Synonyme; daher kann es im Staat keine Organisation von unten nach oben, keinen ausbeutungslosen

Sozialismus, keine Selbstbestimmung des Volkes, keine Zusammengehörigkeit der Gesamtheit, kein einheitliches Recht und kein Volksganzes geben.

Der Ursprung des Staates ruht in dem Bedürfnis nach ökonomischer Machtbefestigung. Das Prinzip des Staates, jedes Staates, ist die juristische Sicherung des Privilegs der Ausbeutung der gesellschaftlichen Arbeit durch eine schmarotzende Minderheit. Es ist völlig wahr, was die Marxisten sagen – nur ist diese Wahrheit, wie viele andere marxistische Erkenntnisse bedeutend älter als der Marxismus, – dass der Staat Produkt und Ausdruck der ökonomischen Klassendifferenzierung in der Gesellschaft ist. Aber die Marxisten übersehen oder unterschätzen einen Umstand von allgemeiner Geltung. Alle gesellschaftlichen Verhältnisse schaffen sich immer nur die Ausdrucksform, die durch ihre besondere Wesensart bedingt ist. Das bedeutet, dass die Organisationsform eines sozialen Zustandes nicht auf einen neuen, grundsätzlich verschiedenen, übertragen werden kann. Der zentrale Staat wurde geschaffen als administrativer Apparat der gesellschaftlichen Ausbeutung; in seiner gegenwärtigen Gestalt als wesensloses Räderwerk eines öden bürokratischen Mechanismus ist er der präziseste Ausdruck des verfallsreifen Hochkapitalismus. Es ist nicht möglich, die kapitalistische Ausbeutung zu beseitigen, ohne das Gehäuse zu zerschlagen, das der Kapitalismus sich zu seinem Wachstum gemäß seinen besonderen Bedürfnissen gebaut hat. Das hat zum Glück der Russischen Revolution Lenin eingesehen gehabt, als er 1917 im Bunde mit Anarchisten und linken Sozialrevolutionären Bakunins Auffassung, dass der Staat nicht, wie Marx und Engels lehrten, zu erobern, sondern zu zerstören sei, zu praktischer Durchführung verhalf. Leider fielen jedoch die Bolschewiken nach vollbrachter Tat in den staatsautoritären marxistischen Aberglauben zurück und errichteten an Stelle des zertrümmerten zentralistischen Staatsapparates einen neuen der gleichen Struktur, in der naiven Meinung, in dem vom Kapitalismus für seine Methoden ersonnenen, für seine Ausbeutungszwecke temperierten Treibhause Sozialismus und Gleichheit, klassenlose Gemeinsamkeit und Autonomie der Räte entwickeln zu können. Die Verwaltung des Gemeinwesens durch die von den Arbeitsstätten aus von unten nach oben wirkende föderative Organisation der

Räte, die von den revolutionären Kommunisten aller Schattierungen als Ziel angestrebte Räterepublik, kann niemals ein Staatsgebilde sein. Staat setzt Regierung voraus, das ist obrigkeitliche Befehlsgewalt und Rangordnung.

Die Räterepublik ist charakterisiert in der Forderung der russischen Arbeiter und Bauern von 1917, die das revolutionäre Weltproletariat als Kampfruf aufgenommen hat: Alle Macht den Räten! Räte sind die aus den Produktionsbetrieben unmittelbar entsandten, für jede Einzelfrage nach besonderer Eignung ausgesuchten, stets abrufbaren und auswechselbaren, unter dauernder Kontrolle der Werktätigen nach deren eigenen bindenden Beschlüssen handelnden Delegationen der industriellen und landwirtschaftlichen Betriebsbelegschaften. In den Räten ist also die gesamte städtische und ländliche arbeitende Bevölkerung zur direkten Ausübung aller Verwaltungsfunktionen des Gemeinwesens zusammengeschlossen. Die Leistung der Verwaltungsaufgaben in den gemeinsamen Angelegenheiten weiterer und weitester Bezirke geschieht durch Unterdelegationen dieser Räte zu Kreis-, Provinzial-, Landes-Räte-Kongressen nach dem gleichen Grundsatz der Verantwortung nach unten, der Abrufbarkeit, des gebundenen Mandates, bis hinauf zu den höchsten Exekutivorganen, dem Zentralexekutivkomitee und dem Rat der Volksbeauftragten, denen keine Legislative, sondern durchaus nur die Ausführung des Willens, der im Produktionsprozess unmittelbar Tätigen zusteht, und die, stets gewärtig, den Platz im ganzen oder für einzelne Aufgaben berufeneren Genossen räumen zu müssen, immer nur Beauftragte, nie Auftraggeber sind. Die Verfassung der Russischen Sozialistischen Föderativen Sowjetrepublik vom 10. Juli 1918, die der Zusammenarbeit marxistischer und anarchistischer Kräfte zu danken ist, hat die Prinzipien dieses staatlosen Systems, wenn auch noch nicht unter restloser Konsequenz, so doch mit der klaren Hervorhebung der Tendenz herausgearbeitet, dass in dieser Konstitution der Übergang gesucht wird zur »Einsetzung der sozialistischen Gesellschaftsordnung, unter der es weder eine Klassenteilung noch eine Staatsmacht geben wird«.

Föderalistische Organisation heißt Organisation von der Basis zur Spitze, Verbindung der wirkenden Kräfte zu selbstverantwortlichem Tun, statt Übertragung der Verantwortung auf übergeordnete Instanzen.

Der Rätegedanke ist demnach eine rein föderalistische Idee. Der Versuch, eine Regierungsgewalt mit dem Rätesystem zu verquicken, hebt die Omnipotenz der Räte praktisch auf und setzt über die Räte, denen doch »alle Macht« gehören soll, eine andere Macht. Die Gründe, die die Bolschewiken veranlassten, anstelle der Rätediktatur die Diktatur ihrer Partei zu errichten, liegen freilich auf der Hand. Sie fürchten, dass unter den werktätigen Arbeitern und Bauern eine Mehrheit von indolenten, der westeuropäischen Demokratie ergebenen oder gar der feudalistischen Tradition anhängenden Elementen die Räterepublik als bestimmende Faktoren von vornherein unrettbar diskreditieren, und sie an der Erfüllung ihrer revolutionären Mission hindern würden, nämlich die Überführung der Reste der kapitalistischen Wirtschaft in die sozialistisch-kommunistische Produktions- und Lebensordnung zu gewährleisten. Ohne Zweifel war diese Gefahr groß, ohne Zweifel konnte ihr aber auf andere Art entgegengesteuert werden, als dadurch, dass über die Räteinstanzen eine Parteiregierung und damit ein zentraler Staat gestülpt wurde, dessen monopolitische Politik wohl die konterrevolutionären Bestrebungen der Menschewisten, der rechten Sozialrevolutionäre und der übrigen Helfershelfer der von der geeinten revolutionären Arbeiter- und Bauernschaft niedergeworfenen Weißgardisten unterdrückte, zugleich aber auch, und zwar in viel höherem Maße als Passive und Indifferente, die aktiven, vorwärtsdrängenden linken Revolutionäre aller Richtungen, die Anarchisten, linken Sozialrevolutionäre, Maximalisten und die Linkskommunisten, soweit sie nicht der bolschewistischen Partei angehörten, niederhielt und unter Verfolgung stellte, also gerade die Kräfte, ohne deren energische Beteiligung die Oktoberrevolution niemals hätte siegreich sein können.

Der Grundirrtum der marxistischen Theorie, das zentralistische Prinzip, gewann in Russland Geltung. Aus der Räterepublik wurde ein »Räte-Staat«, ein Widerspruch in sich selbst. Eine Staatsregierung, an deren Wesensart der Name »Räte-Regierung« nichts ändern kann, erlässt Staatsgesetze, und das Gefäß des Staates füllt sich langsam und unaufhaltsam mit dem Inhalt, für den die Form des Staates ursprünglich geschaffen, für dessen Aufnahme sie allein geeignet ist: mit dem Inhalt kapitalistischer Konzessionen.

Das russische Revolutionsproblem lässt sich nicht von einem Punkt aus beurteilen. Die krisenhafte Zuspitzung der Differenzen wegen der russischen Staats- und Wirtschaftspolitik und mithin der Taktik und der Methoden der kommunistischen Internationale, die heute die populärsten Persönlichkeiten der revolutionären Heroenzeit in Opposition gegen das herrschende Regime zeigt, unter ihnen Trotzki, Sinowjew, Kamenew und selbst Lenins Witwe, Krupskaja, hat zahlreiche Gründe, die zum allergeringsten Teil in persönlichen Rivalitäten, geschweige denn in gewolltem Verrat oder mangelndem Idealismus zu suchen sind. Die Tatsachen sind überall stärker als die Menschen, zumal die Tatsachen der Ökonomie. Nur stellen auch Tatsachen, an deren Auswirkungen die Menschen nicht mehr vorbeikommen, ihr Verhalten unter dem Gesichtspunkt zur Kritik, ob nicht ein anderes Verhalten andere Tatsachen gezeigt hätte. Und da sollte man bei der Erörterung der russischen Frage nicht an der Möglichkeit vorbeigehen, dass die Gesamtanlage des bolschewistischen Staatssystems an einem Konstruktionsfehler leidet: an dem, dass die föderative Rätemacht durch eine zentralistische Staatsmacht ersetzt ist.

Die bevorstehenden Revolutionen der westeuropäischen Proletariate haben aus den Erfahrungen der russischen Arbeiter und Bauern in ernster Prüfung zu lernen. Sie können unendlich viel Nachahmenswertes von ihnen annehmen. Die warnende Lehre der russischen Revolution aber ist ihre Kapitulation vor der Idee des Staates. Staat, man mag ihn kneten wie man will, ist Unterwerfung der Arbeitenden, ist Klassenscheidung der Gesellschaft. Ein »Räte-Staat« ist niemals eine Räterepublik. Denn Staat ist immer die Ausdrucksform unterdrückender Zentralgewalt: Räterepublik aber ist die föderalistische Ordnungsform der Anarchie, d. h. der obrigkeitslosen Selbstbestimmung der gesellschaftlichen Gesamtheit. Die Revolution, die den Staat nicht austilgt, sodass an seiner Stätte nichts Ähnliches je wieder wachsen kann, wird ohne Hoffnung sein, die klassenlose kommunistische Gesellschaft zu verwirklichen. Die Diktatur des Proletariats ist nötig als Diktatur der Klasse, solange die feindliche Klasse noch Atem hat: als Diktatur der Revolution gegen die Konterrevolution. Der Ersatz der proletarischen Diktatur durch die Diktatur einer obrigkeitlichen Regierung bedeutet die Preisgabe der sozialen Revolution an den Staat. Der Staat aber ist unvereinbar mit dem Recht des Arbeiters; er ist der Todfeind der sozialen Gleichheit. Wo Staat ist, kann keine Freiheit sein und keine werden.

Die Träger der Zukunft

In München, am lieblichen Isarstrande,
Da wachsen dem deutschen Vaterlande
Die künftigen Staatsanwälte empor.
Die haun die Proleten, bespucken die Juden
Und küssen die Mädchen in sturmfreien Buden
Am Sieges-, am Isar-, am Sendlinger Tor.

Und sitzen sie abends besoffen im Korpshaus,
Dann schwören sie heldenhaftig im Voraus
Der Republik den Tod und die Pest
Und schreien Hurra und üben die Katzen-
Musik, mit der sie morgen verpatzen
Dem Rektor des Reiches Begründungsfest.

Wie? Deutsche Studenten solln sich versammeln,
Wo schwarzrotgoldene Fahnen bammeln?
Ein Pereat Münchens Universität!
Ein Pereat den verwahrlosten Sitten!
Den Ehrenplatz in der Aula Mitten
verweigert man Rupprecht, der Majestät!

Wie? Jubiläen sollte man feiern,
Bei welchen sich neben Christen und Bayern
Republikaner breitmacht und Jud?!
Ein teutscher Studio geht nur noch auf Feste
Wohin man ihn zum Krach und Proteste
Im Zeichen des Hakenkreuzes lud.

So sind sie, die heut auf Zukunft studieren
Und die uns übermorgen regieren
Als Meister des Staates, als Meister der Welt.
Ob freilich die jetzigen Herren im Staate
Von anderem Wuchs, von bessrem Formate,
Das lassen wir lieber dahingestellt.

Amnestie: auch in Russland

Es ist keine »Hetze gegen Sowjet-Russland«, sondern leidvolle Pflicht des revolutionären Gewissens, wenn man sich der Kameraden annimmt, die dort im Gefängnis sitzen, weil sie an der Politik der bolschewistischen Partei revolutionäre Kritik geübt haben. Das Verlangen des ganzen internationalen Proletariats nach Amnestierung der politischen Gefangenen, die für den Sieg des Sozialismus gekämpft haben, darf nicht vor den Grenzen Russlands verstummen. Die Forderung: Heraus mit den proletarischen politischen Gefangenen in Deutschland, Polen, Bulgarien, Rumänien, Ungarn, heraus mit Sacco und Vanzetti, mit den Opfern Mussolinis! Beggegnet überall dem zynischen Feixen der Staatserhalter und ihrem Hinweis auf Russland, wo eine Regierung von Arbeitervertretern, die fast alle selbst einmal vom Zaren nach Sibirien geschickt waren, sich auch nicht anders zu helfen wisse, als indem sie die Gefängnisse mit Sozialrevolutionären, Anarchisten und oppositionellen Kommunisten fülle, die den Ruf »Alle Macht den Räten« wörtlich genommen haben.

All unsre Agitation für die Rote Hilfe wird um einen guten Teil des Erfolges gebracht, die gesamte Atmosphäre des gemeinsamen Kampfes der revolutionär gesinnten Arbeiterschaft wird vergiftet durch die unfassbare Starrköpfigkeit der russischen Regierung, die sich, nun volle 9 Jahre an der Macht, noch nicht ein einziges Mal entschließen konnte, wenigstens diejenigen politischen Gefangenen zu amnestieren, deren Organisationen im Oktober 1917 auf derselben Seite der Barrikade wie die Bolschewiken für den Sieg der roten Fahne ihr Blut verspritzt haben. Wenn sich denn aber schon das gegenwärtige Parteiregime zu schwach fühlen sollte, um die Freiheit der Gefangenen und die Heimkehr der revolutionären Emigranten ertragen zu können, so bekenne es sich wenigstens zu dieser Schwäche und lasse die europäische Arbeiterschaft wissen, dass die Argumente der Anarchisten zu stark, dem russischen Arbeiter und Bauern zu überzeugend sind, als dass diese Ideen propagiert werden dürften. Stattdessen streitet man Tatsachen ab, die tausendmal erweislich sind, macht die Solidarität mit den Kameraden zum Arbeiterverrat, peitscht die gläubigen Proletarier gegen die Klassengenossen auf, die Bescheid wissen, und stößt diejenigen von sich zurück, denen zufällig einmal doch Beweise vor die Augen kommen.

Naive, zur Bewunderung herzlich gewillte Arbeiter fahren mit Delegationen nach Russland, überall begeistert aufgenommen, und sie wollen alles sehn, um wahrheitsgetreu zu Hause berichten zu können. Sicherlich ist es Unsinn zu behaupten, es würden ihnen nur Potemkinsche Dörfer aufgebaut; sicherlich hat das nachrevolutionäre Russland vieles zu zeigen, wessen es sich ganz und gar nicht zu schämen braucht. Aber eins steht fest: In die Gefängniszellen der politischen Gefangenen erhalten sie keinen Einblick, der sie die reine Wahrheit sehen lässt. Das Vereinigte Komitee zum Schutze der in Russland gefangenen Revolutionäre (Berlin O 34) versendet einen Brief, der am 15. September 1926 von den Sozialisten und Anarchisten des Charkower Gefängnisses Nr. 1 an das Präsidium der Allukrainischen Zentralexekutive der Räte gerichtet wurde. Da wird berichtet, dass am Abend vor dem Eintreffen der 2. deutschen Arbeiterdelegation die politischen Gefangenen gegen ihren Protest unter schlimmsten Misshandlungen ins Gewahrsam der Tscheka verschleppt wurden, um ein Zusammentreffen mit der Delegation zu verhindern. Die Gefangenen sind zum Protest dagegen in den Hungerstreik getreten. Als kurz nachher eine holländische Delegation das Charkower Gefängnis besuchte und ausdrücklich nach politischen Gefangenen fragte, wurde ihr wahrheitswidrig versichert, es gebe dort keine. Die Delegation deutscher Arbeiterinnen wurde ebenfalls nicht in den Flügel der politischen Gefangenen geführt, obwohl die Gefangenen selbst verlangten, mit den Genossinnen sprechen zu dürfen.

Die gefangenen Genossen, die den Brief unterschrieben haben – 7 Anarchisten, 1 linker Sozialrevolutionär, 5 Zionisten-Sozialisten und 4 Mitglieder der Sozialistischen Jugend –, halten nicht zurück mit ihrer Kritik dieses Verfahrens. Erklärbar ist es doch nur aus der Befürchtung, ein Besuch bei den politischen Gefangenen werde bei den Delegierten einen so unschönen Eindruck machen, dass dadurch alle freundlichen Bilder von der Reise durchs gastfreie Sowjet-Russland verwischt werden könnten. Also schämt sich die russische Regierung, fremden Arbeitern Einblick in die Behandlung der politischen Gefangenen zu geben. Scham ist eine Empfindung anständiger Gesinnung, die vor den eigenen Handlungen Abscheu hat. Mögen die regierenden Genossen in Russland, die doch keine deutschen Schulmeister sind, die bei aller wissenschaftlichen Strenge der Gedanken und Überlegungen außer ihrem ökonomisch geschulten Hirn auch noch die fühlende Seele haben, die alle seine Dichter dem russischen Volke nachsagen und selbst ihren Spott daran auslassen, – mögen sie die Empfindung der Scham hereinlassen in ihre Köpfe und dort zu der Erkenntnis werden lassen, dass es nicht nur immer moralisch angenehmer, sondern auch praktisch lohnender ist, keine Scham empfinden zu müssen. Geht ihr mit einer großen Amnestie voran, Genossen in Sowjet-Russland! Hunderttausenden braver revolutionärer Proletarier auf der ganzen Welt wäre die Kehle frei, euch zu grüßen in euerm Bemühen, euer revolutioniertes Land nach euerm besten Wissen und Können dem Sozialismus entgegenzuführen.

Die Meinungsverschiedenheiten zwischen euerm Streben und anderem Denken und Glauben werden fortbestehen, aber ihnen wird der Giftstachel der hassenden Verbitterung genommen sein. Den proletarischen politischen Gefangenen in allen kapitalistischen Staaten aber ginge neue stärkste Hoffnung auf, dass auch für sie die Kerkertore aufspringen werden. Denn die Kraft der Solidarität ihrer Klassengenossen wäre verzehnfacht, wenn kein gespaltenes Gefühl mehr ihre Helferfreude beengt. Den Tag, an dem Russland seine linken Gefangenen, Verschickten und Emigranten amnestiert, wird das Weltproletariat mit einem Jubel begrüßen, wie ihr ihn, russische Freunde, seit Wrangels Vertreibung nicht mehr vernommen habt. Wartet keinen Gedenktag ab, um mit seiner Feier eine große Geste des Vergebens und Vergessens zu verbinden. Schafft den Gedenktag, den wir ersehnen, durch die Amnestie!

Absage an die Rote Hilfe

Werte Genossen!

Hierdurch erkläre ich meinen Austritt aus der Roten Hilfe Deutschlands. Entscheidend für diesen Entschluss, der mir nicht leicht fällt, ist die in der Roten Fahne mitgeteilte Tatsache, dass die Rote Hilfe eine eigene Werbeaktion für das Zentralorgan der Kommunistischen Partei vornehmen wolle. Damit entfällt die letzte Möglichkeit, die RH als eine überparteiliche Organisation anzuerkennen und den Genossen linksrevolutionärer Richtungen mein Verbleiben in der RH als ein Verhalten begreiflich zu machen, das keinerlei Verpflichtungen für eine bestimmte politische Partei in sich schließe.

Als ich vor 4 Jahren aus der bayerischen Gefangenschaft kam, stellte ich meine rednerische und organisatorische Kraft in weitem Maße der Roten Hilfe zur Verfügung, und es wird kaum bestritten werden können, dass ich dieser Organisation eine sehr große Zahl Mitglieder und aktive Helfer zuführte. Voraussetzung war für mich, dass ich bei meiner Tätigkeit meinen Charakter als Anarchist niemals zu verleugnen brauchte; diese von mir von Anfang an gestellte Bedingung wurde mir ausdrücklich zugebilligt. Ich habe mir durch mein Wirken im Rahmen und zum Nutzen der RH in den mir nahestehenden revolutionären Kreisen viel Anfeindung zugezogen, mich jahrelang schwerstem Missverstehen meiner Haltung ausgesetzt, aber all dies in Kauf genommen um der Genossen willen, die als Opfer der Klassenjustiz in den Zuchthäusern und Gefängnissen die solidarische Zusammenarbeit aller proletarischen Organisationen erwarten. Um ihretwillen habe ich auch die meines Erachtens durchaus unsachgemäße, weil bürokratische Organisationsform der RH hingenommen und zu zahlreichen befremdenden, außerhalb der Aufgaben einer Inhaftierten- und Revolutionsopferhilfe liegenden Aktionen der RH geschwiegen, wie vor Kurzem erst der Agitation für die parteikommunistische Kandidatenliste bei den Konsumgenossenschaftswahlen u. Ä.

Auch die Parteinahme der Roten Hilfe Deutschlands gegen die linksrevolutionären Gefangenen und Verfolgten in Russland hat mich nur dazu veranlasst, meine Tätigkeit in der Organisation auf die Arbeit zu beschränken, die innerhalb der deutschen Angelegenheiten zur Abwehr der Klassenjustiz zu leisten ist. Immer hielt mich die Rücksicht auf die gefangenen Genossen zurück, mit einer Organisation zu brechen, die bei ihnen bis jetzt als überparteiliche Klassenorganisation galt. Ich blieb Mitglied, obwohl mein Auftreten als Delegierter bei der Bezirkskonferenz Berlin-Brandenburg 1927, bei der ich an manchen Übelständen Kritik übte und vor allem die Forderung vertrat, die RH habe sich für eine Amnestie der linksrevolutionären Gefangenen und Verbannten Russlands einzusetzen, nur dazu führte, dass von meiner agitatorischen Mitwirkung keinerlei Gebrauch mehr gemacht wurde. Ich habe seitdem meine Arbeit für die Gefangenen unvermindert fortgesetzt, musste mir nur zur öffentlichen Aufklärung andere Möglichkeiten schaffen, als sie mir vorher von der RH geboten wurden.

Die Fiktion, als ob die Rote Hilfe Deutschlands tatsächlich selbstständig sei, zu der ich und meine Freunde, die der RH angehören, uns immer wieder überredeten, lässt sich selbstverständlich nicht mehr halten, wenn die Organisation jetzt dazu übergeht, aus der Arbeiterpresse ein einzelnes Blatt herauszugreifen, das lediglich Organ einer zurzeit dominierenden Richtung innerhalb einer besonderen Partei ist und das von allen linksrevolutionären Parteien und Gruppen, die korporativ oder in Einzelmitgliedschaften ebenfalls in der RH vertreten sind, gleichmäßig scharf abgelehnt wird. Die Einleitung einer eigenen Werbeaktion für die Rote Fahne durch die RH bedeutet vollkommene Preisgabe der Überparteilichkeit und schwerste Brüskierung aller Mitglieder der Organisation, die etwa einer antiparlamentarischen oder gewerkschaftsfeindlichen, selbst auch nur einer kommunistisch-oppositionellen oder unabhängig-sozialdemokratischen Bewegung angehören. Eine Werbeaktion für alle linksgerichteten proletarischen Zeitungen und Zeitschriften ohne Unterscheidung der Fraktionen, in die, ausgesprochen oder nicht, auch die Rote Hilfe zerfällt, wäre bei den proletarischen Mitgliedern und erst recht bei den Gefangenen verstanden und gebilligt worden.

Mein weiteres Verbleiben in der RH müsste mich neuen Missdeutungen meiner Gesinnung aussetzen, denen ich kein wirksames Argument mehr entgegenzusetzen hätte. Ich trete daher aus und werde meine Kraft weiterhin für die Opfer der Staatsjustiz rege gebrauchen. Dabei beabsichtige ich durchaus nicht, eine Kampfstellung gegen die RH zu beziehen; soweit eine ersprießliche kameradschaftliche Zusammenarbeit geleistet werden kann, werde ich zur Verfügung stehen. Doch ist für mich als Mitglied kein Raum mehr in einer Organisation, in der ich genötigt werde, eine Parteipolitik zu fördern, die ich für falsch und der revolutionären Arbeiterbewegung abträglich halte. Mit revolutionärem Gruß!

Erich Mühsam

Barden-Schwur

Wir sind die Ritter, feurig bekreuzt, –
Ku-Klux-Klan! Ku-Klux-Klan!
Wie sich Amerika räuspert und schnäuzt,
So wird's getan, – so wird's getan.
O Deutschland, hoch in Ehren,
Wir schwefeln und wir teeren.
    Deutsch und treu – hundert Prozent.
    Wo man mordet, sind wir da.
    Feurig uns zu Häupten brennt
    Strohschein aus Amerika.

Wotan der Donnerer, völkisch und smart –
Ku-Klux-Klan! Ku-Klux-Klan!
Kämmt sich jetzt einen Yankeebart,
Fletschend den Zahn, – fletschend den Zahn.
Heil Hitler, Erhard, Jagow!
Heil Strohschein aus Chicago!
    Hakenkreuz, feuriges Kreuz,
    Stahlhelm, Fahne schwarz-weiß-rot:
    Auf! Amerika gebeut's.
    Murkst die Juden! Schlagt sie tot!

Kutte geschlossen und Dolch im Gewand –
Ku-Klux-Klan! Ku-Klux-Klan!
Hakenkreuz – Sternbanner – Vaterland?
Kommt nicht drauf an! Kommt nicht drauf an!
Wir sind beim Feme-Morden
Ein toleranter Orden.
    Deutsch und treu – hundert Prozent.
    Gibt's auf offenem Platz Skandal.
    Wo man heimlich killt und brennt:
    Tun wir's international!

Bismarxismus

Freiheit ist ein religiöser Begriff. Wer mit dem Ziele der Freiheit Revolutionär ist, ist ein religiöser Mensch, Revolutionär sein, ohne religiös zu sein, heißt mit revolutionären Mitteln andere als freiheitliche Ziele anstreben. Anders gesagt: Revolutionäre Entschlossenheit kann aus einer seelischen Not stammen, aus dem Empfinden der Unerträglichkeit von Zwang, Gesetz und Entpersönlichung – dann ist sie religiös; sie kann auch stammen aus der nüchternen Errechnung von Zweckmäßigkeit, wenn sich unter ihren Faktoren die Revolution als unumgängliches Mittel erwiesen hat – dann ist sie positivistisch. Der Positivist, das ist der kirchliche Mensch im Gegensatz zum religiösen, der Leugner der Wildheit, des Rausches und der Utopie: der Dogmatiker und Fatalist, dem die Freiheit eine Kleinbürger-Fantasie und der Kampf ums Dasein eine Bestimmungs-Mensur scheint.

Hier wird zu Revolutionären gesprochen, deren revolutionäres Ziel die Freiheit ist. Freiheit ist ein gesellschaftlicher Zustand, dessen Fundament die freiwillige Vereinbarung der Menschen zu gemeinsamer und einander ergänzender Arbeit und zur gegenseitigen Verbürgung des Lebens und seiner Güter bildet. Der gesellschaftliche Zustand der Freiheit beruht auf der Freiheit der Persönlichkeit, die Freiheit des Einzelnen aber findet ihre Grenze an der Freiheit der Gesamtheit; denn wo nicht alle Menschen frei sind, kann keiner frei sein. Das Ringen um diese Freiheit, die unvereinbar ist mit irgendwelcher Art Obrigkeit, gesetzlichem Zwang, angeordneter Disziplin oder staatlicher Gewalt, ist die religiöse Idee der Anarchie. Zu ihrer Verwirklichung bedarf es der revolutionären Umwälzung der Grundlagen des gesellschaftlichen Zusammenlebens der Menschen, will sagen der Schaffung der materiellen Basis, auf der allein Freiheit möglich ist: Das ist ökonomische Gleichheit. Wir Anarchisten sind Sozialisten, Kollektivisten, Kommunisten, nicht weil wir in der gleichmäßigen Regelungen von Arbeitsleistung und Produktverteilung die letzte Forderung menschlicher Glückseligkeit erfüllt sähen, sondern weil uns kein Kampf um geistige Werte, um

Vertiefung und Differenzierung des Lebens möglich scheint – und eben dieser Kampf ist der Sinn der Freiheit –, solange die Menschen unter ungleichen Bedingungen geboren werden und heranwachsen, solange geistiger Reichtum in materieller Armut ertrinken, geistige und seelische Armseligkeit im Glanze erkaufter Macht und Bildung als Reichtum strahlen kann.

Gleichheit hat mit dem, was heute Demokratie heißt, nicht das Mindeste zu schaffen. Die Gleichheit der bürgerlichen Demokratie beschränkt sich auf die Anerkennung, dass jede zur Stimmabgabe zugelassene Person als eine Stimmeinheit zu zählen sei. Dabei ist die Mehrheit der Stimmen selbstverständlich immer der Klasse verbürgt, die durch ihre wirtschaftlichen Privilegien fast den gesamten Beeinflussungsapparat beherrscht; überdies sind aber die Institutionen, für die gewählt werden darf, ihrer Art nach nur geeignet, Bestehendes zu erhalten und zu verwalten. Mag die Mehrheit der Wähler immerhin mit revolutionären Absichten votieren, die Gewählten, welcher Programmrichtung sie auch angehören mögen, können in ihren Körperschaften niemals anders als konservativ handeln. Sozialismus und Freiheit ist auf dem Wege der Demokratie nicht zu erlangen; Demokratie aber im Sinne von Freiheit und Gleichheit ist nur auf dem Boden des restlos verwirklichten Sozialismus möglich. Diese eigentliche Demokratie, die die Herrschaft der Gesamtheit über sich selbst, das ist die Selbstbeherrschung jedes Einzelnen im Bewusstsein seiner gesellschaftlichen Mission, bedeutet, bedingt wirtschaftliche und rechtliche Gleichheit, die die Voraussetzung aller Freiheit ist.

Nirgends in der Welt steht der religiöse Drang nach Freiheit tiefer im Ansehen als bei den Deutschen. Der Positivismus, als philosophisches Prinzip von dem Franzosen Comte aufgerichtet, fand seinen realen Nährboden in dem Lande, das schon den Sieg des brutalen Rationalisten Martin Luther über den glühenden Weltstürmer Thomas Müntzer erlebt hatte. Das ist die ganze Geschichte Deutschlands: Immer und überall zertrampelt das Schema und die Formel den lebendigen Geist, die Schulweisheit den Impuls des Inneren Wissens, die Kirche die Religion. Der stärkste Geist der deutschen Geniezeit, Goethe, imponiert den Deutschen nicht durch seine apollinische Natur, sondern durch seine robuste Lebensauffassung, und sie verehren ihn, weil er seinen phänomenalen Verstand so gut bürgerlich zu kleiden wusste und weil er den Oberlehrern die bequeme Phrase des gesättigten Appetits geliefert hat, dass, wo Gleichheit sei, keine Freiheit bestehen könne. Von den innigsten Geistern jener Zeit, Hölderlin und Jean Paul, weiß der Deutsche wenig, und warum der Versuch der Romantiker, vor den Stiefeltritten des Preußenschneids in Mythologie und Mystizismus zu flüchten, in fade Sentimentalität umschlug, um endlich vom Literatentum der Börne und Laube im Positivismus begraben zu werden – darüber machen sich die Leute keine Gedanken. Das junge Deutschland – das war literarischer Positivismus, verschärft mit Hegelei.

Der Positivismus, die Philosophie der nüchternen Gegebenheiten, die letzten Endes Gelehrsamkeit mit Wirklichkeit verwechselt, und der Hegelinianismus, das uniforme Metternichtum des Geistes, dessen apodiktische Abstraktionen und dialektische Gaukeleien den Irrsinn produzieren, alles Wirkliche vernünftig zu finden – diese beiden Denkfesseln mussten sich gleichzeitig um die Willensgelenke der Deutschen legen, um ihre beste Eigenschaft, den Kosmopolitismus, zu vernichten und an seiner Stelle im Geistigen, wie im Politischen den Zentralismus, das nationale Reglement, das »Staatsbewusstsein« wachsen zu lassen. Das Preußentum, das Luthertum – in der zweiten Hälfte des 19. Jahrhunderts, als der Kapitalismus Deutschland zu industrialisieren begann, gebar es aus der Banalität der konkretesten und der Verschrobenheit der abstraktesten aller Philosophien die Theorie seiner Geistverlassenheit und der in kapitalistischen Formen entbrannte Klassenkampf in Deutschland sah die Gegner auf beiden Seiten den gleichen philosophischen Strick ergreifen – nur fassten ihn beide am entgegengesetzten Ende an. Bismarck spaltete Deutschland und schuf das zentrale Reichsgebilde mit dem Preußenkönig als Kaiser an der Spitze, so den Boden bereitend für die hemmungslose Entfaltung des kapitalistischen Besitzmonopols; Karl Marx spaltete die Arbeiter-Internationale, warf Bakunin und alle Revolutionäre hinaus, die der Selbstverantwortlichkeit des Proletariats, seinem Freiheitswillen und seiner Entschlusskraft mehr zutrauten als den Rechenkünsten festbesoldeter Revolutions-Manager, und machte aus der Religion des Sozialismus die Kirche der Sozialdemokratie. Bismarck arrangierte drei Kriege, um den Agrar-, Industrie-, und Börsenkapitalisten die nötige Ellenbogenfreiheit für die Ausbeutung der menschlichen Arbeitskraft zu schaffen; Marx schrieb eine für die Zeit ihres Entstehens meisterhafte, aber sehr professorale Analyse des Kapitals, die er mit einer von Hegel entlehnten abstrakten Philosophie garnierte, wonach der Kapitalismus die naturnotwendige Konsequenz der sich am Faden der historischen Dialektik abspulenden Menschheitsentwicklung sei und der historische Materialismus sein Aufschwellen bis zu der Überfülle bedinge, die ihn unter Nachhilfe der unausweichlichen proletarischen Revolution von selber platzen lassen werde. Bismarck praktizierte den Obrigkeitsstaat, dessen Machtfundament von der Kommandogewalt des Unteroffiziers über den Rekruten gestützt wurde; Marx kopierte in Partei und Gewerkschaft die Disziplin und den Drill, die Subordination und Schnauzerei des Kasernenstaates und übernahm dazu von der katholischen Kirche die Unfehlbarkeit des Papstes und Avancement-Stufenfolge nach dem Grade ergebener Frömmigkeit. Bismarck endlich ordnete seinen Staat nach dem Prinzip des autoritärsten Zentralismus, wie es den Wünschen und den Interessen der ausbeutenden Bourgeoisie entsprach, und Marx proklamierte diese Organisationsform als die dem Proletariat nach der Machtergreifung ebenfalls gemäß des »Arbeiterstaates«.

So wuchsen im neuen Deutschen Reich zwei feindliche Stämme aus derselben Wurzel, einer öden und fantasielosen Autoritätslehre; genährt von den gleichen Kräften, gedanken- und begeisterungsloser Disziplin und anspruchsvollem und gänzlich unfruchtbarem Bürokratismus; beide entschlossen, jede Konkurrenz mit allen Mitteln der Macht oder doch des Machtwillens niederzuschlagen: Bismarck den nationalen Kapitalismus anderer Länder, Marx die revolutionären Sozialisten, die weder von Marxens fatalistischer Theorie noch von Bismarcks allgemeinem Wahlrecht Gebrauch zu machen wünschten und keine Staaten zu erobern sondern alle zu zerstören trachteten, um statt ihrer die von keinen Staatsgrenzen getrennt arbeitenden Menschen nach eigenen Ratschlüssen produzieren und konsumieren zu lassen. Die peinlichste Ähnlichkeit der beiden Stämme, die in Deutschland als Bismarck'sche kapitalistische Staatsmacht und als Marx'sche doktrinäre Arbeiterbewegung zu den Sternen strebte, die ihnen nicht leuchteten, war der völlige Mangel an jeder schöpferischen Originalität, die völlige Abwesenheit aller religiösen Inbrunst, in Wesen und Ziel der völlige Verzicht auf jedwede Freiheit. Dieser Mangel, verbunden mit Anmaßung, Pedanterie, Bürokratendünkel, Paragrafenbesessenheiten und Schulmeisterei – das ist der deutsche Kujonengeist, dem die herrschende Klasse ihren stumpfsinnigen Aufstieg von gepflegter alter Kultur zur Geldmacht und einem komfortablen Stande auf dem internationalen Sklavenmarkt verdankt, und der die deutsche Arbeiterbewegung immer weiter vom Sozialismus weg auf den Weg der Resignation und zur inneren Fäulnis und Kampfunfähigkeit geführt hat. Es ist das, was ich, den ganzen Jammer unsrer Zeit umfassend, Bismarxismus nenne.

Die Parallele von Bismarcks untheoretischer Praxis und Marxens unpraktischer Theorie hat schon vor 5½ Jahrzehnten Michael Bakunin gezogen, der von oberflächlichen Beurteilern vielfach als Antisemit und Deutschlandfeind ausgegeben wird. Er war beides nicht und hat sich ausdrücklich dagegen verwahrt, für das eine oder das andere gehalten zu werden. Dennoch tobt er in seinen Polemiken immer wieder mit wütendem Hass gegen »die Deutschen« und »die Juden«. Mögen unsere Hakenkreuz-Teutonen wissen, dass Bakunin beide Ausdrücke gebrauchte, um ein und dieselbe Eigenschaft damit zu bezeichnen, eben die, für die ich das Wort Bismarxismus vorschlage. Bakunin schimpfte auf die deutschen Juden und auf die jüdischen Deutschen und meinte den von dem Deutschen Bismarck und von dem Juden Marx in gleicher Feindschaft gegen Menschenwert und Freiheit geübten Geist der Despotie und der zentralistischen Autorität; unter diesem Gesichtspunkt identifizierte er die Begriffe Deutschtum und Judentum vollständig, selbstverständlich in vollem Bewusstsein dessen, dass er damit nur eine einzige Untugend charakterisiere, für die ihm eine bestimmte Art Deutsche und eine bestimmte Art Juden repräsentativ schienen.

Michael Bakunin ist nun über 50 Jahre tot. Die trostlosen Prophezeiungen, die er der proletarischen Revolution für den Fall hinterließ, dass die Bismärckerei Europa und die Marxerei die Arbeiterbewegung verseuche, sind in fürchterlichem Maße Wahrheit geworden. Aber schon neigen sich die Schatten des Untergangs über beide Infektionsgebiete.

Wenn ich hier einmal das Wort von der »Todeskrise des Kapitalismus« übernommen habe, so irrt der Genosse, der mich darum angriff, wähnend auch ich hätte mich nun der fatalistischen Ideologie des Marxismus ergeben, die die Weltgeschichte nach ehernen Gesetzen und unabhängig vom aktiven Tatwillen der Menschen in »naturnotwendiger« Entwicklung dialektisch ihr Pensum erledigen sieht. Im Gegenteil: Ich stimme vollständig überein mit der Ansicht Gustav Landauers, dass jederzeit und überall die Beseitigung des Kapitalismus und die Aufrichtung des Sozialismus möglich ist, wenn die Menschen das Notwendige veranstalten, um die revolutionären Bedingungen dazu zu schaffen. Die »Todeskrise des Kapitalismus« ist für mich nicht eine Erscheinung der göttlichen Vorsehung, die uns berechtigen könnte, geruhsam zuzusehen, wie jetzt das bestehende Wirtschaftssystem automatisch zusammenkrachen und an seiner Stelle ebenso gottgewollt und unausbleiblich ein neues sozialistisches und in der Reihenfolge marxistisch errechneter »Phasen« aufblühen werde. Von dieser Krise nehme ich aber untrügliche Erscheinungen wahr, deren erste und verständlichste der Weltkrieg mit seinen für die kapitalistische Maschinerie unreparierbaren Folgen war; das Erkennen dieser Krise hat mit Fatalismus nichts zu tun, sondern verpflichtet zum Eingreifen, damit die krepierende Bestie nicht in der Agonie die Keime vernichtet, aus denen Revolution, Sozialismus und Freiheit erwachsen sollen. Das Verrecken des Kapitalismus in seiner bisherigen Form bedingt keineswegs das Entstehen des Sozialismus an seiner Stelle. Ein anderer, vielleicht besser organisierter Kapitalismus kann, wenn die revolutionären Sozialisten die Todeskrise nicht durch den Todesstoß beschleunigen, sehr wohl der Ausbeutung in veränderten Formen neue und noch erweiterte Möglichkeiten schaffen. Bleibt der Staat in irgendeiner Gestalt am Leben, dann hat der Kapitalismus und mit ihm der Positivismus, das Kirchentum des Lebens, mit einem Wort der Bismarxismus freies Feld.

Die Todeskrankheit des Kapitalismus ist aber zugleich die Todeskrankheit des Marxismus. Heute steht ja, zumal in Deutschland, die Arbeiterbewegung fast ausnahmslos auf dem Boden dieser fatalistischen Lehre, und Sozialdemokraten und Unabhängige, rechts- und linksbolschewistische Kommunisten, KAPisten und Unionisten aller

Schattierungen sieht man sich unter Aufwand haarsträubender Rabulistik gegenseitig die Bibel des garantiert wissenschaftlichen Sozialismus, die Marxdoktrin, auslegen. Am Bibelwort selbst zu rühren, die Heilswahrheit des gesamten Marxismus anzuzweifeln, das wagt keiner von ihnen allen, das ist unter Sozialisten ein solches Verbrechen, wie bei den Bismarck-Epigonen die Verneinung der Notwendigkeit des großpreußischen Deutschen Reiches. Und siehe: Die Bejahung dieser Notwendigkeit geschieht nirgends so überzeugungsvoll wie bei den sozialdemokratischen und kommunistischen Marxisten. Jene 1918/19, diese 1923: Bismarxismus auf der ganzen Linie.

Ist das zu verwundern? Der Marxismus – Landauer weist in seinem herrlichen »Aufruf zum Sozialismus« nachdrücklich darauf hin – beschäftigt sich in allen seinen theoretischen Schriften nirgendwo mit dem Sozialismus, er erschöpft sich in der Analyse und Kritik des Kapitalismus. Indem er aber ausgeht von der Hegelschen Lehre der Vernünftigkeit alles Seienden und die unausweichliche Notwendigkeit der kapitalistischen Periode behauptet, ja, ihre Fortentwicklung bis zum Kulminationspunkt in die Zukunft hinein zur Grundlage seiner Revolutionslehre macht, bejaht er zunächst alle Voraussetzungen des Kapitalismus, und so bejaht er den Staat, den Zentralismus, das Autoritätsprinzip, alles, worauf der Kapitalismus ruht. Das Proletariat kann nicht zu Freiheit und Sozialismus kommen, ehe es nicht auch in der Idee vom Staat losgekommen ist. Es kann nicht vom Staat loskommen, ehe es nicht in seinem eigenen Befreiungskampf die Lehren verwirft, die die Stützen jedes Staatsglaubens sind: Autorität und Disziplin, Zentralismus und Bürokratismus, Positivismus und Fatalismus. Die Wissenschaft, sagt Bakunin, hat das Leben zu erhellen, nicht zu regieren. Führerin im Kampf sei dem revolutionären Proletariat nicht die anfechtbare Wissenschaft des Marxismus, der nichts anderes ist als Bismarxismus, sondern der unanfechtbare religiöse Glaube an sein Recht und seine Kraft, der Hass gegen die Ausbeutung und der Wille zur Freiheit!

Widmungsgedicht

Dies kratzt in Stein ein:
Professor Einstein
hat uns den Weltriss mit der Theorie genäht:
Es kann kein gutes Leben
als Absolutes geben,
weil es schon relativ fast nie gerät.

Die Freiheit als gesellschaftliches Prinzip

Die Geschichte der Menschheit mit ihren Kriegen und Revolutionen, mit ihren Bestrebungen um Änderung, Besserung, Beseitigung oder Erhaltung von Zuständen und Einrichtungen, mit all ihren politischen, wirtschaftlichen, religiösen und gesellschaftlichen Auseinandersetzungen und Kämpfen vollzieht sich in immer veränderten Forderungen dennoch immer mit derselben Begleitmusik. In allen Zeiten, bei allen Völkern, wo Meinung gegen Meinung, Losung gegen Losung stand und steht, empfehlen sich die Beschützer des Alten wie die Pioniere des Neuen als die Sachverwalter der Freiheit. Es gibt keine Bewegung, hat nie eine gegeben und kann keine geben, die erfolgreich um Anhang für sich werben könnte, wenn nicht auf ihrer Standarte das Bekenntnis zur Freiheit beschworen ist. Wo Ziele erstrebt werden, die über materielle Nützlichkeit hinausreichen oder doch hinauszureichen scheinen, kann Gefolgschaft nur mit sittlichen Zwecksetzungen gewonnen werden; zum sittlichen Begriff schlechthin aber, dem alle übrigen sittlichen Werte ein- und untergeordnet sind, der die hohen seelischen Eigenschaften der menschlichen Gesellschaft wie Ehre, Ruhm, Kultur, glückliche Verbundenheit, in der natürlichen Vorstellung aller zur Gefolgschaft geeigneten Massen umfasst, wird von allen verschiedenen und entgegengesetzten Parteien und Vereinigungen die Freiheit erhoben. Denn das Wort Freiheit ist im Sprachgefühl der Menschen das einzige, das in sich die Eigenschaften der individuellen Tugend mit denen eines gesellschaftlichen Ideals verbindet.

Dass offenbar jeder Mensch die Freiheit als gesellschaftliches Ideal empfindet, ist ein Beweis dafür, dass die Sehnsucht nach individueller Freiheit in der menschlichen Natur selber begründet ist. Dieser Sehnsucht nach persönlicher Steigerung der Lebenswerte muss jede Werbung Rechnung tragen, die die allgemeine Erhöhung des Kollektivgefühls zu bewirken verspricht. Daher, und weil bei primitiven Menschen ebenso wie bei differenzierten das Streben nach veredelter Gemeinschaft durchaus gleich empfunden wird mit dem Streben nach vermehrter

Freiheit in der Verbundenheit aller, spielt sich fast aller öffentliche Kampf um die Geister der Menschen als ein Wettstreit der Weltanschauungen, der politischen und wirtschaftlichen Bekenntnisse und der sozialen Grundsätze ab, die eigene Freiheitlichkeit als die beste zu erweisen, das fremde und feindliche Prinzip als freiheitswidrig herabzuwürdigen. Wäre nun die Freiheit im Sprachbewusstsein der Menschen ein klar erkanntes und in ihrer Bedeutung einhellig erfasstes sittliches Gut, dann bedürfte es keiner konkurrierenden Anpreisung gesellschaftlicher Programme unter dem Gesichtspunkt der Freiheit, dann wäre es leicht, unter den empfohlenen Systemen dasjenige herauszufinden, das der positiven Forderung am nächsten käme oder gar sich mit ihr deckte.

Leider verbindet sich jedoch bei den meisten Menschen mit dem Wort Freiheit nur ein ganz verschwommener Empfindungswert, sodass aus dem gesellschaftlichen Begriff, der aus dem stärksten ethischen Drang des Menschen stammt, die seichteste aller öffentlichen Phrasen werden konnte. Es gibt in den vielen Jahrtausenden übersehbarer Menschengeschichte keine Tyrannis, keine Unterdrückung und Vergewaltigung von Arbeits- und Willenskräften, die sich nicht des Freiheitsverlangens ihrer Opfer bedient hätte, um zur Macht zu kommen. Der Sklave nämlich stellt sich fast niemals die Freiheit vor, sondern leidet nur unter der greifbar erlebten Unfreiheit und lässt sich somit leicht überreden, neue Knechtschaft auf sich zu laden, wenn nur der neue Herr die glaubhafte Zusicherung gibt, er werde ihn aus der alten Knechtschaft befreien. Die Erfolglosigkeit aller bis jetzt geführten Kämpfe um gesellschaftliche Freiheit hat also ihre Ursache darin, dass sie nie für die Erringung wahrhaft freien Lebens, für einen positiv von Freiheit durchdrungenen sozialen Zustand geführt wurden, sondern ihren Ausgang nahmen von der Unerträglichkeit des Bestehenden und ihr Ziel begrenzten auf die rein negative Befreiung von dieser Unerträglichkeit.

Das Versprechen: Wir werden euch, das Volk, den Staat, die Gesellschaft, die Menschheit befreien!; die Aufforderung: Befreit euch, das Volk, den Staat, die Gesellschaft! hat mit Freiheit nur insofern zu tun, als in diesen Parolen ihr Nichtvorhandensein anerkannt und als Übel festgestellt wird. Was dagegen aufgestellt wird, beschränkt sich in fast allen Fällen auf die Ausmalung von Verhältnissen, die sich durch Abwesenheit der Dinge auszeichnen werden, deren Ausmerzung Sinn der Befreiung sein soll. Umgekehrt begegnen aber auch die Hüter der befehdeten Einrichtungen, Zustände oder Gebräuche dem Appell, sich von ihnen zu befreien, mit dem Beweise, dass alles, was sie ersetzen soll, dem Geiste der Freiheit widerspreche, und die einen wie die anderen lassen die Darstellung der Unfreiheit des Bekämpften als Überzeugungsgrund dafür gelten, dass die von ihnen gewünschten oder verteidigten Werte den Charakter der Freiheit trügen. Es bleibt also zu untersuchen, ob der Begriff der Freiheit als gesellschaftliches Prinzip überhaupt in positiver Formulierung zu fassen ist, und wie die Organisation der Gesellschaft beschaffen sein müsste, die die Freiheit zum lebensbewegenden Inhalt des menschlichen Zusammenhalts machen wollte.

Es kann sich hier natürlich nicht um eine philosophische Deutung des Freiheitsbegriffes handeln, wie sie etwa Schopenhauer in seinen zwei Grundproblemen der Ethik vornimmt. Allerdings ist auch nicht darauf zu verzichten, das gesellschaftliche Problem der Freiheit als ein Problem der Ethik zu betrachten. Doch ist es nur deswegen nicht überflüssig, die Notwendigkeit solcher Betrachtung aus ethischen Gesichtspunkten besonders zu betonen, weil leider die Behandlung gesellschaftlicher Fragen als Fragen vorwiegend sittlicher Natur längst nicht mehr überall als selbstverständlich zu gelten scheint. Vermehrte gesellschaftliche Freiheit wird dazu helfen, das Primat der Ethik für alle auf die Beziehung der Menschen zu einander gerichteten Erörterungen sicherzustellen. Hiermit ist aber schon gesagt, dass der gesellschaftlich genommene Freiheitsbegriff auch keineswegs schlechthin als politischer Wert aufgefasst werden darf. Zwar wirkt sich bestehende und mangelnde Freiheit wesentlich politisch aus, in dem weiten Sinne nämlich, dass alle Herrschaft, auch wirtschaftlicher Macht, politisch gefügt sein muss, um sich zu erhalten. Aber Politik betrifft in viel zu enger Weise wandelbare Einrichtungen und auf Widerruf statuierte Bindungen, als dass ein Ewigkeitsprinzip menschlicher Verständigung sich in ihren Methoden verwirklichen ließe.

Die zu lösende Frage ist diese: Der Mensch strebt nach Erfüllung seiner individuellen Möglichkeiten. Er will seinen einmaligen, von allen anderen Menschen unterschiedenen Charakter mit den darin begründeten

Fähigkeiten, Neigungen, Kräften, Leistungs- und Genussanlagen unabhängig von auferlegtem Zwange frei entwickeln und verwerten. Diese Unabhängigkeit, die Selbstbestimmung und Selbstverantwortung in sich schließt, ist seine Vorstellung von Freiheit; ohne sie kann es keine Freiheit für ihn geben. Die Menschen aber sind auf ihre Arbeit angewiesen und zwar jeder auf die Arbeit aller, alle auf die Arbeit eines jeden. Infolgedessen ist die Gemeinschaftsaufgabe jeder Gesellschaft, die sogenannte soziale Frage zu lösen, d. h. Arbeit, Verteilung und Verbrauch so zu organisieren, dass Leistung und Verwendung in das richtige Verhältnis zum Ertrage der Erde gebracht werden. Unter gesellschaftlicher Freiheit wird nun gemeinhin verstanden, dass die Organisation der gemeinsamen Arbeit der Willkür und dem Nutzen Einzelner entzogen und der Gesamtheit des produzierenden und konsumierenden Volkes übertragen werde. Ist nun – und das entscheidet, ob die Freiheit als gesellschaftliches Prinzip bestehen kann, – eine Regelung der menschlichen Beziehungen erreichbar, bei der das Höchstmaß verbundenen Werteschaffens zum Nutzen aller und unter Ausschaltung der Willkür Einzelner geleistet wird – und gleichzeitig die Persönlichkeit zur vollen Entwicklung ihrer Fähigkeiten, zum vollen Ausleben ihrer Kräfte, zur vollen Befriedigung ihrer Bedürfnisse gelangen kann?

Der marxistische Sozialismus bejaht mit Entschiedenheit die Lösbarkeit der sozialen Frage, also die Organisierbarkeit der Arbeit in der Form, dass der Ertrag jeder Leistung dem Leistenden selber zugutekommt. Er postuliert dazu – und darin begegnen sich alle Lehren des Sozialismus – die Vergesellschaftung des Grundes und Bodens und der Produktionsmittel, sohin die Beseitigung des Herrentums über die Arbeitskraft anderer Menschen. Ohne Zweifel ist hier eine Voraussetzung nicht nur kollektiver, sondern auch individueller Freiheit erfüllt. Doch beschränkt sich der Marxismus auf die Forderung der ökonomischen Gleichstellung der Menschen. Marx und Engels, denen Lenin hierin folgt, stellen zwar als letztes Endziel und schließlich Folgerung der sozialisierten Wirtschaft die Überwindung des Staates und die Vollendung des freiheitlichen Kommunismus hin, wonach jeder nach seinen Fähigkeiten schaffen, jeder nach seinem Bedarf verbrauchen soll, doch gelangt bei ihnen die freiheitliche Zielsetzung nirgends über hypothetische Hindeutungen hinaus. Ihre Theorien erschöpfen sich in wirtschaftlichen Analysen der bestehenden und anzustrebenden Produktionsformen und gewähren der Darstellung der Freiheit als gesellschaftliche Grundeigenschaft so gut wie keinen Raum.

Die nichtsozialistischen Gesellschaftslehren, soweit sie dem Worte Freiheit höheren Wert als nur den einer Werbeformel beimessen, gehen von der bekannten Behauptung des Malthusischen Gesetzes aus, dass der Ertrag der Erde niemals gleichen Schritt halten könne mit der Vermehrung der Bevölkerung und daher der volle Genuss des Lebens von Natur wegen einer bevorzugten Schicht vorenthalten sei. Der Satz des Malthus ist so oft und so gründlich widerlegt worden, ist zumal durch die Kulturmethoden der intensiven Landbewirtschaftung auch praktisch so vollkommen entwertet, dass von ihm kaum mehr etwas anderes übrig geblieben ist als die Freiheitsformel des liberalistischen Kapitalismus vom freien Spiel der Kräfte. Selbstverständlich findet hier, wo nur die ungestörte Konkurrenz zwischen bevorrechtigten Besitzenden gemeint ist, der Begriff der gesellschaftlichen Freiheit keine Anwendung, noch auch da, wo sich die Freiheitsforderung mit nationalen, rassemäßigen, konfessionellen oder Standesegoismen identifiziert. Das Vorhandensein von Herrschergewalt irgendwelcher Art, sei es in Form wirtschaftlicher Vormacht, sei es in Form politischer Obrigkeit oder sonst welchen Privilegien ist mit dem Gedanken der gesellschaftlichen Freiheit schlechterdings unvereinbar, und eine Freiheit, welche sowohl dem Individuum seine Unabhängigkeit als auch der Gesamtheit ihre Entfaltungsmöglichkeiten lässt, kann nicht bestehen, wo verhängte Dienstpflicht, Autorität, Regierung und Staat besteht. Will auch der Liberalismus dem Staat den Eingriff in die Selbstbestimmung der Wirtschaft verwehren und nennt die Fernhaltung der politischen Obrigkeit vom Konkurrenzkampf der Ökonomie mit dem Namen der Freiheit, so setzt diese Lehre doch zugleich die Unterwerfung der Arbeit unter den Besitz voraus, und will der Staatssozialismus im Gegenteil das Gesetz regierender Organe zum Regulativ der Wirtschaft und des Verhaltens der Menschen zueinander machen, so scheidet er eben das Individuum aus der Festsetzung der eigenen Lebensformen aus. Der Begriff der gesellschaftlichen Freiheit ist in keinem dieser Fälle anwendbar.

Der grundlegende Irrtum aller Lehren, die bei Erhaltung des Autoritätsprinzips die Freiheit glauben fördern zu können, beruht auf der Verwechslung der Begriffe Regierung und Verwaltung. Worauf es bei einer Neuorganisation der Gesellschaft im Geiste der Freiheit ankommt, hat Michael Bakunin in die klare Formel gefasst: Nicht Menschen regieren, sondern Dinge verwalten! Die Aufgabe derer, die Freiheit zum gesellschaftlichen Prinzip erheben wollen, besteht demnach darin, das gemeinsame Wirtschaften der aufeinander angewiesenen Menschen von der Leistung einer Gehorsamkeitspflicht gegen empfangene Befehle zur Erfüllung eines Kameradschaftsdienstes auf Gegenseitigkeit zu machen. Nichts ist verkehrter als die Meinung, der Mensch arbeite nur unter der Peitsche der Kommandogewalt. Im Gegenteil: Die Unlust an der Arbeit, die vielfach schon für eine schicksalsgegebene menschliche Eigenschaft gehalten wird, hat ihren einzigen Ursprung im Gefühl, unter dem Zwange regierender Befehlshaber auferlegte Arbeit zu tun. Wo das Bewusstsein lebendig ist, dass Mensch sein Kamerad sein bedeutet und dass Kameradschaft ebenso notwendig ist zur Befriedigung der Lebensnotdurft wie zum Genuss der Freude und zum Ertragen des Leides, da kann der Gedanke keine Stätte haben, der die Beschaffung von Nahrung, Bekleidung und Behausung abhängig glaubt von obrigkeitlicher Satzung und aufpassender Disziplinargewalt. Nicht einmal darauf kommt es an, dass die Obrigkeit auf demokratischem Wege eingesetzt ist, sondern darauf, dass es keine Obrigkeit gibt und alle gesellschaftliche Funktion Funktion der Kameradschaft ist. Demokratie ist nur das technische Verfahren, in dem die Regierten ihre Regierer selbst einsetzen. Das demokratische Verfahren aber setzt wie jedes andere Regierungssystem voraus, dass die notwendigen Dinge der Gesellschaft nur verrichtet würden, wenn die Menschen unter Zwang gehalten werden. Diese Voraussetzung trifft indessen nur zu, solange Arbeit geleistet werden muss, deren gesellschaftlichen Wert der Arbeitende nicht erkennt und deren Ertrag nicht ihm noch der Gesamtheit, sondern einem fremden Gewinn- oder Machtzweck zufällt.

Somit deckt sich der Begriff der gesellschaftlichen Freiheit nahezu vollständig mit dem der allgemeinen Kameradschaft unter den Menschen, und es erhebt sich die Frage aller Fragen, ob und in welcher

Weise diese Kameradschaft zum bestimmten Antrieb des gemeinnützigen Tuns aller gemacht werden kann. Dieser Frage ist Peter Kropotkin in seinem schönen Werk über die gegenseitige Hilfe in der Tier- und Menschenwelt wissenschaftlich nachgegangen und kommt nicht nur zur Bejahung der Frage, sondern auch zu dem Ergebnis, dass die Solidarität eine naturgegebene Eigenschaft aller lebenskräftigen Geschöpfe ist. Alle kameradschaftlich lebenden Tiere gründen ihr Gemeinschaftsdasein ausschließlich auf die natürliche Veranlagung zur kameradschaftlichen Brüderlichkeit, welche, wie Kropotkin eindringlich dartut und wie Darwin bestätigt, die den Kampf der Arten gegeneinander ergänzende Lebensform zur Erhaltung der Arten darstellt. Die Jagdgemeinschaften der Wölfe sind ebenso wie die Massenwanderungen des Damwildes zur Auffindung fruchtbarer Wohngebiete Beispiele in Freiheit organisierten gesellschaftlichen Lebens. Hier wirkt kein Staat, also keine zentrale Regierungsmaschinerie, sondern Anarchie, deren Wesen Gustav Landauer als Ordnung durch Bünde der Freiwilligkeit kennzeichnet. In dem philosophischen Ergänzungswerk zu seiner naturwissenschaftlichen Arbeit über die gegenseitige Hilfe, in der »Ethik«, setzt aber Kropotkin den Begriff vollständig gleich mit dem der Freiwilligkeit, wie er die Begriffe Gerechtigkeit und Gleichheit mit dem der Gleichberechtigung gleichsetzt. Durch diese klaren Deutungen der im allgemeinen Gebrauch reichlich verwaschenen Worte Freiheit und Gleichheit füllt sich ihr Wert mit jedem Missverständnis entrücktem sozialen Inhalt. Zugleich jedoch leuchtet ein, dass Goethes immer wieder herangezogene Äußerung, wo Gleichheit sei, könne keine Freiheit bestehen, vor der rechten Würdigung beider Begriffe nicht standhält. Im Gegenteil: Freiheit, als Freiwilligkeit jeder Leistung im Zusammenklang der Gesellschaft erfasst, ist nur vorstellbar, wo Gleichheit im Sinne von Gleichberechtigung gilt. Gleichberechtigung aller in der menschlichen Gesellschaft aber bedingt Einheitlichkeit der wirtschaftlichen Voraussetzungen, unter denen die Menschen ins Leben treten und ihre Gaben und ihre Persönlichkeit zum eigenen Vorteil und zum Nutzen der Gesamtheit entfalten können. Diese Voraussetzungen scheinen nur im Sozialismus gegeben zu sein, wobei die Frage, ob der kollektivistische oder der kommunistische Sozialismus vorzuziehen sei, Zukunftssorge sein mag, die Erkenntnis hingegen, dass es staats- und herrschaftsloser Sozialismus sein muss, Bedingung gesellschaftlicher Freiheit ist. Goethe wollte mit seiner Behauptung die liberalistische Formel der französischen Revolution »Freiheit, Gleichheit, Brüderlichkeit« als leer tönende Redensart verdammen. Wenden wir diese Formel in der Bedeutung an: Freiwilliges Schaffen gleichberechtigter Individuen im Dienste gegenseitiger Hilfe, so erhalten wir das soziale Programm einer Menschengemeinschaft, in der die Freiheit das gesellschaftliche Prinzip ist.

Eine solche Auffassung widerspricht nicht, sondern bestätigt Goethes Lebensideal: Höchstes Glück der Erdenkinder ist doch die Persönlichkeit! Denn Persönlichkeit kann wertvolle Eigenschaften niemals losgelöst von der gesellschaftlichen Gesamtheit entfalten. Ja, Persönlichkeit und Gesellschaft können von jeder freiheitlichen Perspektive gesehen, nur als vollkommene Einheit begriffen werden. Die auf der Kameradschaft gleichberechtigter Menschen errichtete freie Gesellschaft ist ein Organismus, dem alle Elemente der Persönlichkeit innewohnen, mit Einschluss selbst des individuellen Empfindungslebens, während jeder Mensch, der unter natürlichen, das heißt freiheitlichen Umständen lebt, sich nicht nur als Glied der gesellschaftlichen Kette, als Rädchen im Riesenapparat des gesellschaftlichen Geschehens fühlt, sondern durchaus als identisch mit der Gesamtheit, die für ihn genauso lebendige Wirklichkeit ist, wie sein eigenes körperliches und seelisches Sein. Mensch und Gesellschaft können unter freiheitlichen Lebensverhältnissen niemals in Gegensatz geraten, sie sind gleichwertige, einander ergänzende Ausdrucksformen desselben Zustands.

Daher ist auch, die Wirklichkeit einer freien Gesellschaft angenommen, die Freiheit des Einzelnen nicht begrenzt bei der Freiheit aller, wie das die reinen Individualisten postulieren; vielmehr kann tatsächliche gesellschaftliche Freiheit gar nicht zur Begrenzung der Freiheit des Einzelnen zwingen, da ja Freiheit der Persönlichkeit nicht bestände, wo sie im Widerspruch zur allgemeinen Freiheit wirken wollte. Die Willkür nämlich, die für sich selber Rechte in Anspruch nimmt, die in der gesellschaftlichen Einheit nicht begründet sind, hat mit Freiheit gar keine Berührung; sie ist Despotie, die Unfreiheit voraussetzt, ist somit selber abhängig von der Bereitschaft anderer, sich Obrigkeit und Befehlsgewalt gefallen zu lassen und würde Gegensätze zwischen Gesellschaft und Mensch aufreißen, die die Natur nicht geschaffen hat und die dem Prinzip der Freiheit krass zuwiderlaufen.

Die Gesellschaft der Freiheit ist ein Organismus, das heißt ein einheitliches und darum harmonisch schaltendes Lebewesen; das unterscheidet sie vom Staat und jeder Zentralgewalt, wo ein Mechanismus die Funktionen des organischen Lebens zu ersetzen sucht und wo nicht die Dinge der Gemeinschaft gemeinsam verwaltet, sondern die Menschen von anderen Menschen zur Innehaltung von auferlegten Pflichten zwangsweise angehalten werden. Es genüge hier, die beiden Möglichkeiten menschlichen Zusammenlebens einander gegenüberzustellen. Das System der Regierung von oben nach unten, das System der Zentralisation der Kräfte, hat sich in aller Welt durchgesetzt und bis jetzt, kaum ernstlich bedrängt, erhalten. Das System der Föderation von unten nach oben, des Bündniswesens, der Kameradschaft und der Freiheit, dieses System der Ordnung durch Bünde der Freiwilligkeit muss den Beweis seiner Verwendbarkeit in der wirklichen Welt aus der grauen Vorzeit der Menschheitsgeschichte und aus den täglichen Beispielen der uns umgebenden Tierwelt führen. Wer den Glauben an die Zukunft der Freiheit hat, wird ihn sich durch die Einwendungen der handfest praktischen Gegenwart nicht rauben lassen.

Von den Mitteln, wie die Menschen zum Zustand der Freiheit gelangen könnten, soll hier schon gar nicht gesprochen werden, umso weniger als unter den verschiedenen Richtungen, die auf das gleiche Ziel halten, darin durchaus keine Einheitlichkeit der Meinung besteht, und Bakunin zum Beispiel weitaus andere Wege einschlagen wollte als etwa Tolstoi. Wer der Freiheit ergeben ist und den Gedanken rücksichtslos in sich aufgenommen hat, dass der Mensch frei sein wird, wenn es die Gesellschaft ist, die Gesellschaft der Freiheit aber nur von innerlich freien Menschen geschaffen werden kann, der wird bei sich selber und in seinem nächsten Umkreis mit dem Befreiungswerk beginnen. Er wird niemandes Knecht sein und wissen, dass nur der kein Knecht ist, der auch niemandes Herr sein will. Der Mensch ist frei, der allen anderen Menschen die Freiheit lässt, und die Gesellschaft wird frei sein, die kameradschaftlich Gleiche in Freiheit verbindet.

Der Einfall

»Du musst dir etwas einfallen lassen«, sagte meine Frau, »morgen ist Dienstag.«

»Ich habe schon etwas«, antwortete ich, »es steckt nur noch im Unterbewusstsein.«

»Hol's raus. Morgen ist Dienstag. Ist es was Besonderes?«

»Natürlich – sehr Besonderes. Sehr lustig, weißt du. Aber ich muss mich konzentrieren. Du darfst mich nicht stören.«

Wir warteten eine volle Stunde. Mein Unterbewusstsein auch.

»Morgen ist Dienstag. Was wird nun?«, fragte meine Frau.

»Zum Teufel«, sagte ich, »mit deinem Dienstag. Du hast keine Ahnung von geistigem Schaffen. Jetzt ist es wieder weg.«

Dann gingen wir schlafen. Meine Frau machte die Augen zu und schlief ein. Bei mir war es umständlicher; denn mein Oberbewusstsein musste auf das Unterbewusstsein aufpassen, ob etwas kommt.

Es kam allerhand. Zuerst ein junges Mädchen, welches – na, das ist schließlich Privatsache. Darauf ein Geldbriefträger. Sie glauben gar nicht, was ich für eine Wut habe auf geträumte Geldbriefträger. Dann schliefen beide Bewusstseins, eng umschlungen wie Geschwister, die keine Sorgen haben.

Schließlich klingelte der Wecker. Und meine Frau sagte: »Jetzt ist Dienstag. Ist dir etwas eingefallen?«

»Nein. Ich habe privat geträumt. Du kannst nicht verlangen, dass ich in die Setzmaschine träume. Ich bin auch nur ein Mensch.«

»So – ich dachte, du wärst Schriftsteller. Ich dachte, Schriftsteller können, wenn sie wollen. Warum fällt dir nichts ein?«

»Koche mir einen Kaffee, und ich setze mich an die Schreibmaschine. Man muss einfach losschreiben, der Leser wird den Einfall dann schon finden.«

Nach einer halben Stunde war die Kaffeekanne schon leer und die Schreibmaschine noch. Ich versuchte, an etwas Lustiges zu denken, aber es fiel mir nur ein, dass Dienstag sei und dass wir Geld brauchten.

»Ich will dir helfen«, meinte meine Frau, »pass auf! Mir ist etwas furchtbar Ulkiges passiert, da werden die Leute aber lachen.«

»Erzähle, mein Kind. Es ist die höchste Zeit.«

»Ich kam aus der Untergrundbahn heraus und wollte nach der Kochstraße. Plötzlich kommt ein dicker Mann die Treppe herunter, weißt du, so ein ganz dicker, er sah furchtbar ulkig aus, und der wollte noch mit. Aber die Bahn fuhr ihm vor der Nase weg. Es war so furchtbar ulkig. Kannst du das nicht schreiben? Es war rasend komisch. Stell die vor – so ein Dicker!«

»Und was soll daran die Pointe sein?«, fragte ich.

»Die was?«

»Na, das Zündhütchen. Der Knalleffekt. Der Witz.«

»Lass doch den Mann überfahren. Dann ist von allem was dabei, etwas Lustiges und etwas Trauriges. Geht das nicht?«

Da ging ich hinaus und weinte bitterlich.

Und heute ist Donnerstag. Helf er sich!

Fahrt in den Nebel

Es qualmt der Schlot, der Kessel pufft.
Mit Volldampf losgezittert!
Hurra! Es weht die Morgenluft,
Die wir so lang gewittert.

Los in den Dunst! Den Kurs nach rechts!
Was tut das bisschen Schlingern?
Sirenen tuten mit Gekrächz.
Wir wolln das Ding schon fingern!

Vom Strand aus winkt der Steuermann
Herr Hitler froh dem Schiffchen:
Tatü! Krachbum! – Da liegt Lausanne!
Uns schreckt nicht Fels noch Riffchen!

Nur mutig! Adolf lässt am Ziel
Uns Heldenstiebel schustern.
Rechtskurs! Ob vorne Bug, ob Kiel –
Volldampf nach rechts im Dustern!

Wenn's Tag wird, wird sich Adolf kühn
Und majestätisch schnäuzen,
Und ringsum wird die Welt erblühn
Von lauter Hakenkreuzen.

Inzwischen sucht dem Maultier gleich
Das Schiff die Nebelpfade.
Denn rechtsrum lockt vom Dritten Reich,
Sagt man, das Heilsgestade.

Kein Seemann kennt bis jetzt die Spur;
Seekrankheit lehrt uns Hoffen. –
Manch einer, der im Nebel fuhr,
Ist manchmal schon ersoffen.

Das Werk des Lebenden

Wer aus Temperament und Beruf, sofern er Beruf und Berufung eins weiß, Leben und Arbeit in den allgemeinen Dienst gestellt hat, muss sich gefallen lassen, sein privates Verhalten der Kritik unterworfen zu sehen, die er selber am Treiben der Gesellschaft übt. Je höher man die Ansprüche an die Moralität der Menschheit erhebt, umso schwieriger wird es sein, alle eigenen Handlungen vor einer ins Einzelne eindringenden Prüfung zu rechtfertigen. Wahrscheinlich hielte die individuelle Lebensführung keines Kirchenheiligen und keines Robespierre der genauen Nachforschung jeder Äußerung unter den Gesichtspunkten der eigenen Anforderungen an die Gesamtheit stand. So bleibt es wohl das Richtigste, die Zumutungen an die sittliche Festigkeit der Menschheit an den Kräften abzumessen, die dem eigenen Willen zur Verfügung stehen, um die Vorstellung vom rechten Leben zum Antrieb des Wirkens und zum Inhalt des Verkehrs mit andern Menschen zu machen. Wer jedoch im Dienst an der Allgemeinheit von dem Streben geleitet ist, das Allgemeine von Grund auf zu ändern, der hat, will er seine Erfahrungen und Erlebnisse rückblickend ordnen, nur die Verpflichtung zur Wahrhaftigkeit; er hat auch am wenigsten nötig, zu bemänteln und zu beschönigen. Denn er kann für sich den Entlastungsgrund in Anspruch nehmen, der billigerweise allen Zeitgenossen zusteht, dass trübe Weltumstände auch dessen Benehmen und Taten beeinträchtigen, der die Einrichtungen als trüb erkannt hat und die Umstände zu bessern wünscht. Eine gewandelte Gesellschaft wird ja nicht den Charakter eines Menschen, aber die Wirksamkeit jedes Charakters wandeln. […]

Es ist sinnlos zu lügen, wo hundert Zeugen auftreten können und alle behaupteten Tatsachen von lebendigen Kumpanen oder beweiskräftigen Dokumenten auf ihre Zuverlässigkeit zu untersuchen sind. Dabei würden ohne Frage objektive Irrtümer festzustellen sein, auf deren einzelne, allerdings völlig unwesentliche, ich auch schon in Zuschriften aufmerksam gemacht worden bin; subjektiv Falsches, Aufschneiderei, gewollte Färbung und Entstellung fände sich bestimmt nicht. Andrerseits: Persönliche Erinnerungen schreiben ist etwas anderes als Geschichte schreiben. Beteiligtes Erleben setzt sich anders im Gedächtnis fest als aus vergleichendem Studium ermitteltes Geschehen. Die Erinnerung kommt aus der persönlichen Beteiligung, nicht aus den Urgründen und der Logik der Ereignisse. Daher kann die reine Wahrheit eines Aussagenden nicht immer übereinstimmen mit der reinen Wirklichkeit; daher bleibt aus solchen Erinnerungen, wie ich sie niedergelegt habe, schließlich auch mehr vom erzählenden Menschen zu sehen als von der erzählten Zeit, und ich muss zufrieden sein, wenn die erzählte Zeit wenigstens in ihrer Tönung und in ihrem Klange von andern empfunden wird. [...]

Das Sterben der Gefährten mahnt den Lebenden zu tun, was seines Werkes ist. Das Werk des Lebenden aber ist, nicht anders beim Vergangenen zu verweilen als schöpfend für Gegenwart und Zukunft. Ich schöpfe aus meinen unpolitischen Erinnerungen, und ich finde in ihnen Freude und Kampf und die Unbefangenheit zu leben, wie es lebendigen Geistern geziemt. War ich früher den wenigen verbündet, die der Menschheit vorausliefen zu einer frohen Welt, so will ich auch den vielen verbündet bleiben, die die Not lehrt, dass eine frohe Welt erkämpft werden muss, eine Welt, in der wieder Freude und Lachen Raum hat, aber nicht als das Vorrecht rebellierender Außenseiter, sondern als Inhalt des Lebens und der befreiten Menschheit.

Leitsatz

Fürcht nicht die Stunde, da du stirbst.
Die Welt, oh glaub's nur, kann dich missen.
Kein Stern, um dessen Licht du wirbst,
wird mit dir in den Tod gerissen.

Solang du lebst, wirst du gebraucht.
Soll dich das Leben nicht vergessen,
sorg, dass die Tat nicht untertaucht,
an der du deine Kraft gemessen.

Leb', dass du stündlich sterben kannst,
in Pflicht und Freude stark und ehrlich,
nicht dich, - das Werk, das du begannst,
mach für die Menschheit unentbehrlich!

V.
DOCH OB SIE MICH ERSCHLÜGEN ...

(1933–1934)

Fasching 1933

Wie alles so beseligt blickt
In diesen Wintertagen!
Wie hüpft der Griesgram lusterquickt!
Es lässt sich gar nicht sagen.
Froh tänzelt Frack und Uniform,
Selbst Damen tragen Orden.
Des Alltags graue Lebensnorm
Ist, scheint's, verrückt geworden.
Schon setzt sich mit Trompetenschall
Der Festprinz in die Mitte.
Der Festprinz? – Ei, Prinz Karneval!
Wen meinten Sie denn, bitte?

Das ist die holde Faschingszeit,
wo alles sich verändert.
Und ob's auch Dreck in Klumpen schneit,
Man wandelt bunt bebändert.
Wem man noch gestern flucht voll Zorn,
Heut krault man ihm die Backe.
Wer hintendran stand, darf nach vorn,
Und Beifall tobt die Claque.
Man preist einander als Genie
Und wackelt mit den Bäuchen. –
Die Rede ist – was dachten Sie? –
Von Karnevalsgebräuchen.

Oft kann die muntre Faschingszeit
Uns höchlich überraschen.
Nur kriegt das Publikum zumeist
Davon nichts in die Taschen.
Im Haus ist's kalt, im Magen knurrt's.
Es bibbert in den Knochen.
Die Faschingsfreuden dauern kurz,
Wie meist die Flitterwochen.
Der Aschermittwoch kommt einmal,
Die Fastnachtsglut erkaltet. –
Wir sprechen nur vom Karneval; –
Damit kein Irrtum waltet.

Mühsams letzte Rede

(Februar 1933 gehalten vor der Berliner oppositionellen Gruppe des Schutzverbandes Deutscher Schriftsteller)

[…] Und ich sage euch, dass wir, die wir hier versammelt sind, uns alle nicht wiedersehen. Wir sind eine Kompanie auf verlorenem Posten. Aber wenn wir hundertmal in den Gefängnissen verrecken werden, so müssen wir heute noch die Wahrheit sagen, hinausrufen, dass wir protestieren. Wir sind dem Untergang geweiht. […]

Zenzl Mühsam:
Erich Mühsams Leidensweg (1)

[...] Wir lebten in Britz, einer großen Arbeitersiedlung am Rande Berlins. Wochenlang hatten wir schon Drohungen sowie Warnungen erhalten. Fast jeden Tag kamen anonyme Briefe, die Mühsam den Tod androhten, und Telefonanrufe, die ihm sein baldiges Ende voraussagten. Goebbels hatte ihn offensichtlich als »einen der Verderber Deutschlands« bezeichnet, dessen Kopf in »der Nacht der langen Messer« in den Sand rollen sollte. Für eine Reise ins Ausland fehlte es an Geld. Mühsam gab sich alle Mühe, das Geld aufzutreiben. Aber erst am Montag, den 27. Februar 1933, konnten wir so viel zusammenbringen, dass wenigstens mein Mann sich eine Fahrkarte nach Prag beschaffte. Er wollte am 28. in der Frühe abfahren. Der Koffer war gepackt, alles stand bereit. Am 27. Februar abends wurde der Reichstag in Brand gesetzt. Morgens um fünf Uhr – wir schliefen noch – kamen zwei Berliner Kriminalkommissare, die Erich Mühsam verhafteten. Beim Abschied sagte er zu mir: »Liebe Zenzl, es spitzt sich alles zu, diesmal wird es noch bitterer werden, als das erste und zweite Mal.« Dann ging er ruhig, wie immer. Er verabschiedete sich ohne Sentimentalität von mir und auch Nicky und Morly, unseren beiden vierbeinigen Gefährten, Hund und Katze. [...]

Ich hatte die Erlaubnis erhalten, meinen Mann am 6. April 1933, zu seinem Geburtstag, zum ersten Mal im Gefängnis zu besuchen. Schon vorher hatte ich, da es Frühjahr wurde, leichtere Kleider ins Gefängnis gebracht, den schweren Wintermantel und die anderen warmen Sachen wollte ich bei meinem Besuch mit nach Hause nehmen. In der Lehrter Straße erklärte man mir, dass Mühsam gerade heute nach dem Konzentrationslager Sonnenburg abtransportiert worden sei. Ich fragte entsetzt, ob er denn den ganzen schweren Koffer hätte mitnehmen müssen. Lachend sagte man mir: »Ja.« Erich war von Natur aus ein sehr ungeschickter Mensch und unbeholfen, wenn er etwas tragen musste. Er war herzleidend, sehr kurzsichtig und durch die Festungshaft in Niederschönenfeld auf einem Ohr taub. Ich hatte die leise Hoffnung, dass die Genossen ihm helfen würden. Das geschah auch. Vor allem der Genosse Ernst Schneller und ein anderer revolutionärer Arbeiter wechselten sich dabei ab. Leider ließen die SA-Leute diese kameradschaftliche Unterstützung untereinander nicht mehr zu. So war der Transport nach Sonnenburg schon der Beginn seines Leidensweges. Unterwegs wurde er wie seine Mitgefangenen furchtbar misshandelt. Wenn er unter der Last seines schweren Koffers zusammenbrach, hieben die Unmenschen mit schweren Gummiknüppeln auf ihn ein, bis er sich blutüberströmt wieder aufraffte und weitertaumelte. Einmal, als er stolpernd fiel, zog ein SA-Mann den Revolver, um ihn niederzuschießen. Nur das Eingreifen eines anderen SA-Mannes verhinderte damals den Mord.

Nachdem ich vergeblich in der Lehrter Straße gewesen war, ging ich zurück ins Polizeipräsidium. Oberstaatsanwalt Mittelbach gab mir eine erneute Besuchserlaubnis für den 8. April. Zur Vorsicht schickte ich eine Depesche mit Rückantwort nach Sonnenburg, in der ich Erich meinen Besuch am 8. ankündigte. Die Rückantwort lautete: »Dein Besuch nicht genehmigt. Kurt.« – Der falsche Vorname machte mich stutzig. Dr. Mittelbach erklärte mir aber telefonisch, dass ich Mühsam besuchen könne.

Ungefähr um 11 Uhr vormittags kam ich in Sonnenburg an. In dem alten, wegen Baufälligkeit aufgegebenen Zuchthaus waren die politischen Gefangenen untergebracht. Die Besatzung bestand aus SA-Männern, die Leitung hatte aber noch ein ziviler Zuchthausdirektor. Ungefähr eine Stunde musste ich warten. Zur selben Zeit wollten noch drei andere Frauen, die in ihrer Todesangst auf eigene Initiative nach Sonnenburg gefahren waren, ihre Männer besuchen. Auch diese wurden, dank des Telegramms von Mittelbach, das eigentlich nur mich betraf, zugelassen.

Mühsam war schrecklich zugerichtet. Ich hatte es schwer, mein Entsetzen vor ihm zu verbergen. Er saß auf einem Stuhl, hatte keine Brille auf – man hatte sie ihm zerbrochen –, die Zähne waren ihm eingeschlagen, und sein Bart war von den Unmenschen so zugestutzt, dass der jüdische Typ zur Karikatur gewandelt war. Als er mich sah, stieß er hervor: »Warum bist du in diese Hölle gekommen? Sie werden dich nicht mehr lebendig herauslassen, da du gesehen hast, wie furchtbar man uns zugerichtet hat.« Ich sagte ihm, dass außer mir noch drei Frauen da seien. Da glitt ein freudiges Lächeln über sein Gesicht, und er bat mich, niemals allein nach Sonnenburg zu fahren. Der Besuch dauerte nur 10 Minuten und fand unter Aufsicht eines SA-Führers statt. Beim Abschied sagte mir Erich: »Eins merke dir, Zenzl, ich werde ganz bestimmt niemals feige sein.«

Die anderen Frauen trafen ihre Männer genauso geschändet und geprügelt. Es ist unmöglich auszudrücken, wie uns damals zumute war. Wir vier Frauen, die wir uns in Sonnenburg zum ersten Mal gesehen hatten, schworen uns Kameradschaft, gelobten, nicht zu weinen, sondern alle Beschwerdewege zu gehen, um unsere Männer vor den Misshandlungen zu retten.

Erst später erfuhr ich einen Teil der Folterungen, denen Erich in den zwei Tagen Sonnenburg ausgesetzt gewesen war. Man hatte ihn und drei andere Kameraden gezwungen, sich in der harten Erde des Gefängnishofes ein Grab zu graben. Die Arbeit war außerordentlich beschwerlich. Als Mühsam gegenüber den anderen zurückblieb, half ihm ein Kamerad. Dann wurden die vier zum Erschießen an die Wand gestellt. Die SA-Männer gaben ihren Opfern den Befehl, das Horst-Wessel-Lied zu singen, und legten die Gewehre an. Die vier Kameraden begannen, die Internationale zu singen. »Völker, hört die Signale ...« Es erfolgte das Kommando: »Fertig!« Aber anstatt zu schießen, senkten die SA-Leute die Gewehrläufe und wollten sich über ihren »Spaß« halbtot lachen. Erich sah sie verächtlich an und rief ihnen zu: »Zum Letzten seid ihr doch zu feig!« [...]

Ende Mai erhielt ich von Mühsam gebrauchte Leibwäsche, die über und über blutdurchtränkt war. Ich ging damit zu Oberstaatsanwalt Mittelbach und erklärte ihm: »Ich schreie es wie eine Wahnsinnige in alle Welt hinaus, dass mein Mann geschlagen wird. Ich verlange, dass er von Sonnenburg sofort wegkommt!« Ich hatte den Eindruck, dass Dr. Mittelbach selbst nicht wünschte, dass Misshandlungen vorkämen. Er fuhr am 31. Mai nach Sonnenburg und schaffte die beiden am meisten Misshandelten, Mühsam und den Rechtsanwalt Litten, nach Berlin. Wegen seiner immerhin anständigen Haltung wurde Dr. Mittelbach bald darauf von seinem Posten entfernt.

Die blutige Leibwäsche meines Mannes, die mir zum Waschen übergeben war, hatte zufällig eine Nachbarin gesehen. So wurde es in Britz bekannt, wie die Gefangenen in den Konzentrationslagern zugerichtet werden. Darauf wurde ich eines Tages auf das Polizeirevier gerufen. Der Kommissar drohte, mich wegen »Gräuelverbreitung« zu verhaften. Ich erwiderte erregt: »Tun Sie das doch! Glauben Sie, ich lasse meinen Mann prügeln und schaue ruhig zu?« Als er merkte, dass er mich nicht einschüchtern konnte, sagte er zynisch: »Sehen Sie, jede Schuld rächt sich auf Erden.«

Am 9. Juni erhielt ich den ersten Brief nach dem Abtransport aus Sonnenburg. Erich schrieb mir: »So will ich dir zunächst mitteilen, dass ich vorgestern hier (Plötzensee – Anm. K. M.) angekommen bin und dass nach den ersten Eindrücken hier kein Grund zu Klagen für mich zu bestehen scheint. Ich bin froh, jetzt wohl, solange die Haft noch dauern wird, die dauernde Bleibe zu haben.« Mühsam befand sich zwar vollkommen isoliert von den anderen Genossen in Einzelhaft, erhielt aber auf mein Ersuchen die Erlaubnis, ein Tagebuch zu führen und an seinem satirischen Roman »Ein Mann des Volkes« weiterzuarbeiten. Zweimal die Woche durfte ich ihm Pakete bringen, sogar Kaffee, was für ihn bei seinem Nerven- und Herzzustand eine große Wohltat bedeutete. Geschlagen wurde er in Plötzensee nicht, und er konnte sich auch seinen Bart wieder wachsen lassen. Schwer wurde es ihm, dass er die ganzen drei Monate mit keinem Genossen auch nur ein Wort wechseln konnte. Einer seiner Mitgefangenen schreibt, dass er ihn oft im Hofe im Kreise herumgehen sah, ganz in sich versunken, wie jemand, der tief nachdenkt. […]

Für meine liebe Zenzl

Aus Plötzensees Verließ, dem eng umzäunten,
Sei endlich dir die Gabe dargebracht,
Die ich dir schon zum fünfzehnten des Neunten
Im Jahre Einunddreißig zugedacht.

Hier: zum Geburtstagsfest der Vielgeliebten,
Und wenn auch fast zwei Jahre später erst,
Nimm hier zum achtundzwanzigsten des Siebten
Das Bilderbuch, das du so lang entbehrst.

Man muss oft manche Wünsche lang besiegen.
Und hadert deshalb mit dem Schicksal grob.
Doch – ist's so wichtig, *wann* wir etwas kriegen?
Nein: Wesentlich ist nur die Frage: *ob!*

Auf dreißig Blättern zeigt sich hier
So Mensch wie Vieh und Fabeltier –
Mit weisen Sprüchen, bunt getuscht,
Teils wohlgelungen, teils verpfuscht.
Du aber, meine teure Frau,
Besieh das Buch Dir ganz genau,
Dann wird gewiss dir offenbar,
Dass Liebe hier am Werke war.
Ich wünsche, dieser Liebe voll,
Was dir dies Jahr bescheren soll:
Bleib mutig, stark, gesund und froh, –
Dann bleib ich's nämlich ebenso.

Verse aus Plötzensee

Es ist ein altes Spiel, und nicht nur Knaben
Sehn darin weder Schande noch Entsetzen.
Wehrlose Wesen an der Strippe haben,
Und dann die Starken auf die Schwachen hetzen.

Wer sich nicht juckt vor Kümmernissen,
Wer immer geistesgegenwärtig
Courage hat und gut Gewissen, –
Der wird mit allen Teufeln fertig.

Mächtig ist der Hauswirt, und der Mieter
ist vor ihm ein Knecht, ein jämmerlicher.
Aber gegen alle Mieter zieht er
Schließlich doch den Kürzeren – das ist sicher.
Darum halt du Mensch zu deinesgleichen.
Nur gemeinsam könnt ihr was erreichen.

Zenzl Mühsam:
Erich Mühsams Leidensweg (2)

[...] Die Zeit verhältnismäßiger Ruhe in Plötzensee fand ein jähes Ende. Ende August 1933 erließ Göring eine neue Verordnung, die eine Reihe außerordentlicher Verschärfungen für die politischen Häftlinge vorsah. Am 23. August fand eine Durchsuchung der Zelle Mühsams statt. Sein Tagebuch und das ganze Manuskript seines Romans wurden beschlagnahmt. Am 8. September wurde mein Mann in das Konzentrationslager Brandenburg transportiert. Dort sagte er mir beim ersten Besuch: »Die Beschlagnahme meiner Manuskripte trifft mich schlimmer, als wenn man mich geschlagen hätte.«

Von hier ab beginnt die bitterste Zeit. Das alte Zuchthaus, das in ein Konzentrationslager umgewandelt wurde, stand schon seit 1930 wegen Baufälligkeit leer. Zunächst waren sogar Öfen nicht vorhanden. Daher konnte bis Anfang Dezember trotz starker Kälte nicht geheizt werden. Über die Einrichtung des Zuchthauses, das 1763 gebaut war, gibt ein Mitgefangener an:

»Die Schlafsäle waren weit schlechter (als in den Gefängnissen – Anm. K. M.). Das ganze Haus, in welchem sich 12 Schlafsäle mit einer Grundfläche von je 160 qm befinden, besitzt zwei Klosetträume, die nur vom Treppenflur erreichbar sind. Mühsam wurde auf eine Bodenstation gelegt. Früher wurden diese Verschläge nie als Schlafräume verwandt. Jetzt leben 130 Menschen in diesem Bodenraum, der abgeschrägte Wände hat. Fünf Fensterluken in der Größe von 40 × 40 cm müssen als Licht- und Luftquelle für je 44 Menschen ausreichen. Sie sitzen bei hellstem Sonnenschein im Halbdunkel und atmen eine ungesunde Wohnluft, die bei dem Alter des Hauses ganz fürchterlich ist. Die Folge waren Ruhrerkrankungen. Um ½ 7 Uhr war der erste Appell. Von 7 bis ½ 8 wurde exerziert. Dann gab es Kaffee. Von 8 bis ½ 12 und von ½ 3 bis 6 Arbeitsdienst. Zweiter Appell um 6 Uhr nachmittags.«

Am 8. Oktober besuchte ich Mühsam das erste Mal in Brandenburg. Er sagte mir, er sei wieder »herzkrank«. Das war das Stichwort dafür, dass man ihn geschlagen hatte. Anderthalb Monate lang durfte ich ihn nicht besuchen. Was Mühsam in dieser Zeit durchgemacht hat, wird mir selbst zu schwer darzustellen. Ich füge hier Berichte von Augenzeugen, von Mitgefangenen ein, die mir von ihnen persönlich zur Veröffentlichung übergeben wurden:

»Ich traf Erich Mühsam im Oktober beim Reinigen der Treppen und Flure des Schlaftraktes. Da wir uns seit 1928 kannten, hatte Mühsam Vertrauen zu mir. Ich versicherte ihm, jede Gelegenheit zu benutzen, um sein Martyrium der Öffentlichkeit zu unterbreiten. Darauf sagte er: ›Vergesst aber die Qualen nicht, die Tausende unbekannte Arbeiter in diesen Marterhöllen zu erdulden haben. Macht die Frage der Massen nicht zu einer Personenfrage.‹ In diesem Augenblick kam ein besonders bestialischer SS-Mann, Kamerad Zackig genannt, und hinter ihm ein zweiter SS-Mann zusammen mit Dimitriew, einem russischen Hakenkreuzler. Dimitriew war Mitglied einer russischen faschistischen Organisation in Berlin (ROND). Er befand sich jetzt als ›Schutzhäftling‹ mit dem Auftrage in Brandenburg, die antifaschistischen Gefangenen, besonders die Juden, zu misshandeln. Vor meinen Augen begann ein schreckliches Martyrium Mühsams. Er erhielt Faustschläge in die Nieren, man bearbeitete ihn mit Fußtritten, riss ihn an Bart und Kopfhaaren und schließlich zwangen ihn die Bestien, schmutziges Scheuerwasser mit der Zunge aufzulecken. Blutüberströmt, erschöpft und ermattet, musste Mühsam vier Treppen fünfmal im Galopp hinauf- und hinunterlaufen, wobei SS-Leute und die ›Häftlinge‹ Dimitriew, Alexander Rubach und Stark, genannt Tarzan, aus Leibeskräften auf den halb laufenden und halb taumelnden Erich Mühsam mit Fäusten, Besen und Füßen einschlugen und traten. Als ich auf meine Station zurückkam, war ich vor Erregung nicht fähig, mit meinen Leidensgenossen zu sprechen. Ich wurde den Gedanken nicht los: In Erich Mühsam trampelt man alle Menschenrechte nieder.«

Ein anderer Augenzeuge berichtet mir:

»Eines Abends – es war am 12. Oktober 1933 – knallte der Riegel von der Eisentür zurück. ›Achtung!‹ Alles springt auf, steht stramm. Zwei Wachtmeister erscheinen. ›Mühsam, vortreten!‹ Der eine Wachtmeister, ein Hüne, breitschultrig, hält in der Hand ein Exemplar des Arbeitertum. ›Mühsam, hier steht ein Artikel über dich.‹ Zu uns gewandt: ›Ihr habt einen hohen Herrn unter euch!‹ – ›Mühsam, wo warst du 1919? In München? Da warst du doch so'n Stücke Minister.‹ Erich Mühsam steht vor dem Wachtmeister und spricht ruhig: ›1919 war ich im Vollzugsausschuss der Münchener Räterepublik.‹ Der Wachtmeister: ›Und was habt ihr da gemacht?‹ Mühsam: ›Wir versuchten, die proletarische Revolution durchzuführen.‹ ›Quatsch‹, schreit der Wachtmeister und knallt mit ausgestrecktem Arm dem Erich eins ins Gesicht. Der andere Wachtmeister versetzt ihm einen Boxhieb. ›22 Geiseln hast du Schwein erschießen lassen.‹ Erich taumelt über eine Bank und fällt auf die Strohsäcke. Die Wachtmeister springen nach und schlagen weiter. Dann zerren sie ihn hoch und höhnen: ›Na, verkriech dich nicht in die Ecke.‹ Und der eine brüllt ihn wieder an: ›Also, was hast du in München gemacht?‹ Mit etwas zittriger Stimme spricht Mühsam: ›Als die 22 Gefangenen in München erschossen wurden, saß ich schon längst fern von München im Gefängnis, wo mich die damalige bayrische SPD-Regierung eingesperrt hatte.‹ Ein Wachtmeister zuckt wieder mit dem Arm hoch: ›Was, du Schwein, ins Gefängnis gesperrt? Ihr Herren habt euch ins Gefängnis sperren lassen aus Angst, weil da keine Kugeln hinkamen und von dort aus habt ihr die Revolution geführt, du Judenschwein.‹ Wieder trifft den taumelnden Mühsam Fausthieb auf Fausthieb.«

Den 24. Oktober nennt derselbe Augenzeuge den grauenhaftesten Tag. Er schreibt darüber:

»Am Nachmittag hieß es wieder: ›Juden raus!‹ Durch die geschlossene Eisentür hörten wir in regelmäßigen Abständen Klatschen. Nach einer Stunde kamen unsere vier Juden wieder herein, Mühsam blieb noch draußen. Einer erzählte mir: ›Erst mussten wir wie Kinder spielen, immer so mit dem Zeigefinger gegenseitig aufeinanderschlagen, dann die ganze Hand dazu nehmen. Schließlich mussten wir uns gegenseitig Backpfeifen geben. Als Mühsam sich weigerte, das zu tun, schlug ihm ein Wachtmeister mit vollem Schwung ins Gesicht. Wir mussten dann das nachmachen.‹ Nach einer halben Stunde kam Mühsam in die Zelle hineingetaumelt. Das Gesicht feuerrot und vollkommen verschwollen, die Augen blutunterlaufen. Er fiel kraftlos auf seinen Strohsack. ›Diese Schweine‹, stieß er hervor, ›haben mir in den Mund gerotzt.‹ Am nächsten Tage war sein linkes Ohr wie ein Boxerohr ganz dick angeschwollen, und aus dem Gehörgang trat eine große Blase heraus. Die Augenlider waren vollkommen blau und blutig. ›Wo hast du dir denn diese Brille geholt?‹, höhnten die Wachtmeister. Acht Tage ließ man ihn in diesem Zustand ohne Hilfe. Dann kam er ins Lazarett. Kurz vorher sagte er noch zu mir: ›Weißt du, vor dem Sterben habe ich keine Angst, aber dieses langsame Hinmorden, das ist das Grauenhafte.‹« […]

Schon Ende 1933 war bekannt, dass das Konzentrationslager Brandenburg aufgelöst wird. Der Abtransport der Schutzhäftlinge verschob sich, und Mühsam kam erst am 2. Februar von Brandenburg in das Konzentrationslager Oranienburg.

Ich fuhr mit großen Hoffnungen nach Oranienburg, da mir die anderen Genossinnen, die schon früher Besuchserlaubnis erhalten hatten, versicherten, Oranienburg sei jetzt verhältnismäßig das beste Lager, dort werden die Gefangenen nicht gequält, und beim Besuch könne man seinem Manne gegenüber sitzen und sich ungestört zwei Stunden lang unterhalten. Leider war aber gerade für alle kurz nachher Besuchsverschärfung verhängt worden. In dem großen Empfangsraum war eine Barriere aufgebaut, hinter der die Genossen standen. Mühsam war vollkommen glatt rasiert, auch die Kopfhaare abgeschoren. So verfuhr man dort mit allen Juden. Die Kameraden machten meinem Manne Platz, weil er doch nicht hören konnte, sodass er dicht an die Barriere zu stehen kam. »Ich bin auch hier schon wieder geschlagen worden«, flüsterte er mir zu. Als ich meinem Manne die Hand streichelte und ihm die Thermosflasche mit Kaffee geben wollte, kam der SA-Mann Petscher, im Lager unter dem Namen Himmelstoß bekannt, und riss mir die Thermosflasche aus der Hand. »Geben Sie her! Dass der Dreckjude nicht auch noch Schnaps säuft.« Er roch an der geöffneten Flasche und gab sie dann zurück.

Von da an konnte ich Mühsam alle 14 Tage besuchen, ihn zwei Stunden sprechen, saß ihm die ganze Zeit gegenüber, er hatte sogar die Erlaubnis, in meiner Gegenwart zu rauchen. Seiner Meinung nach war der stellvertretende Kommandant des Lagers, Stahlkopf, das größte Unglück für die Gefangenen und besonders die jüdischen Genossen. Mühsam war dem zweiten Zug der 6. Kompanie zugeteilt. Dieser Zug hieß der »Judenzug«. Stahlkopf befahl abwechselnd die jüdischen Gefangenen in sein Arbeitszimmer, das berüchtigte Zimmer 16. Dort verhörte er sie auf seine Art, d. h. er beleidigte sie mit unflätigen Worten, zwang sie zu widerwärtigen Handlungen und schlug seine wehrlosen Opfer. Die Juden hatten es in Oranienburg viel schlimmer als die sogenannten Arier. Sie mussten als Kennzeichen weiße Armbinden tragen. Die rechte Hand von Stahlkopf war der schon erwähnte Himmelstoß. Sein Kommando für die jüdischen Genossen lautete stets: »Scheißhauskompanie marsch, marsch!« Die jüdischen Schutzhäftlinge waren für den Innendienst bestimmt. Mühsam natürlich auch. Für ihn, den Dichter, hatte das Dritte Reich keine andere Arbeit, als den Abort zu putzen, häufig mit bloßen Händen den Kot herauszuheben und weite Strecken zu tragen.

Zenzl Mühsam:
Brief an Milly Witkop
und Rudolf Rocker

Prag, 21. August 1934

Meine liebe Milly und lieber Rudolf,

am 8. Juli habe ich Erich zum letzten Male gesehen. Am 22. Juni wurde er von dem stellvertretenden Kommandanten Stahlkopf zum letzten Mal misshandelt. Ich hatte noch Sprechverbot vom 22. Juni bis 22. Juli. Am 6. Juli wurde das Kommando der SA durch die Ereignisse vom 30. Juni abkommandiert und ersetzt durch SS, Württemberger. Ein Gefangener, der frei wurde, am Freitag, dem 6. Juli, kam zu mir, bestellte Grüße von Erich und sagte mir, dass Stahlkopf, der das Sprechverbot über uns beide verhängte, abgesetzt sei, und ich solle versuchen, am Sonntag, dem 8. Juli, den Erich zu sehen. Ich fuhr nach Oranienburg mit der kleinen Gretl. Sämtliche Frauen hatten Sprechverbot, obgleich alle hingefahren waren, wie es hieß, nicht aus Strafe, sondern wegen der Umgruppierung. Die Frauen gingen nicht weg. Da kam zufällig ein Führerauto der SS. Ich ging auf das Auto los und sagte ihnen, sie hätten unseren Männern wenigstens erlauben sollen, uns zu schreiben, dass wir nicht kommen, denn die mindestens 150 Frauen, die vor der Tür stehen, haben mit Kindern und allen möglichen Verwandten nicht das Geld, um umsonst hierher zu fahren. Da erlaubte dieser Kommandant, dass jede ihren Mann sehen kann für zehn Minuten, im Hof. Jeder Einzelne von den Gefangenen, und so auch Erich, hatte einen Soldaten mit Stahlhelm vor sich zu stehen, und man konnte nicht viel sprechen. Erichs letzte Worte, die ich von ihm hörte, sind: »Ich danke dir, Zenzl, dass du gekommen bist. Heute hat Arthur Geburtstag (heute ist der 8. Juli – Anm. K. M.). Steige in Waidmannslust aus und bestelle ihm schöne Grüße von mir. Dann bitte vergiss nicht, am 15. hat Hans (Bruder – Anm. K. M.) Geburtstag, gehe hin und gratuliere ihm, auch in meinem

Namen, und sage ihm, er solle dir ein nettes Geldgeschenk geben, damit du deinen 50. Geburtstag, der am 28. ist, mit ein paar Freunden nett feiern kannst. Alles, was ich zum Essen brauche, hast du mir ja gestern, Samstag, geschickt. Nur bitte ich dich um frische Wäsche und um ein paar Mark Taschengeld. Sonst glaube mir, Zenzl, werde ich auch diese Veränderung, die sich jetzt abspielt, mit demselben Gleichmut hinnehmen. Bleibe du mir stark!« Dann war der Besuch aus, und Erich küsste mir die Hand, drückte mich ab und flüsterte mir ins Ohr: »Mach das Ausland mobil! Wir sind alle in Gefahr.« Dann schrie eine grässliche Kommandostimme »Hinaus« zu uns, und zu den andern: »Zurück«. Sie gingen nicht, sie rannten wie toll zurück. Dann fuhr ich mit der Kleinen heim. Das Taschengeld schickte ich am Montag hin.

Laut wahrhaftigem Bericht ist der Todestag vom Erich 9. auf den 10. Juli. Der Rottenführer Eradt sagte am Montagmorgen zu Erich: »Wie lange gedenken Sie, noch auf der Erde herumzuwandeln?« Hierauf Erich: »Noch sehr lange.« Dann sagte dieser Rottenführer Eradt: »Wir raten Ihnen, sich innerhalb von drei Tagen aufzuhängen, sonst helfen wir Ihnen nach.« Erich ging runter und sagte dies seinen Kameraden. Er verschenkte alle die Lebensmittel, die ich ihm mitgebracht hatte usw., und sagte wörtlich: »Kameraden, meinen eigenen Henker mache ich nicht!« Er musste den ganzen Tag noch die SS-Uniformen putzen. Am Abend um 7 Uhr wurde er herausgerufen. Sämtliche Gefangenen mussten früher zu Bett, auch die fünf oder sechs Gehilfen, die sonst noch mit Aufräumarbeiten beschäftigt waren, wurden auch nicht mehr abgezählt vor dem Einschlafen, was sonst immer war. Die Genossen wussten, Mühsam fehlt. Viele legten sich auf die Lauer und hörten nichts. In der Frühe, um dreiviertel fünf wie immer, kam der SA-Mann Himmelstoß, der von den Gefangenen so genannt wurde, und zählte die Gefangenen. Da sagte einer: »Mühsam fehlt.« Da ging er hinaus und sagte kein Wort. Wie die ersten Gefangenen auf das Klosett gingen, fanden sie dort Erich mit einer Wäscheleine aufgehängt. Technisch war der Strick so angemacht, dass der Erich in seiner Ungeschicklichkeit niemals da hätte heraufklettern können. Sein Gesicht war vollkommen ruhig und schön und die Hände gar nicht verkrampft, ganz schön glatt. Man spricht die Vermutung aus, dass der Erich betäubt wurde und durch Spritzen vergiftet und von den beiden Eradt und Gerhardt Werner im Abort aufgehängt wurde, wie er schon tot war.

Ich habe schon vor den Journalisten gebeten, da der Erich begraben wurde, man sollte anregen, dass seine Leiche obduziert wird. Also, lieber Rudolf, so waren die letzten Tage von Erich. Du wirst weitere Nachrichten über die Vorgänge von mir erhalten. Vorderhand habe ich so viel wie kein Geld.

Bei mir ist jetzt Meta. Gestern hat mich ein früherer Mitgefangener von Erich besucht, der mir die genauen Umstände nochmals mitgeteilt hat. [...]

Sonst, meine Lieben, begreife ich das Ganze noch nicht. 17 Monate zusehen müssen, wie ein Mensch langsam zu Tode gequält wird. Also denkt mit viel, viel Liebe an mich, so wie ich an euch, ich schreibe recht bald, wenn noch verschiedene Dinge in Ordnung sind.

Ich küsse euch beide

Eure Zenzl

Zenzl Mühsam:
Brief an Charlotte Landau-Mühsam

Moskau, Oktober 1937

[...] Erich war ein Mensch, der das Leben bejahte, und du sagst mir, ich soll Freunde suchen, ich soll mich am Leben freuen – ich weiß es nicht, Charlotte, ob du deinen überaus liebenswürdigen Bruder so gekannt hast wie ich. Ich langweile mich nie und wenn ich auch allein bin. Erich war der besorgteste Ehemann, den du dir vorstellen kannst. Außerdem furchtbar stolz (meine Frau macht alles selbst!). War für jedes Mittagessen, das ich die ganze Zeit, mit Ausnahme wenn er im Gefängnis war, gekocht habe, dankbar. Und Erich war im Stande, mein Leben auszufüllen – weit über den Tod hinaus. Ich weiß, dass der Mensch nicht einfach stirbt, keiner. Jeder hinterlässt einen leichten Schatten. Aber Erich, der steht neben einem, der geht neben einem, der bleibt da. Wenn ich träume hat mir noch nie geträumt, dass Erich tot ist. [...]

Der Tote

War's ein Traum? Ist's wahr? – Was macht's!
Bilder ziehn und fliegen.
Einen Toten sah ich nachts
auf der Bahre liegen.
Schlug die Augen nicht mehr auf,
hielt den Mund geschlossen
und ließ doch den Worten Lauf,
die im Kreis zerflossen:
Schreiner, füge mir den Sarg
aus sechs starken Brettern.
Wer das Herz in Schlummer barg,
trotzt nicht mehr den Wettern.
Wer am Wege niederfiel,
müde und verlitten,
braucht, dass er ihn leit zum Ziel,
keinen Gott zu bitten.
Wem die Sonne nicht mehr scheint,
kann die Liebe missen.
Wie viel Trauer um ihn weint,
braucht er nicht zu wissen.
Himmel – Hölle, Dunkel – Licht,
heitrer oder trüber –
Tote unterscheiden nicht.
Lust und Leid: vorüber!
Schreiner, richte mir die Truh
aus sechs starken Brettern.

In den Grabblock meißle du,
Steinmetz, diese Lettern:
Menschen, lasst die Toten ruhn,
euer ist das Leben.
Jeder hat genug zu tun,
Arm und Blick zu heben.
Lasst die Toten! Sie sind frei
im durchnässten Sande.
Euch entringt der Sklaverei!
Euch der Not und Schande!
War ein Kampf des Lebens wert,
spart dem Tod die Spende –
aber nehmt des Toten Schwert!
Führt den Kampf zu Ende!
Kämpft, oh kämpft, und nützt die Zeit
zu der Menschheit Glücke!
Fällt ein Mann, so steht bereit:
Vorwärts! Schließt die Lücke!
Wollt ihr denen Gutes tun,
die der Tod getroffen,
Menschen, lasst die Toten ruhn
und erfüllt ihr Hoffen!

NACHTRÄGE

Wo ist Nolo?

Markus Liske

Obgleich der kurze Traum der Münchener Räterepublik inzwischen weitgehend in Vergessenheit geraten ist, anarchistische Ideen kaum noch über subkulturelle Zirkel hinausreichen, und den meisten Menschen zu Erich Mühsam wenig mehr einfällt als das lustige Gedicht vom »Revoluzzer«, sind sein Andenken und sein Werk bis heute lebendig geblieben. Abseits des großen Literaturbetriebs haben sich im Laufe der Jahre viele darum verdient gemacht. Stellvertretend seien hier aus jüngerer Zeit nur die Herausgeber der Tagebücher Chris Hirte und Conrad Piens, der Herausgeber der Briefe Gerd W. Jungblut und die Erich-Mühsam-Gesellschaft mit ihrer großartigen Schriftenreihe genannt. Doch woher rührt all dieses Engagement, wo sich doch selbst besessene Mühsamianer in der Regel einig sind, dass »der Erich« weder der weltgrößte Dichter oder Dramatiker noch ein brillanter Theoretiker des Anarchismus war? Was ist es, das sein Werk so wichtig macht?

Zum einen ist es der Mensch Mühsam, der in jeder Zeile dieses Werkes lebendig wird, der schon zu Lebzeiten eine ungeheure Anziehungskraft entfaltete und dessen bloße Existenz bis heute inspirierend wirkt. Bereits in jungen Jahren wurde er zum Gesicht erst der Berliner dann Münchener Boheme, gern fotografierter und karikierter Prototyp des Kaffeehausliteraten und Bürgerschrecks, dabei stets in engem intellektuellen Austausch mit fast allen literarischen Persönlichkeiten seiner Zeit. Man könnte ein Buch füllen mit den schriftlichen Erinnerungen seiner Zeitgenossen an ihn, die, zuweilen garniert mit einem schmunzelnden »Ach, der Mühsam!«, meist geprägt sind von tiefem Respekt oder Bewunderung für sein Engagement insbesondere für das sogenannte Lumpenproletariat sowie seine konsequent an den eigenen Idealen ausgerichtete Lebensführung. Der Schriftsteller Martin Andersen Nexö formulierte es so: »Wie die Zukunft aussehen müsse, damit sie allen ein menschliches Dasein böte, wusste Erich Mühsam nicht; in revolutionärer Politik war er ein Kind. Aber unbewusst hatten er und Zenzl sich eine Welt geschaffen, in der man die Luft einer neuen Zeit schon atmete.«

Zum anderen liegt die Bedeutung von Mühsams Werk darin, dass hier die Literatur niemals Selbstzweck, sondern Ausdrucksform einer klaren politischen Haltung ist, womit Mühsam Anfang des 20. Jahrhunderts keineswegs allein stand. Es gab eine ganze Reihe linkssozialistischer Zeitschriften, die sich gleichermaßen Literatur und Politik verschrieben hatten, und die Münchener Räterepublik ging nicht zu Unrecht als »Literaten-Revolution« in die Geschichte ein. Neben Mühsam waren auch Schriftsteller wie Ernst Toller, der Herausgeber der Zeitschrift Der Ziegelbrenner Ret Marut, Oskar Maria Graf und Mühsams eigens aus Berlin angereister Mentor Gustav Landauer daran beteiligt. Selbst der Lyriker Rainer Maria Rilke versuchte sich in dieser Zeit an politischer Prosa. Mit der blutigen Zerschlagung der Räterepublik durch die von der neuen SPD-Regierung in Berlin entsandten Truppen jedoch endete der Einfluss der von Freiheitsgedanken getriebenen Künstler auf die realen politischen Verhältnisse. Landauer wurde bestialisch ermordet. Marut floh, um wenig später in Mexiko zu B. Traven zu werden. Toller, Mühsam und zeitweilig auch Graf verschwanden hinter Gefängnismauern. Gleichzeitig erhob die neugegründete KPD einen revolutionären Alleinvertretungsanspruch, und ihre von Moskau vorgegebenen Parteidirektiven ließen keinen Raum mehr für anarchistische Poeten.

Als Mühsam im Dezember 1924 entlassen wurde, fand er eine veränderte Welt vor. Die Schnittstelle von Literatur und Politik wurde nun von eher bürgerlichen Autoren wie Kurt Tucholsky und Carl Ossietzky besetzt, und obwohl er sich bei Proletariat, Subproletariat und politischen Gefangenen weiterhin großer Beliebtheit erfreute, blieben seine anarchistischen Positionen fortan ohne nennenswerten Einfluss. Wie groß Mühsams Verzweiflung über diese politische und intellektuelle Isolation war, belegt der Aufruf »Wo ist der Ziegelbrenner?«, den er 1927 in Fanal veröffentlichte. Da heißt es: »Weiß keiner der Leser des

Fanal, wo der Ziegelbrenner geblieben ist? Ret Marut, Genosse, Freund, Kampfgefährte, Mensch, melde dich, rege dich, gib ein Zeichen, dass du lebst, dass du der Ziegelbrenner geblieben bist, dass dein Herz nicht verbonzt, dein Hirn nicht verkalkt, dein Arm nicht lahm, dein Finger nicht klamm geworden ist.«

Dennoch ist die häufig zu lesende Behauptung, Mühsam habe die Weimarer Republik nicht verstanden, falsch. Richtig ist, dass er sie ablehnte, aber verstanden hat er sie vielleicht besser als die meisten anderen. Für Mühsam war dieses Staatsgebilde nur ein haltloses Konstrukt, ein bizarres Zwischenspiel in einer unvollendeten Revolution, die entweder doch noch abgeschlossen oder andernfalls zwangsläufig durch den Faschismus beendet werden würde. Die Geschichte hat ihm leider recht gegeben.

Wer heute durch Mühsams Zeitschriften Kain und Fanal blättert, auch durch Karl Kraus' Fackel oder Ret Maruts Ziegelbrenner, der steht verwundert vor den freien Geistern, die sich darin offenbaren, vor ihrer Selbstgewissheit im Querdenken, ihrer literarischen Formulierungskunst und der Unbestechlichkeit ihrer Überzeugungen gegen alle Widerstände. Mühsam war dabei mit Sicherheit kein so fesselnder Erzähler wie es B. Traven werden sollte, kein so präziser Analytiker wie Kraus. Aber die Begeisterungsfähigkeit, die Liebe und der Zorn, von denen seine Texte durchtränkt sind, haben diese schon damals einzigartig gemacht und wirken bis heute. Er war kein Theoretiker sondern Propagandist einer besseren Welt, und in diesem Metier war er unschlagbar, gerade weil er sich keinen Direktiven oder strategischen Erwägungen unterordnen konnte. Genau daraus bestand seine Glaubwürdigkeit. Schaut man dagegen auf die aktuelle Literaturlandschaft, die politischen Äußerungen moderner Literaten, die sich – sofern sie überhaupt stattfinden – meist getreulich innerhalb eines staatsbürgerlichen Status quo oder im Rahmen linker Gesinnungsmoden bewegen, möchte man manchmal ausrufen: »Wo ist Nolo?«

Mit allen guten Geistern

Manja Präkels

»Nächster Halt, Sachsenhausen.« In dieser wiederkehrenden Ansage aus dem Lautsprecher des Zuges, der die Stadt, in der ich zufällig geboren bin, mit Berlin verbindet, schlummert eigentlich schon genug an Grauen, um einen aus Tagträumen zu reißen. Wenige Minuten später knackt es erneut in den Lautsprechern: »Nächster Halt, Oranienburg.« In den Neunzigern des letzten Jahrhunderts, als man nachts aus den Fenstern der Abteile, die zwar dreckig waren, aber noch nicht spiegelten, hinausschauen konnte, um die Dunkelheit im Land zu erkennen, kam eine weitere Spielform desselben Grauens hinzu. Die Gegend hatte sich binnen kurzer Zeit zu einer Hochburg der Neonazi-Bewegung, der Glatzen, Scheitelträger und Renees entwickelt. Und die fuhren auch mit dem Zug.

Als ein Freund die Einladung zu einer Lesung – direkt gegenüber der Mahn- und Gedenkstätte Sachsenhausen – erhielt und mich um Begleitung bat, war uns beiden klar, dass wir diesen Zug nicht nehmen, diesen Bahnsteig nicht betreten dürften. Wir fuhren mit dem Auto, parkten extra weit weg vom Leseort und kümmerten uns nicht um die Frage, ob man uns deswegen später für paranoid halten würde.

Die ganze bedrückende Stimmung in und um uns herum zerstob in dem Moment, als wir die Kneipe betraten, deren zerkratztes Interieur an jenem Abend als Bühne und Kulisse für eine Geisterbeschwörung der besonderen Art dienen sollte. Das Stück hatte schon angefangen, ein zerzauster Mann mit wallender, roter Mähne skandierte lautstark, auf einem der Tische stehend: »Und ob sie mich erschlügen: Sich fügen, heißt lügen!« Dann zeigten zwei weitere, exzessiv gestikulierende Akteure eine Szene mit dem auf Pappkarton hochgehaltenen Titel »Mühsam vor Gericht«. Die argumentativen Purzelbäume des Angeklagten brachten das Publikum zum Johlen. Später, nachdem das Theaterensemble der Ostberliner Kirche von Unten sein Stück beendet hatte, trat ein

– im Vergleich zu den furios aufspielenden Mühsamianern – unscheinbarer Mann nach vorn, schüchtern und bühnenscheu. Er setzte sich mitten in den abschwellenden Applaus, das Gläserklirren und laute Lachen hinein, rückte seine Brille zurecht und schlug ein Buch auf. Chris Hirte las aus der soeben bei dtv erschienenen und von ihm herausgegebenen Auswahl aus den Tagebüchern Erich Mühsams vor. Er begann leise, zögerlich und konnte sich doch augenblicklich der Aufmerksamkeit seines Publikums gewiss sein. Mir wurde klar, dass jeder im Raum das Buch entweder bereits gelesen hatte oder wenigstens ein Kenner der Person Erich Mühsams war, dessen Geist an jenem Abend im November 1994 an der Theke saß, mitten unter uns.

Das Buch, das Chris Hirte, Mitherausgeber der Erich-Mühsam-Werkausgabe beim Verlag Volk und Welt, an jenem Abend vorgestellt hatte, wurde für mich ein Wegbegleiter, eines von denen, die man einfach nicht weglegen kann. Man hält sich daran fest, will, dass es in der Nähe ist, zwängt es in Manteltaschen und Rucksäcke, schleppt es durch die halbe Welt, bis es ganz zerfleddert ist, und dann gibt es die Freunde, denen dieser Fetisch nicht verborgen bleibt, die danach fragen und man gibt es – endlich – weiter.

Ein paar Jahre später, ich lebte bereits in Berlin, sollte ich Kurt Wafner, dem einstigen DDR-Fernsehzeitungs-Redakteur, Lektor und wunderbaren Anarchistenherz, begegnen, auch in einer Kneipe. In Anbetracht seines Alters hatten wir uns bereits am Nachmittag verabredet. Es ginge eben nicht mehr so wie einst, setzte er sich behutsam an den Tisch und lachte sein Jungenlachen. Er skandierte keine Mühsamtexte, las auch nicht aus den Tagebüchern vor, vielmehr schilderte er, zwei rasende Stunden hindurch, atemlos seine einzige Begegnung mit ihm – Mühsam. Wafner war ein Berliner Bengel gewesen, halbstark noch, wie er versicherte, damals, in den Neunzehnzwanzigern. Und Erich Mühsam, seine Art zu reden, die Radikalität der Worte, gepaart mit der Liebenswürdigkeit seiner Erscheinung, all das habe ihn geprägt. Der alte Wafner verteilte seine Begeisterung so freigiebig in die Runde, dass er die Szenerie förmlich spürbar machte. »Freie Liebe!« – darum sei es in dem Vortrag vor Wandervogelbewegten und anarchosyndikalistischer Jugend gegangen. Vielleicht war das auch nur der Teil des Vortrags, der bei Wafner, abgesehen vom Redner selbst, den stärksten Eindruck hinterlassen hatte. Nachmittag in Köpenick, und da saß er schon wieder, dieser Mühsam. Genau genommen stand er lachend auf unserem Tisch.

Ich kannte längst ein Dutzend seiner Verse auswendig, lebte in Wohngemeinschaft mit anderen Exilbrandenburgern, hin- und hergerissen zwischen dem offensiven Desinteresse der Stadtbewohner für unsere Geschichten und der eigenen Neugierde auf die kursierenden Schilderungen aus den Westprovinzen. Wo man auch hinhörte, wen man auch anschaute, deutsche Menschen beschäftigten sich mit sich selbst und vergaßen die Welt oder ignorierten sie schlichtweg. Mühsam wurde für uns so etwas wie der gemeinsame Nenner, nicht der kleinste, aber der stärkste. Saß er mit am Tisch, war eine Verständigung möglich, egal, ob auf den Fluren der Universitäten in Ost- und Westberlin, die wir gleichermaßen besuchten, oder in der Friedrichshainer Besetzerszene, die uns magisch anzog, wo wir die »Kultur der Ausgestoßenen« suchten und diskutierten: Verbrecher, Landstreicher, Huren und Künstler – das ist die Boheme, die einer neuen Kultur die Wege weist. Die Rigaer Straße war über Nacht zum Anlaufpunkt für Obdachlose, Punks und obdachlose Punks aus ganz Osteuropa geworden. Die Köpfe glühten, abgefüllt mit all den frischen Eindrücken, Botschaften von Zerfall, Aufbruch, Lethargie und Lebenswut auf der einen, den Realitäten von Drogen, Prostitution und Aids auf der anderen Seite. Wir erlebten grandiose, widerständige, Mut machende Nächte mit Musikanten, Abgedrehten, Literaten, Pennern, Anzugträgern, Mischwesen aller Art und in magischen Momenten verschwanden alle Grenzen. Gleichzeitig krochen Elend, Untergang, ungemeine Brutalität und Verzweiflung an den Wänden der bunte bemalten Häuser entlang, direkt über die aufgesprühten A's für »Anarchie«. Wir lasen den verzweifelten Mühsam, den mit dem Blues im Haar, den nur noch der Schnaps trösten konnte oder die Arme seiner Gefährtin Zenzl, wenn sie ihm denn verziehe, mit ihrer abgeklärten Art, die Welt als das anzuerkennen, was sie eben ist: ein Tollhaus. Das schönste und merkwürdigste, weil einzige seiner Art. Eines, um das sich zu kämpfen lohnte, weiter lohnt. Das geht nur gemeinsam und mit all den guten Geistern, die die Finsternis erhellen helfen.

Leuchte, Mühsam, leuchte!

Editorische Notizen

Dieses Buch ist durchgängig in neuer Rechtschreibung gehalten, auch schriftstellerische Eigenarten Mühsams (z. B. »giltig« statt »gültig«) und differierende Schreibweisen (etwa bei »Bohème«) wurden dabei korrigiert. In Einzelfällen wurden auch offensichtliche Fehler in den historischen Vorlagen behoben. Mühsam-Kenner mögen uns derlei Leseerleichterungen für Mühsam-Neulinge verzeihen.

I.

NOLO – 1902 in der anarchistischen Wochenzeitschrift Der arme Teufel, Albert Weidner Verlag Friedrichshagen, Hrsg.: Albert Weidner, Redaktion: Erich Mühsam.

REDET MIR NICHT VON KUNST, IHR STÜMPER! – 1904 in Mühsams erstem Gedichtband »Die Wüste«, Eißelt Verlag Berlin.

WAS DEN KÜNSTLER AUSMACHT – Auszug aus »Latente Talente«, Teil der »Unpolitischen Erinnerungen«, Artikel-Serie von 1927 bis 29 in der Vossischen Zeitung, Ullstein Verlag Berlin, Chefredakteur: Georg Bernhard. In Buchform erschienen sie erstmals 1949.

SIE STEHEN HOCH OBEN AUF DEM GERÜST – 1904 in »Die Wüste«, s. o.

DAS NEUE JAHRHUNDERT – Auszug aus »Namen und Menschen«, Teil der »Unpolitischen Erinnerungen«, s. o.

TÖFF TÖFF – HURRA! – 1903 in der Satirezeitschrift Der wahre Jakob, J. H. W. Dietz Verlag Berlin, Hrsg.: Johann Heinrich Wilhelm Dietz.

ARMER TEUFEL – Auszug aus »Friedrichshagen«, Teil der »Unpolitischen Erinnerungen«, s. o.

DAS TRINKLIED – 1904 in »Die Wüste«, s. o.

DIE BOHÈME – 1903 in der Wochenzeitschrift Berliner Illustrierte Zeitung, Ullstein Verlag Berlin, Hrsg.: Leopold Ullstein.

DER REVOLUZZER – 1907 geschrieben, veröffentlicht 1909 in Mühsams zweitem Gedichtband »Der Krater«, Morgen Verlag Berlin.

»MÖBLIERTER HERR« – Auszug aus »Allerlei Begegnungen«, Teil der »Unpolitischen Erinnerungen«, s. o.
SIEGESLIED – 1908 unter dem Pseudonym »I. Diot« in Morgen – Wochenschrift für deutsche Kultur, Morgen Verlag Berlin, Hrsg.: Werner Sombart.
TERROR – 1907 in der sozialpsychologischen Monatszeitschrift Polis, Polis Verlag Zürich, Hrsg.: Fritz Brupbacher.
Anmerkung: Ursprünglich hatte Mühsam den Text Karl Kraus für Die Fackel angeboten: »Wie denken Sie über das Thema: Politischer Terror? Ich würde darin eine psychologische Begründung anarchistischer Gewaltakte geben, aus der sich die Rechtfertigung von selbst ergibt.« Kraus lehnte ab.
FREIHEIT – 1908 unter dem Pseudonym »I. Diot« in Morgen – Wochenschrift für deutsche Kultur, s. o.
DAS CABARET – 1907 in Die Fackel, Fackel Verlag Wien, Hrsg.: Karl Kraus
GESCHÜTTELTES I – verschiedene Originalquellen, hier zitiert nach: »Schüttelreime und Schüttelgedichte von Erich Mühsam«, Sammlung der Stadt- und Universitätsbibliothek Frankfurt am Main 1994, zusammengestellt von Reiner Scholz.
BRIEF AN JULIUS BAB – gekürzt übernommen aus der Briefsammlung »In meiner Posaune muss ein Sandkorn sein«, erschienen 1984 im Topos Verlag Vaduz, Hrsg.: Gerd W. Jungblut.
Anmerkung: Mit Johannes Nohl unterhielt Erich Mühsam mehrere Jahre lang eine enge homosexuelle Beziehung, wenngleich Mühsam auch weiterhin mit Frauen verkehrte und Nohl mit oft sehr jungen Männern. Letzterer Umstand wurde Mühsam 1910 in der öffentlichen Darstellung des Prozesses um die Gruppe Tat zum Verhängnis. Auch nach dem Ende ihrer Beziehung unterstützte Mühsam Nohl noch häufig mit Geld. Die Studie, für die die beiden hier Material lieferten, veröffentlichte der Dramatiker und Theaterkritiker Julius Bab 1904 unter dem Titel »Die Berliner Bohème«.
DER TOTE KATER – 1914 in Mühsams drittem Gedichtband »Wüste – Krater – Wolken«, Verlag Paul Cassirer Berlin.
MONTE VERITÀ – Auszug aus »Ascona – Eine Broschüre«, 1905 erschienen im Verlag Birger Carlson, Locarno.

DER GESANG DER VEGETARIER – Auszug aus »Ascona – Eine Broschüre«, s. o.
DEUTSCHE IM AUSLAND – 1906 in Die Fackel, s. o.
REICHSTAGSFRÜHLING – 1908 unter dem Pseudonym »I. Diot« in Morgen – Wochenschrift für deutsche Kultur, s. o.
Anmerkung: Der Reichstagsabgeordnete Matthias Erzberger (Zentrum) machte bereits 1904 die Vergewaltigung mehrerer minderjähriger Afrikanerinnen durch einen deutschen Kolonialbeamten zum Politikum. Damit entfachte er eine hitzige Debatte darüber, ob auch Schwarze eine Seele haben. Diese setzte sich während der Aufstände der Herero und Nama gegen die deutschen Kolonialherren fort, bis es 1907 zu Neuwahlen kam, den sogenannten »Hottentottenwahlen«.
ZUR NATURGESCHICHTE DES WÄHLERS – 1907 in Die Fackel, s. o.
DIE DEMOKRATEN – 1904 in der Wochenzeitschrift »Kampf – Zeitschrift für gesunden Menschenverstand«, Kampf Verlag, Hrsg.: Senna Hoy.
Anmerkung: Der Anarchist Senna Hoy hieß eigentlich Johannes Holzmann. Das Pseudonym erhielt er von Else Lasker-Schüler. 1907 ging er nach Russland, um dort politisch zu wirken, und starb dann 1914 31-jährig in einem Warschauer Gefängnis. In einer der letzten Vorkriegsausgaben des Kain schrieb Mühsam einen wütenden Nachruf.
DER KÜNSTLER IM ZUKUNFTSSTAAT – 1906 in Die Fackel, s. o.
DAS VERHÖR – 1909 in Mühsams zweitem Gedichtband »Der Krater«, s. o.
WIENER GASTSPIEL – Auszug aus »Wiener Episode«, Teil der »Unpolitischen Erinnerungen«, s. o.
Anmerkung: Mühsam deutet hier sein Zerwürfnis mit Karl Kraus an. Grund dafür war die Harden-Eulenburg-Affäre. Der Publizist Maximilian Harden hatte dabei in mehreren Artikeln ab 1906 die persönliche Entourage Kaiser Wilhelm II. angegriffen. Dabei outete er auch den homosexuellen Grafen Eulenburg. Karl Kraus stellte sich daraufhin gegen Harden und brach auch mit Mühsam, als dieser ihn in seiner Streitschrift »Die Jagd auf Harden« verteidigte.

GESCHÜTTELTES 2 – verschiedene Originalquellen, hier zitiert nach: »Schüttelreime und Schüttelgedichte von Erich Mühsam«, s. o.
CAFÉ DES WESTENS – Auszug aus »Berliner Nachlese«, Teil der »Unpolitischen Erinnerungen«, s. o.
GEBT MIR SCHNAPS – 1909 in »Der Krater«, s. o.
SCHWABING – Auszug aus »Schwabing«, Teil der »Unpolitischen Erinnerungen«, s. o.
SPIEL NUR, LUSTIGER MUSIKANTE – 1914 in »Wüste – Krater – Wolken«, s. o.
DIE GRUPPE TAT – Auszug aus dem Aufsatz »Mein Geheimbund«, 1911 in der Tageszeitung Neues Wiener Journal, Verlag Neues Wiener Journal Wien, Hrsg.: Jakob Lippowitz.
LUMPENLIED – 1914 in »Wüste – Krater –Wolken«, s. o.
PROTEST – 1910 in der Wochenzeitschrift Die Zukunft, Verlag der Zukunft Berlin, Hrsg.: Maximilian Harden.
Anmerkung: Mit dem Abdruck von »Protest« erklärte sich Maximilian Harden solidarisch mit Mühsam, der ihn zuvor in der Harden-Eulenburg-Affäre verteidigt hatte. Zu den Unterzeichnern: Frank Wedekind war ein Freund Mühsams und Heinrich Mann sehr interessiert an Mühsams Arbeit mit der Gruppe Tat. Überraschend ist die Unterschrift Thomas Manns, mit dem Mühsam nicht in Austausch stand, der sich aber Jahre später auch für die in der Sowjetunion inhaftierte Zenzl Mühsam einsetzte.
DIES IST DER ERDE NACHT – 1914 in »Wüste – Krater – Wolken«, s. o.
TAGEBUCH – HERBST 1910 – gekürzt übernommen aus »Erich Mühsam: Tagebücher / Band 1«, Verbrecher Verlag Berlin, Hrsg.: Chris Hirte und Conrad Piens.

II.

AN DIE LESER! – 1911 in Kain – Zeitschrift für Menschlichkeit, Kain-Verlag München, Hrsg.: Erich Mühsam.
APPELL AN DEN GEIST – 1911 in Kain, s. o.

ÜBERGANGSKUNST – Auszug aus dem Aufsatz »Heinrich Mann«, 1911 in der Wochenzeitschrift Die Aktion, Verlag Die Aktion, Hrsg.: Franz Pfemfert.

DER MAHNER – geschrieben 1910, veröffentlicht 1920 in Mühsams viertem Gedichtband »Brennende Erde – Verse eines Kämpfers«, Kurt Wolff Verlag, München.

Anmerkung: Für viele Gedichte von Mühsam ist kein Entstehungsjahr bekannt. In »Brennende Erde« ließ er das aber jeweils mit abdrucken.

MENSCHLICHKEIT – 1911 in Kain, s. o.

AN ALLEN FRÜCHTEN UNBEDENKLICH LECKEN – 1914 in »Wüste – Krater – Wolken«, s. o.

TAGEBUCH – FRÜHLING 1911 – gekürzt übernommen aus »Erich Mühsam: Tagebücher / Band 2«, s. o.

Anmerkung: Die Schauspielerin, Dichterin und Gelegenheitsprostituierte Emmy Hennings blieb eine lebenslange Freundin von Mühsam, auch nachdem sie 1915 mit ihrem späteren Ehemann Hugo Ball in die Schweiz emigriert war. Nach Mühsams Verhaftung 1933 kämpfte sie intensiv für seine Freilassung und versuchte auch, den späteren Nobelpreisträger Hermann Hesse, mit dem sie befreundet war, dazu zu bringen, seine gewichtige Stimme für Mühsam zu erheben. Hesse verweigerte die Unterstützung.

DAS PROBLEM DER EROTIK – Auszug aus »Rückblick – Ausblick«, Teil der »Unpolitischen Erinnerungen«, s. o.

WIDER DIE ZENSUR! – 1911 in Kain, s. o.

HOCH DIE MORAL! – 1911 unter dem Pseudonym »Pudel« in der Wochenzeitung Deutsche Montagszeitung, Berlin, Hrsg.: Artur Landsberger, Siegfried Jacobsohn und August Stehle.

ANARCHIE – 1912 im zusätzlich zur Zeitschrift Kain herausgegebenen »Kain-Kalender«, Kain-Verlag München, Hrsg.: Erich Mühsam.

SEI'S IN JAHREN, SEI'S SCHON MORGEN – 1914 in »Wüste – Krater – Wolken«, s. o.

BETRACHTUNGEN ÜBER DEN STAAT – 1911 in der Satirezeitschrift Der Komet, Komet-Verlag, München, Hrsg.: Paul L. Fuhrmann.

Anmerkung: Mühsam druckte den Text auch im »Kain-Kalender« für das Jahr 1913 ab, ließ dabei aber den letzten Absatz weg. Die Zeitschrift Der Komet war ursprünglich von Mühsams Freund Frank Wedekind mitgegründet worden.

KAIN-KALENDER 1913 – 1912 im zusätzlich zur Zeitschrift Kain herausgegebenen »Kain-Kalender«, s. o.

VERBRECHER UND GESELLSCHAFT – 1912 in Kain, s. o.

POLITISCHES VARIETÉ – 1912 in Kain, s. o.

LIEB VATERLAND – 1912 in Kain, s. o.

DAS ABENDMAHL – 1911 unter dem Pseudonym »Moritz« in Der Komet, s. o.

IDEALISTISCHES MANIFEST – 1914 in Kain, s. o.

HOFFNUNG – 1910 geschrieben, veröffentlicht 1920 in »Brennende Erde – Verse eines Kämpfers«, s. o.

FASCHING – 1911 in Kain, s. o.

GESCHÜTTELTES 3 – verschiedene Originalquellen, hier zitiert nach: »Schüttelreime und Schüttelgedichte von Erich Mühsam«, s. o.

RITUALMORD – 1913 in Kain, s. o.

ENTLARVUNG – 1915 geschrieben, veröffentlicht 1920 in »Brennende Erde – Verse eines Kämpfers«, s. o.

DAS GROSSE MORDEN – 1914 in Kain, s. o.

TAGEBUCH - AUGUST 1914 – gekürzt übernommen aus »Erich Mühsam: Tagebücher / Band 3«, s. o.

KRIEGSLIED – 1917 geschrieben, veröffentlicht 1920 in »Brennende Erde – Verse eines Kämpfers«, s. o.

BREVIER FÜR MENSCHEN – Der Abschnitt »Vom Tode« erschien 1917 in der Monatszeitschrift Ver!, Verlag der freien Künstlervereinigung Wien, Hrsg.: Karl F. Kocmata. Die Abschnitte »Tapferkeit« und »Selbstverantwortung« 1918 in der pazifistischen Wochenzeitschrift Der Friede, Wien, Hrsg.: Benno Karpeles.

Anmerkung: Während des Krieges hatte Mühsam kaum Publikationsmöglichkeiten, wenn überhaupt, dann eher in Österreich und nur in der verklausulierten Form, der er sich hier bediente. Unter dem Titel »Brevier für Menschen« stellte er diese und weitere Kurztexte 1928 für sein Buch »Sammlung 1898–1928« zusammen.

AN DEM KLEINEN HIMMEL MEINER LIEBE – 1914 in »Wüste – Krater – Wolken«, s. o.

TAGEBUCH – FRÜHLING 1915 – gekürzt übernommen aus »Erich Mühsam: Tagebücher / Band 4«, s. o.

GEFÄHRTIN – 1915 geschrieben, veröffentlicht 1920 in »Brennende Erde – Verse eines Kämpfers«, s. o.

ABRECHNUNG – Auszug aus dem gleichnamigen unvollendeten Essay zur Kriegsschuldfrage, geschrieben 1916/17.
Anmerkung: Als Mühsam die Arbeit an »Abrechnung« 1916 begann, dachte er tatsächlich, das Ende des Krieges stünde bevor. Dass dem nicht so war, hatte sicher seinen Anteil daran, dass das Werk unvollendet blieb.

BARBAREN – 1915 geschrieben, veröffentlicht 1920 in »Brennende Erde – Verse eines Kämpfers«, s. o.

FRANK WEDEKINDS TOD – Auszug aus »Frank Wedekinds letzte Jahre«, Teil der »Unpolitischen Erinnerungen«, s. o.

III.

KAIN-FLUGBLATT – November 1918
Anmerkung: Das Datum 06. November unter dem Gedicht verweist darauf, dass Mühsam zeitlebens für sich in Anspruch nahm, an eben jenem Tag als Erster öffentlich die Revolution ausgerufen zu haben.

ZENZL MÜHSAM: BRIEF AN MARTIN ANDERSEN NEXÖ – verfasst im November 1918, zitiert nach »Zenzl Mühsam – Eine Auswahl aus ihren Briefen«, Schriftenreihe der Erich-Mühsam-Gesellschaft Heft 9, 1995, Hrsg.: Chris Hirte und Uschi Otten.

STUDENTEN 1918 – November 1918 in Kain, s. o.

MÄRZ – März 1919 in Kain, s. o.

TRUTZLIED – März 1919 in Kain, s. o.

BAYERNS ZWEITE REVOLUTION – März 1919 in Kain, s. o.

BAIERN IST RÄTEREPUBLIK – April 1919 in Kain, s. o.

Anmerkung: Die veränderte Schreibweise mit i statt y sollte den Bruch mit der bisherigen Geschichte verdeutlichen, ohne das bayerische Traditionsbewusstsein allzu sehr vor den Kopf zu stoßen.

SECHS TAGE IM APRIL – Auszug aus »Von Eisner bis Leviné – Die Entstehung der Bayerischen Räterepublik«, Fanal Verlag Berlin, 1929.

TAGEBUCH – MAI 1919 – zitiert nach »Erich Mühsam: Tagebücher 1910– 1924«, dtv München 1994, Hrsg.: Chris Hirte.

DER GEFANGENE – verfasst im August 1919, veröffentlicht 1920 in »Brennende Erde«, s. o.

STANDGERICHT – Aus den Prozessakten vom Juli 1919, zitiert nach »Scheinwerfer. Färbt ein weißes Blütenblatt sich schwarz«, Verlag Klaus Guhl Berlin 1978, Hrsg.: Fidus.

SILVESTER 1919 – verfasst im Dezember 1919, veröffentlicht 1920 in »Brennende Erde«, s. o.

TAGEBUCH – MÄRZ 1920 – zitiert nach »Erich Mühsam: Tagebücher 1910–1924«, s. o.

RECHTFERTIGUNG – verfasst im Dezember 1919, veröffentlicht 1920 in »Brennende Erde«, s. o.

TAGEBUCH – AUGUST 1921 – zitiert nach »Erich Mühsam: Tagebücher 1910–1924«, s. o.

ZUR JUDENFRAGE – Auszug aus »Zur Judenfrage«, erschienen 1920 in der Wochenzeitschrift Die Weltbühne, Verlag der Weltbühne Berlin, Hrsg.: Siegfried Jacobsohn.

DAS SCHWARZE SCHMACHLIED – 1921 verfasst; Erstveröffentlichung. *Anmerkung:* Der Text ist in einem teils schwer zu entziffernden Notizbuch Mühsams enthalten. Die dritte Zeile der vierten Strophe wurde entsprechend des Endreims von den Herausgebern gemutmaßt. Inhaltlich geht es hier um von nationalistischen Medien verbreitete Gerüchte, die französische Armee würde im besetzten Ruhrgebiet bevorzugt schwarze Soldaten einsetzen, »um das deutsche Blut zu verunreinigen«. Die Existenz dieses Gedichts wurde erst über Herbert Wehners erste Ehefrau Lotte Loebinger bekannt, die in den 1920er-Jahren zu Mühsams Umfeld gehörte. Sie sang den Text 1992 in deutlich veränderter Form (z. B. »von der Etsch bis an den Belt« statt »von dem Allgäu bis zum Harz«) in einer Sendung des

Deutschlandfunks. Seither taucht diese veränderte Fassung, in der die vierte Strophe gar nicht vorkommt, immer wieder auf Nazi-Websites auf. Mehrheitlich wird das Gedicht dort als »jüdischer Aufruf zur Rassenschande« zitiert.

TAGEBUCH – OKTOBER 1922 – zitiert nach »Erich Mühsam: Tagebücher 1910–1924«, s. o.

IN DER ZELLE – 1928 in »Sammlung 1898–1928«, s. o.

TAGEBUCH – AUGUST 1923 – zitiert nach »Erich Mühsam: Tagebücher 1910–1924«, s. o.

DAS VOLK DER DENKER – 1925 in »Alarm – Manifeste aus 20 Jahren«, Verlag Der Syndikalist, Berlin.

TAGEBUCH – JULI 1924 – zitiert nach »Erich Mühsam: Tagebücher 1910–1924«, s. o.

HERBSTMORGEN IM KERKER – 1928 in »Sammlung 1898–1928«, s. o.

TAGEBUCH – DEZEMBER 1924 – zitiert nach »Erich Mühsam: Tagebücher 1910–1924«, s. o.

IV.

VERLAUF DES 21. DEZEMBER 1924 – Auszug aus dem Original-Polizeibericht.

PFLICHT – 1925 in »Alarm – Manifeste aus 20 Jahren«, s. o.

ZWEI GÄULE – Auszug aus »Soll man Memoiren schreiben?«, Teil der »Unpolitischen Erinnerungen«, s. o.

DIE WACHT IM BÜRGERBRÄU – 1928 unter dem Pseudonym »Jolly« in der Wochenzeitung Welt am Montag, Verlag Die Welt am Montag Berlin, Hrsg.: Hellmut von Gerlach und Hans Leuss.

BRIEF AN CARL-GEORG V. MAASSEN – gekürzt übernommen aus der Briefsammlung »In meiner Posaune muss ein Sandkorn sein«, s. o.

Anmerkung: Obwohl eher dem konservativen Lager zugehörig, war der Literaturhistoriker Carl-Georg v. Maaßen ein lebenslanger Freund Mühsams.

KEIN HÜSUNG – 1931 unter dem Pseudonym »Tobias« im satirischen Wochenblatt Ulk, Mosse Verlag Berlin, Chefredakteure: Hermann Sinsheimer und Hans Flemming.
Anmerkung: »Hüsung« bedeutet sowohl Wohnrecht als auch Wohnung. Gleichzeitig ist »Der Hüsung« ein Teil der Hufeisensiedlung in Berlin-Britz, in der Mühsam bis 1933 lebte.
MITTEILUNG – Rundbrief von 1926
STAATSVERNEINUNG – 1926 in Fanal, Fanal Verlag Berlin, Hrsg.: Erich Mühsam.
DIE TRÄGER DER ZUKUNFT – 1927 unter dem Pseudonym »Jolly« in Welt am Montag, s. o.
AMNESTIE – AUCH IN RUSSLAND – 1926 in Fanal, s. o.
ABSAGE AN DIE ROTE HILFE – 1929 in Fanal, s. o.
BARDEN-SCHWUR – 1925 unter dem Pseudonym »Jolly« in Welt am Montag, s. o.
BISMARXISMUS – 1927 in Fanal, s. o.
WIDMUNGSGEDICHT – Buchwidmung für Myona in einem Auswahlband aus den »Unpolitischen Erinnerungen«, den Mühsam 1931 für Freunde und Bekannte drucken ließ.
Anmerkung: Das Gedicht hat noch einen zweiten Teil, in dem Myona persönlich angesprochen wird. Myona (Anagramm von anonym) war das Pseudonym des Schriftstellers Dr. Salomo Friedländer. Dieser hatte zuvor einen Artikel zur Anthologie »100 Autoren gegen Einstein« beigesteuert.
FREIHEIT ALS GESELLSCHAFTLICHES PRINZIP – 1930 in Fanal, s. o.
DER EINFALL – 1931 unter dem Pseudonym »Tobias« im satirischen Wochenblatt Ulk, s. o.
FAHRT IN DEN NEBEL – 1932 unter dem Pseudonym »Tobias« im satirischen Wochenblatt Ulk, s. o.
DAS WERK DES LEBENDEN – Auszug aus »Soll man Memoiren schreiben?«, Teil der »Unpolitischen Erinnerungen«, s. o.
LEITSATZ – 1929 in Fanal, s. o.

V.

FASCHING 1933 – 1931 unter dem Pseudonym »Tobias« im satirischen Wochenblatt Ulk, s. o.
MÜHSAMS LETZTE REDE – gehalten am 26. Februar 1933. Überliefert von Johann Breitner, zitiert aus Chris Hirtes Biografie »Erich Mühsam. Ihr seht mich nicht feige«, Verlag Neues Leben, Berlin 1985.
ZENZL MÜHSAM: ERICH MÜHSAMS LEIDENSWEG (1) – Auszug aus »Kreszentia Mühsam: Der Leidensweg Erich Mühsams«, Mopr-Verlag, Zürich/Paris 1935.
Anmerkung: Zenzl Mühsam verfasste diese Broschüre ein halbes Jahr nach Mühsams Ermordung im Prager Exil, wo sie mehrfach Besuch von ehemaligen Mitgefangenen ihres Mannes erhielt.
FÜR MEINE LIEBE ZENZL – Auszug aus »Bilder und Verse für Zenzl«, Gefängnis Plötzensee 1933, fotografisch archiviert im Archiv der Akademie der Künste.
VERSE AUS PLÖTZENSEE – Auszug aus »Bilder und Verse für Zenzl«, s. o.
ZENZL MÜHSAM: ERICH MÜHSAMS LEIDENSWEG (2) – Auszug aus »Kreszentia Mühsam: Der Leidensweg Erich Mühsams«, s. o.
ZENZL MÜHSAM: BRIEF AN MILLY WITKOP & RUDOLF ROCKER – verfasst im Oktober 1934, zitiert nach »Zenzl Mühsam – Eine Auswahl aus ihren Briefen«, s. o.
ZENZL MÜHSAM: BRIEF AN CHARLOTTE LANDAU-MÜHSAM – zitiert nach »Else Levi-Mühsam: Zwei geistverwandte Menschen« in »europäische ideen, Heft 5/6«, Berlin 1974, Hrsg.: Andreas W. Mytze.
DER TOTE – 1928 in »Sammlung 1898–1928«, s. o.

VERBRECHER VERLAG

Erich Mühsam
TAGEBÜCHER
15 Bände
Herausgegeben von
Chris Hirte und Conrad Piens

Leinenband mit
Lesebändchen

Erich Mühsam hat 15 Jahre lang, von 1910 bis 1924, Tagebuch geführt und sein Leben festgehalten, ausführlich, stilistisch pointiert, schonungslos auch sich selbst gegenüber – und niemals langweilig. Was diese Tagebücher so fesselnd macht, ist der wache Blick des Weltveränderers. Mühsam wollte Anarchie praktisch ausprobieren. Auch das Schreiben ist Aktion, in allen Sätzen schwingt die Erwartung des Umbruchs mit, den er tatsächlich mit herbeiführt: Die Münchner Räterevolution ist auch die seine, und die Rache der bayerischen Justiz trifft ihn hart. Seine Aufzeichnungen aus den Jahren 1914 bis 1916 sind eine Chronik des I. Weltkrieges.

»*Mitreißende Tagebücher, die sich mit den bedeutendsten des 20. Jahrhunderts messen können und bisher weitgehend unbekannt waren.*«
Volker Hage / DER SPIEGEL

»*Es dauert keine zehn Minuten – und der Leser ist dem Sog dieses Lebens, der Stärke und Eigenart dieses Charakters erlegen.*«
Jens Bisky / Süddeutsche Zeitung

Verbrecher Verlag | Gneisenaustraße 2a | 10961 Berlin | info@verbrecherei.de
www.verbrecherei.de

VERBRECHER VERLAG

Max Herrmann-Neiße
BRIEFE
Herausgegeben und
kommentiert von
Klaus Völker
und Michael Prinz

Schöner Einband mit
Lesebändchen

Band 1, 1088 Seiten,
ISBN 978-3-940426-75-8

Band 2, 1096 Seiten,
ISBN 978-3-940426-76-5

42 € je Band

Max Herrmann-Neiße (1886–1941) gehört mit seiner Lyrik, seiner Prosa und einigen Theaterstücken zur großen Zahl der SchriftstellerInnen, deren Werke 1933 verboten und verbrannt wurden. Wie viele andere gerieten er und sein Werk in Vergessenheit. Erst die viel gelobte Ausgabe der »Gesammelten Werke in zehn Bänden« im Verlag Zweitausendeins (1986–1990) brachte ihn ins literarische Gedächtnis zurück. Von Anfang an sollte dieser Ausgabe eine Edition der gesammelten Briefe von Max Herrmann-Neiße folgen. Nun ist sie endlich in zwei Bänden erschienen, angepasst an die bisherige Werkausgabe mit Umschlagzeichnungen und Vorsätzen von Johannes Grützke.
Die Lektüre der »Briefe« ermöglicht eine Wiederentdeckung von Herrmann-Neißes Werk. Darüber hinaus erzählen sie eindrücklich vom Leben der Boheme und dem Alltag eines Schriftstellers am Anfang des 20. Jahrhunderts, von seinen Reflexionen über den politischen Zustand Deutschlands, über sein Exil und sich selbst.

»Herrmann-Neiße beschreibt das Leben in den fremden Städten mit der Scharfsicht des Außenseiters und einem Sinn fürs Detail, der die Vergangenheit zur Gegenwart werden lässt.«
Jacques Schuster / Die Welt

»Eine außergewöhnliche literarische Begabung, Zuneigung und Liebesfähigkeit, wie sie selten anzutreffen sind und einen grundanständigen Charakter, sinnenfroh, mit wirklicher Lust am Geistigen und der Fähigkeit, das eigene Ich aus der angemessenen Distanz zu betrachten.«
Jens Bisky / Süddeutsche Zeitung

Verbrecher Verlag | Gneisenaustraße 2a | 10961 Berlin | info@verbrecherei.de
www.verbrecherei.de

VERBRECHER VERLAG

Rudolf Lorenzen

ALLES ANDERE ALS EIN HELD

Roman

688 Seiten
Leinen mit Leseband
32 €

ISBN: 978-3-943167-45-0

Robert Mohwinkel ist kein Held. Im Gegenteil, er versucht, wo immer es geht, sich ganz und gar anzupassen. In der Familie, in der Schule, in seiner Ausbildung zum Schiffsmakler, in der Wehrmacht, stets möchte der junge Träumer, nicht auffallen. Nur im Tanzclub blüht er ein wenig auf. Erst nach dem Krieg, als sich die Zeiten geändert haben, und die Duckmäuser alter Schule nicht mehr gefragt sind, wacht er auf. Doch selbst diesmal macht er es nicht wirklich richtig.

Der Roman »Alles Andere als ein Held« erschien erstmals 1959, ging allerdings trotz guter Kritiken neben Grass' »Blechtrommel« und Bölls »Billard um halb zehn« unter. Das lag nicht zuletzt daran, dass man in Deutschland so kurz nach dem Krieg von der allseitigen Anpasserei, den Verbrechen der Wehrmacht und den Betrügereien, auf denen sich das »Wirtschaftswunder« begründete, nichts hören wollte.

»Ich bin gar nicht sicher, ob ›Alles andere als ein Held‹ nicht der beste Roman irgendeines heute lebenden deutsch schreibenden Autors ist.«
Sebastian Haffner

»Ja, da gab es ein Buch, es hieß ›Alles andere als ein Held‹. Von Rudolf Lorenzen. Darin wird das erste Kriegsjahr beschrieben, und die Sprache, die war so authentisch, so anders, dass ich dachte: So müsste man schreiben.«
Walter Kempowski in Cicero (April 2007) auf die Frage nach Vorbildern für seinen Stil.

Verbrecher Verlag | Gneisenaustraße 2a | 10961 Berlin | info@verbrecherei.de
www.verbrecherei.de

VERBRECHER VERLAG

Peter O. Chotjewitz
MEIN FREUND KLAUS
Roman

576 Seiten
Leinen mit Leseband
32 €

ISBN: 978-3-943167-46-7

Der Brisanz des Materials entspricht die Radikalität der literarischen Mittel. In diesem Roman liegen die Fakten auf dem Tisch. Stilsicher, kühn im Aufbau und dramaturgisch modern schreibt Chotjewitz über seinen Freund Klaus Croissant, der als Strafverteidiger schikaniert, als angeblicher Drahtzieher des internationalen Terrorismus verfolgt und nach der Annektion der DDR durch die Bundesrepublik 1990 wegen staatsfeindlicher Agententätigkeit abermals verurteilt wurde. Penibel recherchiert, detailgetreu und in kühler Sprache erzählt, steht der Roman in einer Linie mit Chotjewitz' skandalösem Romanfragment über die RAF aus dem Jahr 1978 (»Die Herren des Morgengrauens«). Von 1931 bis 2002 reicht der beklemmende Bilderbogen dieser deutschen Unrechtsgeschichte. Jeder Rechtsspruch ein Rechtsbruch.

Das Buch »Mein Freund Klaus« ist spannend. Zumal für Leser, für die diese Phase erlebte Zeitgeschichte ist. Die Meisten haben damals von »draußen« beobachtet, Chotjewitz schreibt von »drinnen«, als Insider. Spannend ist es aber auch wegen der gewählten Form: Mal die Wiedergabe der Gespräche, mal der Reportage-Stil, mal unterschiedliche Erzähl-Formen.
Waltraut Worthmann-von Rode / HR 2

Verbrecher Verlag | Gneisenaustraße 2a | 10961 Berlin | info@verbrecherei.de
www.verbrecherei.de

VERBRECHER VERLAG

Gisela Elsner
HEILIG BLUT
Roman

Herausgegeben nach der
Typoskriptfassung letzter
Hand von Christine Künzel

256 Seiten
Broschur

14 € / 26 SFr

ISBN: 978-3-935843-82-9

In »Heilig Blut« nimmt Elsner die national geprägte Jägerkultur aufs Korn. Ältere Herren nehmen den Sohn eines erkrankten Kameraden mit zur Jagd, um ihn das Leben zu lehren – eine Geschichte mit tödlichen Folgen.

»›Heilig Blut‹ ist ein herrliches Antidot in der gegenwärtigen Papst-Raserei und dem allseitigen Bedürfnis nach einer Rückkehr in eine heile Welt, die es nie gab.«
Willi Winkler / Süddeutsche Zeitung

»In Elsners Schlangensätzen verdichten sich die mit scharfer Feder gezeichneten Zerrbilder zum Psychogramm einer Meute, in der einer des anderen Feind ist.«
Gabriele Meierding / Spiegel Online

Verbrecher Verlag | Gneisenaustraße 2a | 10961 Berlin | info@verbrecherei.de
www.verbrecherei.de